稳定双边匹配决策方法研究

孔德财 著

燕山大学出版社
·秦皇岛·

图书在版编目(CIP)数据

稳定双边匹配决策方法研究/孔德财著.—2版.—秦皇岛:燕山大学出版社,2022.1
ISBN 978-7-81142-963-3

Ⅰ.①稳… Ⅱ.①孔… Ⅲ.①决策方法-方法研究 Ⅳ.①C934

中国版本图书馆 CIP 数据核字(2022)第 000898 号

稳定双边匹配决策方法研究

孔德财　著

出　版　人：陈　玉
责任编辑：唐　雷
封面设计：刘韦希
出版发行：燕山大学出版社 YANSHAN UNIVERSITY PRESS
地　　　址：河北省秦皇岛市河北大街西段 438 号
邮政编码：066004
电　　　话：0335-8387555
印　　　刷：英格拉姆印刷(固安)有限公司
经　　　销：全国新华书店
开　　本：700 mm×1000 mm　1/16　　印　张：14.75　　字　数：235 千字
版　　次：2022 年 1 月第 2 版　　印　次：2022 年 1 月第 1 次印刷
书　　号：ISBN 978-7-81142-963-3
定　　价：56.00 元

版权所有　侵权必究

如发生印刷、装订质量问题,读者可与出版社联系调换

联系电话:0335-8387718

序　　言

在现实世界中存在这样一类决策问题：一方的选择不仅仅取决于自身的需求，同时还要受到所选择事物对自身偏好或态度的影响，比如在婚恋市场中，男方或女方无论自己对某个异性多么喜欢，如果这个异性对自己不感兴趣那也是徒劳的，如何从大量男方和女方中找到相互能接受的异性将是一项有挑战性的工作。这类问题可归纳为"如何能够获得既是我们所选择的，同时也是选择我们的事物"，这类决策问题被称为双边匹配问题。云计算环境下计算资源与计算任务匹配问题、大数据资源拥有者与需求者之间的交易问题、滴滴打车中乘客与空闲出租车匹配问题、高考录取中学生与学校选择问题、软件开发项目与开发人员匹配问题等都是典型的双边匹配问题。

双边匹配问题的研究起源于美国医学院毕业生寻找实习医院与医院招聘实习医生的问题。20世纪初随着医院对实习医生需求量越来越大，医院之间为争夺实习医生，出现了学生距离毕业还有很长时间而医院就与学生提前签约的现象，这对学生正常学习造成巨大影响。美国医学院协会介入后给出了指定的招聘时间，然而招聘市场又出现了选择拥挤问题，为解决这一问题美国医学院协会采用集中化匹配机制取得了良好的效果。该机制的操作流程为：医学院毕业生向美国医学院协会提交个人对实习医院的偏好列表，实习医院通过对学生的面试和在校表现，向美国医学院协会提交招收名额和对学生的偏好列表，美国医学会协会采用匹配算法对毕业生与实习医院进行匹配。1962年大卫·戈尔（David Gale）和劳埃德·沙普利（Lloyd Shapley）首次从理论上研究了稳定婚姻和大学录取问题,开创性地提出了稳定匹配的概念,奠定了双边匹配的理论基础。美国哈佛大学经济学教授埃尔文·罗斯(Alvin E. Roth)从20世纪80年代对稳定匹配理论进行不断完善,同时将稳定匹配理论应用于解决现实问题,先后主导设计了美国国家实习医生匹配项目(National Resident Matching Program,NRMP)中存在成对夫妻的稳定匹配算法、纽约市公立学校入学匹配系统(New York City Public School Matching System)、波士顿公立学校入学匹配系统(Boston's Public School Matching System)、新英格兰肾脏交易系统(The New England Program for Kidney Exchange)等。由于在稳定匹配理论和市场机制设计方面的卓越贡献,劳埃德·沙普利教授和埃尔文·罗斯教授共同分享了2012年的诺贝尔经济学奖。

近年来关于双边匹配的研究吸引了越来越多学者的关注,研究成果也越来越丰硕。这些研究主要围绕两条主线:一条主线是对具有不同偏好信息、不同优化目标的双边匹配问题进行理论和方法研究;另外一条主线是对现实双边市场中存在的双边匹配问题开展应用研究。尤其是近年来互联网、云计算、大数据等技术的发展,一方面催生了许多新兴双边市场,产生了许多新的双边匹配问题,推动着双边匹配理论研究不断深入。当前关于双边匹配的研究已经延伸到经济学、管理科学、信息科学、社会科学等诸多领域。

本书是作者近年来在双边匹配领域的主要研究成果,主要内容包括四部分:第一部分是第一章绪论,主要介绍了双边市场、双边匹配及其起源和发展历程;第二部分是第二章双边匹配相关文献评述,这部分从现实典型行业领域中的双边匹配问题、双边匹配典型算法和基于不同优化目标的双边匹配方法三个视角,系统地对双边匹配已有研究成果进行了总结和评述;第三部分是第三章到第七章,这部分是本书的主要研究内容,分别研究了基于多指标评价信息的公平稳定匹配方法、基于序区间偏好信息的稳定双边匹配问题、基于互惠偏好信息的稳定双边匹配问题、家政服务人员与雇主的稳定双边匹配问题以及基于偏好序信息的大规模一对多稳定双边匹配问题;第四部分是第八章结论与展望,对本书主要研究内容、贡献、不足及后续研究展望进行了介绍。本书的研究内容将进一步丰富和发展双边匹配理论与方法,并对解决一些现实双边匹配问题具有一定的指导意义。

本书的研究与出版工作得到了教育部人文社会科学研究青年基金项目(项目编号:18YJC630062)和江苏省智能工厂工程研究中心开放课题的支持资助,也得到了燕山大学出版社的大力支持。此外,本书在撰写过程中参考和借鉴了大量国内外相关领域专家学者的研究成果,在此一并表示衷心的感谢。

本书适合高等院校管理科学、系统工程、信息科学等专业高年级本科生、研究生和教师使用,也可供从事双边匹配决策、系统建模与优化、市场机制设计等领域的科研人员使用。

由于作者的科研水平和能力有限,另外,双边匹配决策理论与方法作为一个新兴的学术领域其相关的理论和方法还在不断发展和完善之中,书中难免有疏漏之处,恳请相关领域的专家学者批评指正。

孔德财

2019 年 9 月

目　　录

第1章　绪论 … 1

1.1　双边匹配研究背景 … 1
- 1.1.1　双边匹配概述 … 1
- 1.1.2　双边匹配的起源与发展 … 3

1.2　双边匹配类型 … 6
- 1.2.1　一对一双边匹配 … 7
- 1.2.2　一对多双边匹配 … 8
- 1.2.3　多对多双边匹配 … 10

1.3　匹配方案的类型 … 11
- 1.3.1　个体理性匹配 … 11
- 1.3.2　稳定匹配 … 12

1.4　双边匹配研究的必要性 … 15

1.5　双边匹配问题提炼 … 17
- 1.5.1　考虑匹配主体公平性的双边匹配问题 … 18
- 1.5.2　基于序区间偏好信息的双边匹配问题 … 19
- 1.5.3　基于互惠偏好信息的双边匹配问题 … 19
- 1.5.4　家政服务人员与雇主的双边匹配问题 … 20
- 1.5.5　大规模双边匹配问题 … 21

1.6　研究内容 … 21

1.7　本书内容安排 … 23

第2章　双边匹配相关文献评述 … 25

2.1　典型行业领域中的双边匹配问题 … 25

2.1.1 婚恋市场中的双边匹配问题 …………………………………… 25
2.1.2 医院与实习生双边匹配问题 …………………………………… 30
2.1.3 学生与学校双边匹配问题 ……………………………………… 33
2.1.4 人力资源市场中的双边匹配问题 ……………………………… 38
2.1.5 二手房交易中的双边匹配问题 ………………………………… 45
2.1.6 社会资源市场中的双边匹配问题 ……………………………… 50
2.1.7 技术、知识与服务市场中的双边匹配问题 …………………… 55
2.1.8 投融资市场中的双边匹配问题 ………………………………… 59
2.1.9 物流服务市场中的双边匹配问题 ……………………………… 62
2.2 双边匹配经典算法 …………………………………………………… 66
2.2.1 Gale-Shapley 算法 ……………………………………………… 66
2.2.2 Hospital-Resident 算法 ………………………………………… 67
2.2.3 波士顿算法 ……………………………………………………… 68
2.2.4 匈牙利算法 ……………………………………………………… 69
2.2.5 最大基数匹配算法 ……………………………………………… 70
2.2.6 最大权匹配算法 ………………………………………………… 72
2.3 基于不同优化目标的双边匹配方法 ………………………………… 73
2.3.1 考虑单一优化目标的双边匹配方法 …………………………… 73
2.3.2 考虑多优化目标的双边匹配方法 ……………………………… 79
2.4 本章小结 ……………………………………………………………… 84

第3章 基于多指标评价信息的公平稳定匹配方法 …………………… 85

3.1 研究问题的实际背景 ………………………………………………… 85
3.2 符号说明与问题描述 ………………………………………………… 86
3.3 决策思路 ……………………………………………………………… 87
3.4 双边匹配相关概念 …………………………………………………… 87
3.5 双边匹配模型的构建 ………………………………………………… 89
3.6 模型求解 ……………………………………………………………… 90
3.7 算例分析 ……………………………………………………………… 94

3.8 本章小结 ……………………………………………………… 97

第 4 章 基于序区间偏好信息的稳定双边匹配方法 …………… 99
4.1 研究问题的实际背景 ………………………………………… 99
4.2 符号说明与问题描述 ………………………………………… 100
4.3 决策思路 ……………………………………………………… 101
4.4 相关概念 ……………………………………………………… 102
4.5 双边主体贴近度计算 ………………………………………… 103
4.6 多目标优化模型构建 ………………………………………… 104
4.7 模型求解 ……………………………………………………… 106
4.8 算例分析 ……………………………………………………… 108
4.9 本章小结 ……………………………………………………… 113

第 5 章 基于互惠偏好信息的稳定双边匹配方法 ……………… 115
5.1 问题的研究背景 ……………………………………………… 115
5.2 考虑双边互惠偏好信息的稳定匹配方法 …………………… 116
   5.2.1 符号说明与问题描述 …………………………………… 116
   5.2.2 决策框架 ………………………………………………… 118
   5.2.3 概念界定及相关理论分析 ……………………………… 119
   5.2.4 双边主体满意度计算 …………………………………… 121
   5.2.5 最优匹配方案的确定 …………………………………… 123
   5.2.6 算例分析 ………………………………………………… 129
5.3 考虑单边互惠偏好信息的稳定匹配方法 …………………… 135
   5.3.1 符号说明与问题描述 …………………………………… 135
   5.3.2 研究框架及框架说明 …………………………………… 137
   5.3.3 相关概念界定 …………………………………………… 138
   5.3.4 双边匹配决策方法 ……………………………………… 140
   5.3.5 算例分析 ………………………………………………… 142
5.4 本章小结 ……………………………………………………… 144

第6章 家政服务人员与雇主的稳定双边匹配方法 …… 146

- 6.1 研究问题的实际背景 …… 146
- 6.2 基于偏好序信息的稳定匹配方法 …… 148
  - 6.2.1 符号说明与问题描述 …… 148
  - 6.2.2 决策思路 …… 149
  - 6.2.3 概念界定 …… 150
  - 6.2.4 模型构建与求解 …… 151
  - 6.2.5 算例说明 …… 153
- 6.3 考虑服务技能约束的稳定匹配方法 …… 154
  - 6.3.1 符号说明与问题描述 …… 154
  - 6.3.2 决策思路 …… 156
  - 6.3.3 相关概念界定 …… 157
  - 6.3.4 优化模型构建与求解 …… 159
  - 6.3.5 算例分析 …… 165
- 6.4 本章小结 …… 169

第7章 基于偏好序信息的大规模一对多稳定双边匹配方法 …… 171

- 7.1 研究问题的现实背景 …… 171
- 7.2 问题描述及其研究框架 …… 173
  - 7.2.1 符号说明与问题描述 …… 173
  - 7.2.2 决策思路 …… 174
- 7.3 相关概念 …… 175
- 7.4 一对多稳定匹配方法 …… 177
  - 7.4.1 偏好列表简化规则设计 …… 177
  - 7.4.2 一对多稳定匹配模型构建 …… 178
  - 7.4.3 模型求解 …… 179
- 7.5 算例分析 …… 181
- 7.6 本章小结 …… 183

第8章 结论与展望 ································· 185
8.1 本书的主要研究成果及结论 ······················· 185
8.2 本书的主要贡献 ······························· 189
8.3 本书研究的局限 ······························· 190
8.4 未来研究工作展望 ···························· 191

参考文献 ·· 192

第1章 绪 论

1.1 双边匹配研究背景

1.1.1 双边匹配概述

在高考录取中,能去清华大学或北京大学等这类名牌大学读书是中国考生梦寐以求的,但对大多数学生而言这也只能是一个梦想,因为这些名牌大学可能对大多数学生毫无兴趣,他们关注的往往都是每个省市的"高考状元"这一类学生,但这也不意味着这些名牌大学可以随意决定录用哪个"高考状元",因为这还取决于高考状元是否对这些名牌大学感兴趣,即考生与高校之间是一种双向选择关系。在毕业生就业中,毕业生对华为、腾讯、阿里巴巴、百度等都非常崇拜,纷纷向这类大公司投简历,大多数情况下这些简历犹如泥牛入海,杳无音信;同样,这些大公司向一些优秀毕业生抛出的橄榄枝也不见得都能被接受,因为毕业生与企业之间也是一种双向选择关系。本书将高考录取、毕业生就业等双向选择问题所处的市场称为双边市场。

双边市场在现实生活中广泛存在,如商品买卖交易市场、婚恋市场、投融资市场、人力资源市场、大数据交易市场等。在这些双边市场中需要关注的一个重要问题是如何对市场中的双边主体进行有效匹配,例如,在婚恋市场中,需要根据男士的要求为其选择一位合适的女士,同时也要保证男士能够满足该女士的要求,即女士对这位男士也是满意的;在毕业生与企业形成的人力资源市场中,需要为毕业生推荐他们感兴趣的企业,同时也要为企业选择他们所需要的毕业生。这类双边市场不同于传统的商品市场,商品市场中价格是决定由谁获得商品的唯一因素,价格调节着市场的供求关系,供给价格等于需求价格时的价格即均衡价格引导买卖双方完成交易,而在婚姻市场、人力资源等双边市场中,价格不是决定资源配置的唯一决定因素,例如在婚姻市场,无论男士还是女士选择对方都不会看哪个异性出的价格高就选择哪个异性,对方的外貌、学历、性格等都是影响选择的重要因素;在人力资源市场中,毕业生可能宁愿降低自己对薪资的要求,也要去自己心仪的企业,企业也不会降低工资招聘一些技能不符合岗位需求的毕业生,企业所在的城市、工作未来发展空间等对于毕业生而言也是至关重要的,毕业生的学历、综合素质、工作热情等也是企业看重的。

在双边市场中,存在由两类市场主体组成的两个不相交主体集合,如男士集合和女士集合,毕业生集合和企业集合等,两个主体集合中的双边主体有供需要求或相互有偏好,并且每个主体集合中的一个或多个主体需要与对方主体集合中的一个或多个主体进行匹配,需要考虑的是如何对两个主体集合中的主体进行匹配以满足双边需求。这类依据双边市场中两类主体提供的供需信息或偏好信息对两类主体进行匹配的问题,通常称为双边匹配问题(Two-sided Matching)[1-4]。双边匹配可描述为:在双边匹配市场中,存在甲方主体集合和乙方主体集合称之为双边主体集合,其中参与匹配的甲方主体集合表示为 $A=\{A_1,A_2,\cdots,A_m\}$,乙方主体集合表示为 $B=\{B_1,B_2,\cdots,B_n\}$,甲方主体 A_i 给出集合 B 的一个子集中所有乙方主体的偏好信息 $P(A_i)$,乙方主体 B_j 给出集合 A 的一个子集中所有甲方主体的偏好信息 $P(B_j)$,匹配中介通过某种决策方法获得甲方主体和乙方主体的最优匹配方案 $\mu=\{(A_1,B_{t_1}),(A_2,B_{t_2}),\cdots,(A_m,B_{t_m})\}$,$t_p\in\{1,2,\cdots,n\}$,$p=1,2,\cdots,m$。

双边市场及双边匹配与传统商品市场相比,具有以下特点:

(1) 双边匹配是一个双向选择过程,例如,在婚恋市场中,男方对自己选择的女方有要求,女方对男方也有着自己的条件,只有双方都符合对方的要求,男女之间才有可能实现婚恋关系,双边匹配不是"单相思"而是双向满意选择的过程。双边匹配研究对象具有广泛性和普遍性,传统双边匹配包括婚恋匹配、大学录取、医学院毕业生与实习医院匹配、人员与岗位匹配等,近年来新兴的匹配市场如大数据环境下数据交易匹配、云计算中计算资源与任务匹配、共享经济环境下资源需求者与资源提供者匹配等。

(2) 在双边市场中,市场价格不是确定双边主体达成交易的决定性因素,价格不再起主导型作用。例如,在婚恋市场中,无论男方还是女方都不会以对方给出的价格来选择自己的婚恋对象,而是要综合考虑对方的外貌、受教育程度、性格、工作、家庭背景等因素,传统商品市场中的理论和方法已经不能有效解决双边市场中的问题,双边匹配理论和方法能够解决双边市场中由于受到伦理道德或法律约束价格因素不能有效发挥稀缺资源配置的问题。

(3) 双边匹配包含双边主体、匹配中介、偏好信息、优化目标、匹配方案等。双边主体是双边匹配问题的参与者,由两个不同有限集合中的主体构成;匹配中介是双边匹配问题的决策者,这里的中介是负责双边匹配的个人、机构或决策支持系统;偏好信息是匹配主体对对方主体的期望及要求,或对对方主体的喜好;优化目标是匹配中介从有限个匹配方案中选择出最优匹配方案的准则;匹配方案是双边主体形成的匹配结果,它是由双边主体形成的匹配对构成的集合。

(4) 双边匹配中,双边主体是双边匹配的需求者,中介是双边匹配的组织者和协调者,双边主体根据自身需求提出匹配要求,中介的作用主要是聚合双边主体,搭建双边主体信息发布、信息交流的场所和平台,撮合双边主体实现有效匹配,通常中介可以从中获得一定的收益。

(5) 双边匹配的依据是双边主体提供的偏好信息,如严格偏好序、无差异偏好序、弱偏好序、不确定偏好序、实数、区间数、语言短语、模糊数、互惠偏好、同群信息、协同信息等;双边匹配的目标包括稳定性、公平性、满意性、协同性、帕累托最优性、防操纵性等,其中稳定性是双边市场中最典型的特征,它能够使双边主体维系一种相对稳定的关系,在一定程度上解决了双边市场中参与提前期、市场拥挤等混乱无序的问题,成为双边匹配研究的重要理论基础。

(6) 双边匹配研究源于经济学领域,属于合作博弈理论的研究范畴,主要研究双边主体如何合作或形成联盟能够实现更优经济福利,目前双边匹配研究已成为解决稀缺资源的一种重要资源配置方式,成为管理科学、数学、信息科学等许多领域学者关注的热点,多学科交叉成为双边匹配研究方向的重要特点。

1.1.2 双边匹配的起源与发展

关于双边匹配的研究最早可以追溯到 20 世纪初美国医学院毕业生与实习医院之间的双边匹配问题。1900 年以后,随着医学技术的发展,美国医院进入快速发展阶段,随之对住院实习医生产生了大量需求,与之相矛盾的是每年医学院毕业生数量较少。各大医院为争夺毕业生资源,通常在毕业生尚未正式毕业前就招聘并雇佣学生,由此造成招聘日期不断提前而对学生学习产生巨大干扰。

在此情形下,美国医学院协会介入给出了招聘的指定时间,由此又要求医学院毕业生和招聘医院必须在很短时间内作出决策,使得毕业生往往会错失好的实习医院而医院也可能招聘不到想要的学生。住院医生实习市场中存在的这种过早签约和指定时间内作出选择的拥挤现象,造成了市场的混乱无序,令医学院毕业生与实习医院对此比较失望。20 世纪 50 年代美国医学院协会采用了一种新的匹配机制——集中化匹配机制,来对医学院毕业生与实习医院进行匹配。他们先后采用"Trial-run"和"NIMP"的算法,由此极大改善了环境,医学院毕业生和实习医院都非常满意这种机制,但美国医学院协会所做出的实践工作仅仅在医学院毕业生与实习医院市场中产生了较大影响,而尚未形成系统科学的理论,也未引起学者的关注。

1962 年大卫·戈尔(David Gale)和劳埃德·沙普利(Lloyd Shapley)在期刊 American Mathematical Monthly 上发表了关于稳定婚姻和大学录取的双边匹配研究,在他们发表的开创性论文《College admissions and the stability of marriage》中,大卫·戈尔和劳埃德·沙普利提出了稳定匹配的概念,证明了稳定匹配的存在性、最优性和唯一性,并给出了获得稳定匹配的延迟接受算法[38]。大卫·戈尔和劳埃德·沙普利的开创性理论研究成为双边匹配和市场机制设计历史上的一座丰碑,奠定了双边匹配的理论基础,也标志着双边匹配正式进入学者研究的视野。但科学的发展往往不是一帆风顺的,而是不断螺旋式上升的,大卫·戈尔和劳埃德·沙普利关于双边匹配的伟大创举短时间内并未引起轰动而是陷入了沉寂。直到双边匹配和市场机制设计研究的另一位大咖的出现,才在学术界掀起了一股巨浪。20 世纪 80 年代美国匹兹堡大学安德鲁-梅隆经济学教授、市场设计理论的开创者之一埃尔文·罗斯(Alvin E. Roth),一方面进一步对稳定匹配相关理论进行了深入研究,不断扩展和完善了双边匹配理论和方法[39-47],另一方面不断将双边匹配理论应用于实践以解决现实问题。埃尔文·罗斯教授在博弈论、市场设计与实验经济学等领域作出了卓越贡献,他不仅是一位理论经济学家,同时也强调用经济理论解决现实问题。他成功主导设计了许多双边匹配系统,如针对美国国家实习医生匹配项目 NRMP 中实习生存在已婚夫妇情形的稳定匹配问题重新设计了算法、设计了纽约市公立学校入学匹配系统和波士顿公立学校入学匹配系统、设计了新英格兰肾脏交易系统等[48-52]。此后,国外许多学者加入双边匹配领域的研究,在双边匹配理论与方法以及实践应用方面都取得了丰硕成果。埃尔文·罗斯教授与加州大学的劳埃德·沙普利教授,更是凭借在稳定匹配理论和市场机制设计方面作出的突出贡献共同获得2012年度的诺贝尔经济学奖[53]。

双边匹配研究早期研究阶段学者们主要关注婚姻匹配问题、大学录取问题、医院和实习生匹配问题等,针对这些问题从偏好信息来看主要研究具有严格偏好序信息和具有无差异偏好序信息等简单偏好信息形式;从偏好列表来看主要研究具有完全偏好列表和不完全偏好列表等;从双边匹配目标来看,主要考虑双边匹配的稳定性和不同类型的公平性。随着经济社会的发展,许多新兴的双边市场随之涌现,如大数据交易市场中数据交易匹配问题、基于电子中介的商品买卖交易匹配问题、云计算环境下的任务与资源匹配问题、无线通信网络中的用户与无线频谱资源匹配问题、公路货物运输中的车源与货源双边匹配问题、金融行业中的风险投资商与风险投资企业匹配问题等,新兴双边市场出现的双边匹配问题亟须新的双边匹配理论与方法来解决。在出现的大量双边匹配问题中,从双边匹配类型来看,不仅有一对一双边匹配、一对多双边匹配,还有多对多双边匹配;从双边主体给出的偏好信息来看,还具有不确定偏好序信息、多指标评价信息、成对偏好序信息、同群信息、协同信息、互惠偏好信息等;从双边匹配优化的目标来看,还需要考虑不同类型的公平性、协同性以及大规模双边匹配问题的优化等。

随着埃尔文·罗斯与劳埃德·沙普利获得诺贝尔经济学奖,近年来国内外掀起了一股双边匹配研究的热潮,关于考虑双边市场及双边匹配问题的理论、方法与实践应用方面的研究越来越受到国内外学者的关注,研究双边匹配的国内外重要学者主要包括:

- 国外学者,如 Gale David、Shapley Lloyd S.、Roth Alvin E.、Gusfield Dan、Irving Robert W.、Knuth Donald Ervi、Manlove David F.、Halldórsson Magnús M.、Király Zoltán、Mcdermid Eric、Miyazaki Shuichi、Yanagisawa Hiroki、Mullin Francis J、Hamada Koki、Sönmez Tayfun、Kojima Fuhito、Iwama Kazuo、Shuichi Miyazaki、McVitie David G.、、Sotomayor Marilda、Chen Yan、Sönmez Tayfun、

Abdulkadiroğlu Atila、Klaus，Bettina、Klijn Flip 等。
- 国内学者，如樊治平、姜艳萍、汪定伟、王应明、蒋忠中、陈希、乐琦、李铭洋、赵道致、张振华、梁海明、马辉民、聂海峰、张笛、刘勇、赵晓东、臧誉琪、万树平、李登峰、王中兴、陈圣群、林杨、黄帅、李建荣、熊新生、羊英、钟力炜、沈体雁、詹文杰、任磊等。

随着双边匹配研究成果的不断丰富，目前刊登双边匹配方面研究成果的国内外重要期刊数量也越来越多，这些期刊涵盖了经济学领域、管理科学领域、信息科学领域等，目前刊登双边匹配研究成果的国内外重要学术期刊包括：

- 国外期刊，如 Management Science、Operations Research、Mathematics of Operations Research、Expert Systems with Applications、Journal of the Operational Research Society、Computers & Industrial Engineering、Optimization Letters、Journal of Discrete Algorithms、Journal of Combinatorial Optimization 等。
- 国内期刊，如管理科学学报、系统工程理论与实践、中国管理科学、系统管理学报、系统工程学报、系统工程、运筹与管理、管理学报、控制与决策、系统工程与电子技术、系统仿真学报、系统科学学报、运筹学学报、科技与管理、科技进步与对策、科技管理研究、计算机集成制造系统、计算机工程与应用、计算机应用、计算机工程与设计、模糊系统与数学、数学的实践与认识、系统科学与数学、统计与决策、东北大学学报（自然科学版）、浙江大学学报（理学版）、山东大学学报（理学版）等。

1.2 双边匹配类型

在双边匹配问题中，根据双边主体可以与对方主体匹配的数量，双边匹配可分为一对一双边匹配、一对多双边匹配和多对多双边匹配三种类型。一对一双边匹配问题是指双边主体中的每个主体最多只能与对方中的一个主体进行匹配；一对多双边匹配问题是指一方中的每个主体最多与对方中的一个主体进行匹配，而另外一方中至少存在一个主体可以与对方中的多个主体进行匹配；多对多双边匹配问题是指双边主体中每一方至少存在一个主体可以与对方中的多个主体进行匹配。下面分别对一对一双边匹配、一对多双边匹配和多对多双边匹配的相关内容进行介绍。

1.2.1 一对一双边匹配

在现实生活中存在这样一类决策问题:存在两个不同的双边主体集合,双边主体中的每个主体向中介提交对对方主体的偏好信息,并期望与对方主体中的一个主体进行匹配,中介依据双边主体提交的偏好信息,通过某种决策分析方法获得双边主体都满意的匹配结果,这类决策问题通常被称为一对一双边匹配问题。在双边匹配中,中介不仅为双边主体提供信息交流沟通的平台,同时还扮演着决策者的角色,负责撮合双边主体达成合理的匹配。需要指出的是,这里的中介是负责双边匹配的个人、机构或决策支持系统。在现实中存在许多典型的一对一双边匹配问题,如婚姻匹配问题、家政服务人员与雇主的匹配问题等。为便于对一对一双边匹配的定义进行描述,首先给出相关符号说明。

设甲方主体集合为 $A=\{A_1,A_2,\cdots,A_m\}$,其中 A_i 表示第 i 个甲方主体,$i=1,2,\cdots,m$;乙方主体集合为 $B=\{B_1,B_2,\cdots,B_n\}$,其中 B_j 表示第 j 个乙方主体,$j=1,2,\cdots,n$。每个甲方主体 A_i 最多与一个乙方主体进行匹配,每个乙方主体 B_j 也最多与一个甲方主体进行匹配。令 $\boldsymbol{R}_i=(r_{i1},r_{i2},\cdots,r_{in})$ 为甲方主体 A_i 给出的关于乙方主体的序值向量,其中 r_{ij} 表示在 n 个乙方主体中,甲方主体 A_i 把乙方主体 B_j 排在第 r_{ij} 个位置,$1 \leqslant r_{ij} \leqslant n+1$;令 $\boldsymbol{S}_j=(s_{1j},s_{2j},\cdots,s_{mj})$ 表示乙方主体 B_j 给出的关于甲方主体的序值向量,其中 s_{ij} 表示在 m 个甲方主体中,乙方主体 B_j 把甲方主体 A_i 排在第 s_{ij} 个位置,$1 \leqslant s_{ij} \leqslant m+1$。需要指出的是,在双边主体给出的偏好序值信息中,若 $1 \leqslant r_{ij} \leqslant n$,则表示甲方主体 A_i 认为乙方主体 B_j 是可接受的;若 $r_{ij}=n+1$,则表示是不可接受的。类似地,若 $1 \leqslant s_{ij} \leqslant m$,则表示乙方主体 B_j 认为甲方主体 A_i 是可接受的;若 $s_{ij}=m+1$,则表示是不可接受的。此外,若甲方主体 A_i 对 B_j 和 B_h 有相同的偏好,即存在无差异偏好,则 $r_{ij}=r_{ih}$,$j \neq h$;同样的,若乙方主体 B_j 对 A_i 和 A_k 有相同的偏好,则 $s_{ij}=s_{kj}$,$i \neq k$。

中介依据上述双边主体给出的偏好序值信息,通过某种决策方法,获得甲方双边主体最优的一对一双边匹配。

下面给出一对一双边匹配的定义。

定义 1.1[38,52,372](**一对一双边匹配**) 一对一双边匹配可以定义为一一映射: $\mu: A \cup B \rightarrow A \cup B$, 且 $\forall A_i \in A, \forall B_j \in B$, 满足以下条件:

(i) 若 $\mu(A_i) \notin B$, 则 $\mu(A_i) = A_i$;

(ii) 若 $\mu(B_j) \notin A$, 则 $\mu(B_j) = B_j$;

(iii) $\mu(A_i) = B_j$ 当且仅当 $\mu(B_j) = A_i$。

在定义 1.1 中, $\mu(A_i) = B_j$ 或 $\mu(B_j) = A_i$ 表示 A_i 与 B_j 进行匹配,并称 (A_i, B_j) 为 A_i 与 B_j 在匹配方案 μ 中形成的匹配对。特别地,在匹配 μ 中, $\mu(A_i) = A_i$ 表示 A_i 没有匹配对象;同样 $\mu(B_j) = B_j$ 表示 B_j 没有匹配对象。根据 μ 确定的所有匹配对的集合称为一对一双边匹配方案 μ,显然,匹配方案 μ 中匹配对的数量不大于 $\min\{m, n\}$。

1.2.2 一对多双边匹配

在现实生活中还存在这样一类决策问题:存在两个不同的双边主体集合,双边主体中的每个主体向中介提交对对方主体的偏好信息,一方主体中的每个主体期望与对方主体中的一个主体进行匹配,而另外一方主体中的每个主体期望与对方主体中的多个主体进行匹配,中介依据双边主体提交的偏好信息,通过某种决策分析方法获得双边主体都满意的匹配结果,这类决策问题通常被称为一对多双边匹配问题。在现实中存在许多典型的一对多双边匹配问题,如大学录取问题、医院与实习生匹配问题等。首先给出一对多双边匹配定义的相关符号说明。

设甲方主体集合为 $A = \{A_1, A_2, \cdots, A_m\}$, 其中 A_i 表示第 i 个甲方主体, $i = 1, 2, \cdots, m$; 乙方主体集合为 $B = \{B_1, B_2, \cdots, B_n\}$, 其中 B_j 表示第 j 个乙方主体, $j = 1, 2, \cdots, n$。每个甲方主体 A_i 最多与一个乙方主体进行匹配,而每个乙方主体 B_j 最多可以与 q_j 个甲方主体进行匹配, $q_j \in \mathbf{N}_+$, 其中 $\mathbf{N}_+$ 为正整数集, $j = 1, 2, \cdots, n$, 并且 $\exists q_h > 1, h \in \{1, 2, \cdots, n\}$。令 $R_i = (r_{i1}, r_{i2}, \cdots, r_{in})$ 为甲方主体 A_i 给出的关于乙方主体的序值向量,其中 r_{ij} 表示在 n 个乙方主体中,甲方主体 A_i 把乙方主体 B_j 排在第 r_{ij} 个位置, $1 \leqslant r_{ij} \leqslant n+1$; 令 $S_j = (s_{1j}, s_{2j}, \cdots, s_{mj})$ 表示乙方主体 B_j 给出的关于甲方主体的序值向量,其中 s_{ij} 表示在 m 个甲方主体中,乙方主体 B_j 把甲方主体 A_i 排在第 s_{ij} 个位置, $1 \leqslant s_{ij} \leqslant m+1$。需要指出的是,在双边主体给出的偏好序值信息中,若 $1 \leqslant r_{ij} \leqslant n$, 则表示甲方主体 A_i 认为乙方主体

B_j 是可接受的；若 $r_{ij}=n+1$，则表示是不可接受的。类似地，若 $1\leqslant s_{ij}\leqslant m$，则表示乙方主体 B_j 认为甲方主体 A_i 是可接受的；若 $s_{ij}=m+1$，则表示是不可接受的。此外，若甲方主体 A_i 对 B_j 和 B_h 有相同的偏好，即存在无差异偏好，则 $r_{ij}=r_{ih}$，$j\neq h$；同样的，若乙方主体 B_j 对 A_i 和 A_k 有相同的偏好，则 $s_{ij}=s_{kj}$，$i\neq k$。

中介依据上述双边主体给出的偏好序值信息，通过某种决策方法，获得甲乙双边主体最优的一对多双边匹配。

下面给出一对多双边匹配的定义。

定义 1.2[38,52,372]（一对多双边匹配） 一对多双边匹配可以定义为一个映射：$\mu:A\cup B\to 2^{A\cup B}$，且 $\forall A_i\in A$，$\forall B_j\in B$ 满足以下条件：

(i) $\mu(A_i)\subseteq B$，且 $|\mu(A_i)|\leqslant 1$。特别地，若 $|\mu(A_i)|=0$，则表示 A_i 没有匹配对象。

(ii) $\mu(B_j)\subseteq A$，且 $|\mu(B_j)|\leqslant q_j$。特别地，若 $|\mu(B_j)|=0$，则表示 B_j 没有匹配对象。

(iii) $\mu(A_i)=\{B_j\}$ 当且仅当 $A_i\in\mu(B_j)$。

在定义 1.2 中，$|\mu(A_i)|$ 和 $|\mu(B_j)|$ 分别表示与 A_i 匹配的乙方主体数量和与 B_j 匹配的甲方主体数量；$\mu(A_i)=\{B_j\}$ 或 $A_i\in\mu(B_j)$ 表示 A_i 与 B_j 进行匹配，并称 (A_i,B_j) 为 A_i 与 B_j 形成的匹配对。根据 μ 确定的所有匹配对的集合称为一对多匹配方案 μ。

中介依据上述双边主体给出的偏好序值信息，通过某种决策方法，获得甲乙双边主体都尽量满意的一对多双边匹配。不同于一对一双边匹配问题，在一对多双边匹配问题中，期望匹配多个甲方主体的乙方主体存在一个如何选择多个甲方主体的问题。乙方主体对多个甲方主体的偏好通常表现为响应性的（Responsiveness），下面给出响应性偏好的数学定义。

定义 1.3[42] 在一对多双边匹配中，$\mathring{A}\subset A$，$|\mathring{A}|<q_j$，对于 $\forall B_j\in B$ 若满足以下两个条件：

(i) 对于 $\forall A_i\in A\setminus\mathring{A}$，$\mathring{A}\cup\{A_i\}\succ_{B_j}\mathring{A}$ 当且仅当 $1\leqslant s_{ij}\leqslant m$；

(ii) 对于 $\forall A_i,A_k\in A\setminus\mathring{A}$，$\mathring{A}\cup\{A_i\}\succ_{B_j}\mathring{A}\cup\{A_k\}$ 当且仅当 $s_{ij}<s_{ij}$，

则称 B_j 的偏好是响应性的。

下面举例来说明响应性偏好的含义。

例 1.1 设甲方主体集合为 $A=\{A_1,A_2,A_3,A_4,A_5\}$，乙方主体集合为 $B=\{B_1,B_2\}$，$q_1=1, q_2=3$，甲乙双边主体的偏好序值信息构成的矩阵分别为

$$R = \begin{array}{c} \\ A_1 \\ A_2 \\ A_3 \\ A_4 \\ A_5 \end{array} \begin{array}{cc} B_1 & B_2 \\ \begin{bmatrix} 1 & 2 \\ 2 & 1 \\ 1 & 2 \\ 1 & 1 \\ 2 & 2 \end{bmatrix} \end{array}, \quad S = \begin{array}{c} \\ A_1 \\ A_2 \\ A_3 \\ A_4 \\ A_5 \end{array} \begin{array}{cc} B_1 & B_2 \\ \begin{bmatrix} 3 & 2 \\ 4 & 4 \\ 2 & 4 \\ 6 & 1 \\ 1 & 3 \end{bmatrix} \end{array}$$

设 $\breve{A}=\{A_4,A_5\}$，若 B_2 的偏好是响应性的，那么对 B_2 而言，与 $\{A_4,A_5\}\bigcup\{A_1\}$ 进行匹配要优于与 $\{A_4,A_5\}$ 进行匹配；与 $\{A_4,A_5\}\bigcup\{A_1\}$ 进行匹配要优于与 $\{A_4,A_5\}\bigcup\{A_3\}$。

1.2.3 多对多双边匹配

在现实中存在许多典型的多对多双边匹配问题，如高校大学生与公选课程匹配问题、供应链中提供原材料的供应商和产品制造商之间的匹配问题等。首先给出多对多双边匹配定义的相关符号说明。

设甲方主体集合为 $A=\{A_1,A_2,\cdots,A_m\}$，其中 A_i 表示第 i 个甲方主体，$i=1,2,\cdots,m$；乙方主体集合为 $B=\{B_1,B_2,\cdots,B_n\}$，其中 B_j 表示第 j 个乙方主体，$j=1,2,\cdots,n$。每个甲方主体 A_i 最多可以与 p_i 个乙方主体进行匹配，每个乙方主体 B_j 最多可以与 q_j 个甲方主体进行匹配，$p_i,q_j\in \mathbf{N}_+$ 其中 $\mathbf{N}_+$ 为正整数集，$i=1,2,\cdots,m, j=1,2,\cdots,n$，且 $\exists p_g>1, g\in\{1,2,\cdots,m\}, \exists p_h>1, h\in\{1,2,\cdots,n\}$。

下面给出多对多双边匹配的定义。

定义 1.4（多对多双边匹配） 多对多双边匹配可以定义为一个映射：$\mu:A\bigcup B\rightarrow 2^{A\bigcup B}$，且 $\forall A_i\in A, \forall B_j\in B$ 满足以下条件：

(i) $\mu(A_i)\subseteq B$，且 $|\mu(A_i)|\leqslant p_i$。特别地，若 $|\mu(A_i)|=0$，则表示 A_i 没有匹配对象。

(ii) $\mu(B_j)\subseteq A$，且 $|\mu(B_j)|\leqslant q_j$。特别地，若 $|\mu(B_j)|=0$，则表示 B_j 没有匹配对象。

(iii) $B_j\in\mu(A_i)$ 当且仅当 $A_i\in\mu(B_j)$。

在定义 1.4 中，$|\mu(A_i)|$ 和 $|\mu(B_j)|$ 分别表示与 A_i 匹配的乙方主体数量和与

B_j 匹配的甲方主体数量；$B_j \in \mu(A_i)$ 或 $A_i \in \mu(B_j)$ 表示 A_i 与 B_j 进行匹配，并称 (A_i, B_j) 为 A_i 与 B_j 形成的匹配对。根据 μ 确定的所有匹配对的集合称为多对多匹配方案 μ。

根据上述分析，多对多双边匹配如图 1.1 所示。

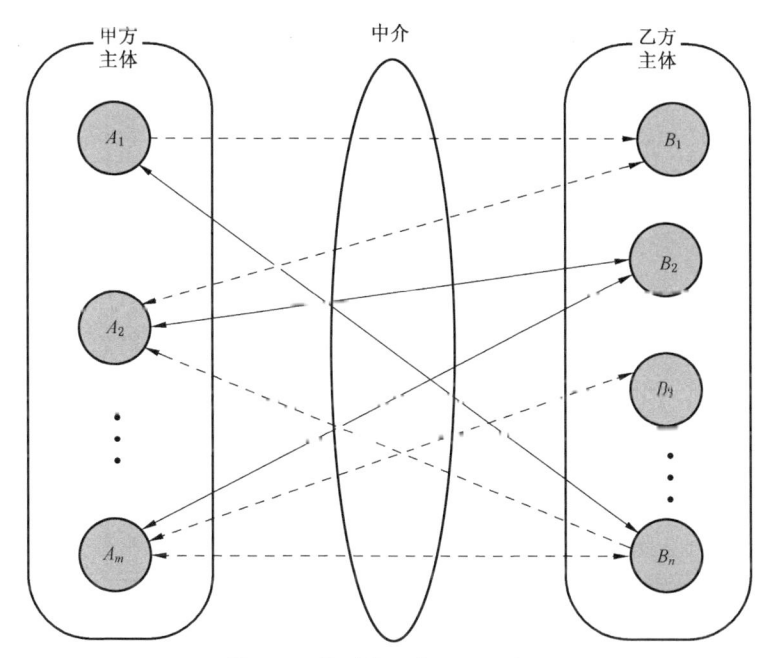

图 1.1 多对多双边匹配示意图

在图 1.1 中，单向虚线"— — →"表示 A_i 给出关于 B_j 的偏好信息，B_j 没有给出关于 A_i 的偏好信息，即 A_i 认为 B_j 是可接受的，B_j 认为 A_i 是不可接受的；单向虚线"← — —"表示 A_i 没有给出关于 B_j 的偏好信息，B_j 给出关于 A_i 的偏好信息，即 A_i 认为 B_j 是不可接受的，B_j 认为 A_i 是可接受的；双向虚线"← — →"表示 A_i 和 B_j 相互给出关于对方的偏好信息，即是相互可接受的，双向实线"←→"表示 A_i 和 B_j 形成了匹配对，所有的"←→"连接的匹配对构成了一个多对多双边匹配方案。

1.3 匹配方案的类型

1.3.1 个体理性匹配

在现实的双边匹配问题中，双边匹配主体在给出对方的偏好信息时，往往不可能对所有的对方匹配主体都感兴趣，对一些匹配主体可能无论什么情况下都不愿意与其匹配，即对方主体中存在一些不可接受的匹配主体。在这种情况下，若匹配决策者给出的匹配方案中，将一些不可接受的匹配主体匹配给了这些匹配主体，那么作为理性的个体是不会接受这种匹配结果的，由此将导致该匹配方案的失效。因此，在双边匹配决策中，匹配决策者需要给出双边主体的个体理性匹配。

依据文献[38]和[52]，下面给出个体理性匹配的相关定义。

在双边匹配方案中，若一个匹配主体的匹配对象对该匹配主体而言是不可接受的，则称匹配方案被该匹配主体阻塞，并称该匹配方案是非个体理性匹配。下面给出一对一双边匹配中个体阻塞和个体理性匹配的数学定义。

定义 1.5（个体阻塞） 在一对一双边匹配问题中，若 $\mu(A_i)=B_k$，并且 $r_{ik}=n+1$，则称匹配方案 μ 被个体 A_i 阻塞；若 $\mu(B_j)=A_h$，并且 $s_{hj}=m+1$，则称匹配方案 μ 被个体 B_j 阻塞。

定义 1.6（个体理性匹配） 在一对一双边匹配问题中，若匹配方案 μ 不被任意个体 $A_i \in A$ 和任意个体 $B_j \in B$ 阻塞，则称匹配方案 μ 为个体理性匹配；否则，称匹配方案 μ 为非个体理性匹配。

由定义 1.5 和定义 1.6 可以看出，个体理性匹配中的双边主体要么没有匹配对象，要么其匹配对象都是可接受的。由于一对多双边匹配问题中个体理性匹配的定义与一对一双边匹配中的定义类似，这里不再赘述。

1.3.2 稳定匹配

无论在一对一双边匹配问题还是在一对多双边匹配问题中，都存在大量的双边匹配方案。而如何从大量的双边匹配方案中选择最优的匹配方案是一个值得考虑的重要问题。双边匹配的一个基本理论问题是双边主体是否有动机背离决策者给定的匹配方案。在一个匹配方案中，若一个匹配主体与另外一方的一个匹配主体认为他们进行匹配要优于他们当前各自的匹配对象，那么这两个匹配主体通过改变当前的匹配对象会相互受益，因此他们有动机去背离当前匹配而私下进行匹配，由此造成原有匹配方案的不稳定和匹配失效。为防止双边主体有动机背离给定的匹配方案，Gale 和 Shapley 在 1962 年研究婚姻匹配问题和大学录取问题时提出了稳定匹配的概念。Roth 通过对英国医院与实习生匹配市场的实证研究发现,那些采用不稳定机制的匹配市场基本都失败了,而稳定匹配机制都成功了并且一直在使用[43,44],由此可以看出,稳定性对于双边匹配决策的成功起着非常重要的作用。

依据文献[38]和[52]下面给出稳定匹配的相关定义。

定义 1.7(可接受对) 在双边匹配问题中,对于 $\forall A_i \in A, \forall B_j \in B$,若 $(A_i, B_j) \in A \times B$ 满足 $1 \leqslant r_{ij} \leqslant n$ 且 $1 \leqslant s_{ij} \leqslant m$,则称 (A_i, B_j) 为可接受对;否则,称为不可接受对。

(1) 一对一稳定双边匹配

在一个给定的匹配方案中,对于可接受对中的两个匹配主体,若他们在匹配方案中没有形成匹配对,但是他们相互偏好的程度优于他们在当前匹配方案中的匹配对象,则称这个可接受对为阻塞对。

定义 1.8(一对一稳定阻塞对) 设一对一双边匹配 $\mu: A \cup B \to A \cup B, \forall A_i,$ $A_k \in A, i \neq k, \forall B_j, B_h \in B, h \neq j$,若可接受对 (A_i, B_j) 满足以下条件之一:

(i) $\mu(A_i) = A_i, \mu(B_j) = B_j$;

(ii) $\mu(A_i) = A_i, \mu(B_j) = A_k$ 且 $s_{ij} < s_{kj}$;

(iii) $\mu(A_i) = B_h, \mu(B_j) = B_j$ 且 $r_{ij} < r_{kj}$;

(iv) $\mu(A_i) = B_h, \mu(B_j) = A_k$ 且 $r_{ij} < r_{ih}, s_{ij} < s_{kj}$。

则称一对一双边匹配方案 μ 被 (A_i, B_j) 阻塞,并称 (A_i, B_j) 为匹配方案 μ 的一个阻塞对。

定义 1.9(一对一稳定匹配) 设一对一双边匹配 $\mu: A \cup B \to A \cup B$,若匹配方案 μ 不被任意个体阻塞并且不被任意的一对一稳定阻塞对阻塞,则称匹配方案 μ 为一对一稳定匹配;否则,称为一对一不稳定匹配。

由定义 1.6 和定义 1.9 可以看出,一对一稳定匹配一定是个体理性匹配,由定义 1.8 和 1.9 可以看出一对一匹配方案不会被不可接受对阻塞,这可以解释为个体理性匹配中不可接受对不可能实现匹配,因此即使满足定义 1.8 中的四个条件之一也不会阻塞匹配方案。下面通过一个例子来详细说明一对一稳定匹配的含义。

例 1.2 设甲方主体集合为 $A = \{A_1, A_2, A_3\}$,乙方主体集合为 $B = \{B_1, B_2,$

$B_3\}$,甲乙双边主体的偏好序值信息构成的矩阵分别为

$$R = \begin{matrix} & B_1 & B_2 & B_3 \\ A_1 \\ A_2 \\ A_3 \end{matrix} \begin{bmatrix} 2 & 1 & 3 \\ 3 & 1 & 2 \\ 1 & 4 & 2 \end{bmatrix}, \quad S = \begin{matrix} & B_1 & B_2 & B_3 \\ A_1 \\ A_2 \\ A_3 \end{matrix} \begin{bmatrix} 1 & 1 & 3 \\ 2 & 3 & 2 \\ 3 & 2 & 1 \end{bmatrix}$$

3个一对一双边匹配 $\mu_1 = \{(A_1, B_3), (A_2, B_2), (A_3, B_1)\}$、$\mu_2 = \{(A_1, B_2), (A_2, B_3), (A_3, B_1)\}$ 和 $\mu_3 = \{(A_1, B_1), (A_2, B_2), (A_3, B_2)\}$。根据定义 1.4 和 1.5 可知,$\mu_1$ 和 μ_2 是个体理性匹配,但是在 μ_3 中,对 A_3 而言他的匹配对象 B_2 是不可接受的,因此,μ_3 不是个体理性匹配,所以 μ_3 也就一定不是稳定匹配。在 μ_1 中,对于可接受对 (A_1, B_1) 而言,由于 $r_{11} = 1, r_{13} = 3$,所以 A_1 认为 B_1 要优于 B_3;$s_{31} = 3, s_{11} = 1$,所以 B_1 认为 A_1 要优于 A_3,那么由定义 1.7 可知,(A_1, B_1) 是匹配方案 μ_1 的阻塞对,因此 μ_1 是不稳定匹配。经过检验只有匹配方案 μ_2 是一对一稳定匹配。

(2) 一对多稳定双边匹配

定义 1.10(一对多稳定阻塞对) 设一对多双边匹配 $\mu: A \cup B \to 2^{A \cup B}, \forall A_i, A_k \in A, i \neq k, \forall B_j, B_h \in B, h \neq j$,若可接受对 (A_i, B_j) 满足以下条件之一:

(i) $|\mu(A_i)| = 0, |\mu(B_j)| < q_j$;

(ii) $\mu(A_i) = \{B_h\}, |\mu(B_j)| < q_j$ 且 $r_{ij} < r_{jh}$;

(iii) $|\mu(A_i)| = 0, \exists A_k \in \mu(B_j)$ 且 $s_{ij} < s_{ik}$;

(iv) $\mu(A_i) = \{B_h\}, \exists A_k \in \mu(B_j)$ 且 $r_{ij} < r_{ih}, s_{ij} < s_{kj}$。

则称一对多双边匹配方案 μ 被 (A_i, B_j) 阻塞,并称 (A_i, B_j) 为匹配方案 μ 的一个阻塞对。

在定义 1.10 中,条件 (i) 表示的是 A_i 没有匹配对象,并且 B_j 的匹配对象不超过期望匹配数量的情形;条件 (ii) 表示的是 B_j 期望匹配的数量还没满额,并且 A_i 认为 B_j 要优于当前的匹配对象 B_h 的情形;条件 (iii) 表示的是 A_i 没有匹配对象,不管 B_j 的匹配对象是否满额,B_j 的匹配对象中存在一个比 A_i 差的情形;条件 (iv) 表示的是 A_i 认为 B_j 要优于当前的匹配对象 B_h,B_j 的匹配对象中存在一个比 A_i 差的情形,显然在以上四种情形下,可接受对 (A_i, B_j) 都具有放弃当前匹配对象而私下进行匹配的动机。

定义 1.11（一对多稳定匹配） 设一对多双边匹配 $\mu: A\cup B \to 2^{A\cup B}$，若匹配方案 μ 不被任意个体阻塞并且不被任意的一对多稳定阻塞对阻塞，则称匹配方案 μ 为一对多稳定匹配；否则，称为一对多不稳定匹配。

通过定义 1.10 和 1.11 可以看出，一对多双边匹配也只能被可接受对阻塞，并且一对多稳定匹配也一定是个体理性匹配。

例 1.3 设甲方主体集合为 $A=\{A_1,A_2,A_3,A_4,A_5\}$，乙方主体集合为 $B=\{B_1,B_2\}$，$q_1=1, q_2=3, q_3=1$，甲乙双边主体的偏好序值信息构成的矩阵分别为

$$R = \begin{array}{c} \\ A_1 \\ A_2 \\ A_3 \\ A_4 \\ A_5 \end{array} \begin{array}{ccc} B_1 & B_2 & B_3 \\ \begin{bmatrix} 1 & 2 & 3 \\ 2 & 1 & 3 \\ 2 & 3 & 1 \\ 1 & 3 & 2 \\ 3 & 2 & 1 \end{bmatrix} \end{array}, \quad S = \begin{array}{c} \\ A_1 \\ A_2 \\ A_3 \\ A_4 \\ A_5 \end{array} \begin{array}{ccc} B_1 & B_2 & B_3 \\ \begin{bmatrix} 2 & 3 & 1 \\ 1 & 4 & 2 \\ 5 & 1 & 4 \\ 3 & 6 & 5 \\ 4 & 2 & 3 \end{bmatrix} \end{array}$$

2 个一对多双边匹配方案 $\mu_1=\{(A_1,B_2),(A_2,B_1),(A_3,B_3),(A_4,B_2),(A_5,B_2)\}$ 和 $\mu_2=\{(A_1,B_2),(A_2,B_2),(A_3,B_1),(A_5,B_2)\}$。在 μ_1 中，对 A_4 而言 B_2 是不可接受的，因此 μ_1 不是一个个体理性匹配。在 μ_2 中所有匹配主体的匹配对象都是可接受的，即 μ_2 是个体理性匹配，但是在 μ_2 中，A_1 认为 B_1 要优于当前匹配对象 B_2，$r_{11}=1<r_{12}=2$，B_1 也认为 A_1 要优于当前匹配对象 A_3，$s_{11}=2<s_{31}=5$，因此 (A_1,B_1) 是匹配方案 μ_2 的一个阻塞对，所以 μ_2 不是一对多稳定匹配。此外，由于 A_4 没有匹配对象，$|\mu(B_3)|=0<q_3=1$，因此，(A_4,B_3) 也是匹配方案 μ_2 的一个阻塞对，由此可见一个匹配方案的阻塞对可能有多个。

1.4 双边匹配研究的必要性

双边匹配问题广泛存在于现实经济社会生活的各个行业领域，目前对于双边匹配问题的研究已经引起了国内外学者的广泛关注。深入研究双边匹配问题的决策理论与方法的必要性主要体现在以下几个方面：

（1）针对原有的双边匹配问题从不同视角提出创新性的理论和方法，以进一步发展和完善双边匹配理论和方法。虽然国内外学者对双边匹配问题的决策理论与方法进行了大量研究，取得了丰硕的研究成果，但双边匹配理论体系仍不完

善,远远没有达到成熟的地步。无论是从研究的广度还是深度来看,目前仍然存在大量双边匹配问题需要进一步研究和探讨。从双边匹配问题角度来看,大量的双边匹配问题,如基于信息平台的动态双边匹配问题、基于电子中介的大规模双边匹配问题、云计算环境下复杂计算任务与计算资源的有效匹配问题等;从双边主体给出的偏好信息来看,基于多指标评价信息、不确定和模糊偏好信息、个体和成对偏好序信息、判断矩阵信息,以及考虑同群信息、考虑协同信息、考虑互惠偏好等偏好信息形式的双边匹配问题;从双边匹配的优化目标来看,考虑稳定性、公平性、满意性、帕累托最优性、防操纵性等目标的双边匹配问题。针对上述这些双边匹配问题,研究与之相关的双边匹配决策理论与方法,不仅有重要的理论研究价值,更具有现实应用价值。

(2) 传统双边市场的不断变化和新兴行业领域中出现的双边匹配问题,迫切需要提出解决相应问题的双边匹配理论与方法。随着社会经济的发展和时代进步,原来的双边市场也在不断经历一些变革,这使得原有行业领域的双边市场不断出现新的变化,产生了许多新的更加复杂的双边匹配问题,而原有的匹配机制却无法有效解决这些双边匹配问题,一个典型的例子是美国的医学院毕业生与实习医院的匹配项目,在 NRMP 项目开展之初,美国医学院女学生就读的数量比较少,20 世纪 60 年代之后医学院女学生的数量逐渐增多,并由此出现了越来越多的成对毕业生夫妻一起寻找实习医院往往提交成对偏好信息的新情况,而毕业生与实习医院原有的稳定匹配算法考虑的仅仅是个体偏好信息,因此原有的稳定匹配算法不能有效解决这种新情况而导致匹配机制不再有效。结果是毕业生和实习医院不再信任 NRMP,他们绕过 NRMP 私下进行匹配使得毕业生与实习医院市场的厚度越来越薄,在一段时间内导致 NRMP 项目形同虚设。

随着科学技术的发展,特别是近年来移动互联网、大数据、人工智能、共享经济、平台经济等信息技术和新兴业态的兴起与快速发展,造就了许多新兴的双边市场。例如,移动互联网的快速发展也变革了传统二手房、二手车等商品交易匹配的模式;大数据技术的发展产生了大数据交易匹配问题;在人工智能和云计算技术的发展过程中也亟须解决云平台计算资源与任务之间有效匹配的难题;共享经济和平台经济的出现催生了基于信息平台的二手图书共享、汽车车位共享等双边匹配问题等。

虽然经过半个多世纪的不断发展，双边匹配在理论研究、方法研究和现实应用方面都取得了丰硕的成果，然而，不同行业领域双边匹配问题所具有的独特特征和复杂性，使得已有双边匹配理论和方法无法有效地直接用于解决这些新问题。因此，迫切需要针对新出现的双边匹配问题给出科学合理的双边匹配理论和方法，以便为解决现实双边匹配问题提供理论支撑和方法指导。

综上所述，在系统整理和分析前人研究成果的基础上，借鉴和创新性地提出解决传统双边市场和新兴双边市场中双边匹配新问题的决策理论和方法，逐步丰富和完善双边匹配理论，推动双边匹配逐步成为经济学、管理科学、信息科学、数学等多学科交叉的一个新的学科分支。

1.5 双边匹配问题提炼

为了确定所研究的双边匹配问题体系，本书从双边匹配问题类型、个体偏好信息、成对偏好信息、优化目标等角度考虑了几种双边匹配问题。本书所考虑的匹配因素如表 1.1 所示。从问题类型来看，主要考虑了一对一双边匹配问题和一对多双边匹配问题；从偏好信息来看，主要考虑了偏好序信息、序区间偏好信息、多指标评价信息和互惠偏好信息；从优化目标来看，主要考虑了双边主体匹配的稳定性、公平性和满意性。

表 1.1 匹配因素

匹配类型 T	偏好信息 I	匹配目标 O	匹配规模 S
T_1 一对一双边匹配	I_1 多指标评价信息	O_1 稳定性	S_1 大规模
T_2 一对多双边匹配	I_2 偏好序信息	O_2 满意性	
	I_3 序区间偏好信息	O_3 公平性	
	I_4 互惠偏好信息		

在现实的双边匹配问题中，双边匹配需要考虑的因素往往不仅仅出现一种情形，可能会同时包含多种情形。本书考虑一种或多种匹配因素，提炼了五类双边匹配问题。本书研究的双边匹配问题具体如下：

（1）第 I 大类为考虑匹配主体公平性的双边匹配问题，具体研究了 $T_1+I_1+O_1+O_3$ 基于多指标评价信息的公平稳定匹配问题；

17

(2) 第Ⅱ大类为考虑序区间偏好信息的一对多稳定双边匹配问题 $T_2+I_3+O_1+O_2$；

(3) 第Ⅲ大类为基于互惠偏好信息的稳定双边匹配问题 $T_1+I_4+O_1+O_2$，具体研究了考虑双边互惠偏好信息的双边匹配问题和考虑单边互惠偏好信息的双边匹配问题；

(4) 第Ⅳ大类为家政服务人员与雇主的稳定双边匹配问题 $T_1+I_2+O_1+O_2$，具体研究了基于偏好序信息的家政服务人员与雇主稳定双边匹配问题和考虑服务技能约束的家政服务人员与雇主稳定双边匹配问题；

(5) 第Ⅴ大类为基于偏好序信息的大规模一对多稳定双边匹配问题 $T_2+I_2+O_1+O_2+S_1$。

下面对本书要研究的几类双边匹配问题的提炼过程进行简要说明。

1.5.1 考虑匹配主体公平性的双边匹配问题

在双边匹配研究中，匹配的稳定性与否是衡量双边匹配方案优劣的重要准则，也是 Gale 和 Shapley 在双边匹配开创性研究中提出的一个重要概念。稳定性可以确保双边主体之间能够维系稳定的匹配关系，从而在一定程度上改善双边市场混乱无序的局面。Gale 和 Shapley 为了获得婚姻市场上男女之间的稳定匹配，提出了获得双边稳定匹配的经典延迟接受算法。依据是男士发出申请还是女士发出申请，采用延迟接受算法可以获得相应的男士最优稳定匹配和女士最优稳定匹配。然而通过研究发现，虽然男士最优稳定匹配是所有稳定匹配中每个男士获得的最优匹配结果，但是同时也是每个女士获得的最差匹配结果，反之亦然[2,3,4]。由此可见，采用延迟接受算法获得的一方主体最优稳定匹配总是以另外一方主体最差稳定匹配为代价的，即采用延迟接受算法获得的匹配方案总是对一方有利而对另外一方不利的，这显然不是一种对双边主体而言都公平的匹配机制。常言道"不患寡而患不均"，这种不公平的匹配机制往往很难令双边主体都满意，男士最优稳定匹配对男士而言是满意的，但女士往往不会接受比较差的男士，这种匹配结果最终也会因为女士满意度比较低而失效。因此，在双边匹配问题中，研究使双边主体都尽量满意的公平匹配是有现实意义的。

匹配方案的公平性能够降低双边主体之间利益不均衡的矛盾，是双边匹配问题中需要考虑的一个重要优化目标[54,59]。本书针对有些双边匹配问题中双边主体给出多指标评价信息的情形,从双边主体整体公平的角度提出了一种公平性度量准则,给出了获得双边主体稳定性和公平性的双边匹配决策方法。

1.5.2 基于序区间偏好信息的双边匹配问题

目前关于双边匹配问题的研究大多是给出关于匹配主体的确定偏好信息,如偏好序信息、满意度打分信息等,给出双边主体的确定偏好信息往往都是在双边主体的所有信息对对方是完全公开和透明的假设情形下。在现实生活中,由于事物的复杂性或匹配主体掌握的信息不完全等因素影响,双边匹配主体很难给出精确的偏好信息,而往往给出不确定或不精确的偏好信息。例如,在大学毕业生与企业的双边匹配问题中,企业对学生的了解仅仅是通过学生个人简历和简单的面试而获得的,由于信息不对称,企业很难全面地了解学生的所有信息,尤其是当企业需要对大量学生进行评价时,往往很难给出每个学生的精确偏好信息;类似地,当学生对不同企业进行评价时,也只能通过企业的现场宣讲或企业网站获得一些简单信息,而无法获得自己感兴趣的所有信息,因此也无法对大量企业给出自己的精确偏好信息[60-63]。需要指出的是,在现实生活的决策问题中,虽然模糊理论和随机方法可以用于描述和表达不确定信息,但是许多情况下决策者往往很难给出隶属函数或概率分布,而序区间由于具有简单、无须任何假设的特点,成为表示不确定性信息的一种有效方法[64-69]。因此,在双边匹配问题中双边主体给出关于对方的序区间偏好信息自然成为双边主体表达个人偏好的一种常见方式。基于此,本书在已有研究的基础上,针对双边主体给出序区间偏好信息的双边匹配问题,研究了一对多两种类型的双边匹配问题,提出了基于序区间偏好信息的稳定匹配方法。

1.5.3 基于互惠偏好信息的双边匹配问题

在已有双边匹配研究中,大多考虑的是双边主体通过综合评价给出关于对方的个体偏好信息,即往往只考虑个人对于对方匹配主体的总体感受,而很少考虑对方对于自己的评价好坏对个人的影响。而在现实的双边匹配问题中,匹配主体往往非常关注或介意对方对于自己的偏好程度,即匹配主体存在互惠偏好,例如在婚姻匹配问题中,当一个女士面对同样好的两个男士时,女士往往更愿意选择那个喜欢自己的男士;甚至有些女士可能会表达"我会选择那个最喜欢我的男士"这样的偏好信息;在大学生与企业之间的人力资源市场上,企业在对大学生进行面试时往往会询问大学生对企业是否了解,了解企业哪些方面,以及为什么要选择企业等问题,这实际上是企业在考察大学生对企业的感兴趣程度,如果大学生表现得非常渴望加入企业,那这往往会增加企业对这样的大学生的面试分数,这实际上就是企业表现出的一种互惠偏好。所谓互惠偏好是指在双边匹配问题中,匹配主体对于自己在对方偏好列表中的排序位置所产生的偏好[72]。互惠偏好是双边主体具有的内在偏好,是双边主体偏好中不可缺少的组成部分,因此,一个合理的双边匹配决策方法需要考虑匹配主体的互惠偏好信息。然而,目前关于考虑互惠偏好的双边匹配研究所见甚少,鉴于此,本书针对具有互惠偏好信息的双边匹配问题,研究了考虑双边互惠偏好信息和考虑单边互惠偏好的两种双边匹配问题,给出了相应的决策理论与方法。

1.5.4 家政服务人员与雇主的双边匹配问题

一方面,随着经济社会的发展以及城市生活和工作节奏的逐步加快,人们对家政服务需求的种类和数量在逐步增多;另一方面,由于日益严峻的就业压力和人们就业观念的不断变化,从事家政服务的人员规模在不断扩大,从业人员的构成也呈现多元化的发展趋势,由此促进了中国家政服务行业的迅猛发展。家政服务业的出现对满足现代家庭的生活需求和缓解社会的就业压力等方面具有重要意义,然而目前在家政服务行业快速发展过程中出现了这样一个重要问题:雇主很难挑选到合适的家政服务人员,家政服务人员也难以找到自己满意的工作,具体体现在雇主的高解雇率和家政服务人员的高辞职率。由于雇主和家政服务人员无法实现一种相对稳定的匹配状态,这也是造成当前家政服务市场混乱无序的一个重要因素。因此,考虑雇主和家政服务人员的需求信息获得双方的稳定匹配,降低双方的搜寻成本,提高双方的匹配满意度,对维护家政服务市场秩序,促进家政服务行业的健康发展具有重要的现实意义。本书从稳定性角度研究了基于偏好序信息的家政服务人员与雇主双边匹配问题以及考虑服务技能约束的家政服务人员与雇主双边匹配问题,给出了相应的双边匹配决策理论与方法。

1.5.5 大规模双边匹配问题

双边匹配问题是一个典型的组合优化问题,求解双边匹配问题建立的优化模型一般为整数规划或混合整数规划。此外,双边匹配方案的规模往往比较大,以人员与岗位一对一双边匹配问题为例,假设参与匹配的人员和岗位数量都为10,人员与岗位双边匹配所有可能的组合为10! =3 628 800,而如果是一对多双边匹配问题,那么人员与岗位可能的组合规模会更大。现实双边匹配问题中双边主体的规模远远大于10,例如,美国医学院毕业生与实习医院匹配项目中,每年医学院毕业生的数量有20 000多名,参与招收毕业生的实习医院有几百家;在中国高中毕业生与高校匹配问题中,以2019年为例,全国高考报名人数达到了1031万,全国高校近3000所;在中国每年的大学毕业生与企业双边匹配问题中,以2019年为例,全国高校毕业生人数为834万,中国企业数量有近3000万家,即便只有10%企业参与校园大学生招聘,大学生与企业可能的匹配组合也是个天文数字。如何从双边主体所有可能的组合中选择最优或近似最优的匹配方案是一个难题,即便是对于一些可以采用典型双边匹配启发式算法(如延迟接受算法、波士顿算法)求解的问题,也需要花费大量的计算资源和计算时间。现实双边匹配问题往往都需要建立比较复杂的优化模型来求解,通常包含多个优化目标和大量约束条件,无论直接采用优化软件如Lingo、Cplex,还是针对双边匹配问题设计智能优化算法如遗传算法、粒子群算法、蚁群算法等来求解,双边匹配方案规模仍然是让人望而却步的。如何针对双边匹配问题,设计能够降低双边匹配方案规模的方法是一个值得研究的课题。

1.6 研究内容

(1) 考虑匹配主体公平性的稳定双边匹配决策方法

针对基于多指标评价信息的公平稳定匹配决策方法的研究内容为:给出了基于多指标评价信息的双边匹配问题的符号说明、数学描述及决策思路,给出了基于满意度的稳定匹配相关概念,证明了稳定匹配的一些性质,提出了一种度量双边主体公平性的准则,给出了双边主体满意度的计算方法,在考虑双边主体稳定性情形下,构建了使双边主体总体满意度差异尽可能小为目标的优化模型,证明了所建立模型的合理性,针对模型的特点设计了求解公平稳定匹配方案的一种遗传算法,并以软件开发项目中项目经理与开发项目之间的双边匹配问题为例说明所提方法的决策流程和有效性。

(2) 基于序区间偏好信息的稳定双边匹配方法

针对基于序区间偏好信息的一对多双边匹配方法,具体研究内容为:给出了基于序区间偏好信息的一对多双边匹配问题的符号说明、数学描述和决策思路,给出了基于序区间的一对多个体理性匹配、一对多 α 稳定匹配的定义,给出了双边主体贴近度的计算方法,构建了以双边主体相对贴近度最大为目标的双目标优化模型,证明了所建立模型的合理性,给出了 ε-约束算法求解模型的方法步骤,并通过软件公司开发项目与人员之间的算例来说明所提出方法决策流程及有效性。

(3) 基于互惠偏好信息的稳定双边匹配方法

针对考虑双边互惠偏好信息的稳定双边匹配方法,具体研究内容为:给出了基于双边互惠偏好信息的双边匹配问题的符号说明、数学描述及决策思路,给出了个体阻塞、个体理性匹配、稳定匹配、帕累托有效匹配、帕累托弱有效匹配等概念,给出了双边主体个体满意度、互惠满意度和总体满意度的计算方法,构建了以双边主体总体满意度最大为目标的双目标优化模型,采用基于隶属函数的加权和方法将双目标优化模型转换为单目标优化模型进行求解,针对双边主体的特殊互惠因子设计了快速求解稳定匹配方案的贪婪算法,证明了算法一定能够获得稳定匹配并且是帕累托弱有效匹配,并以国内某婚恋网站男女匹配为例说明所提出方法的决策流程及有效性。

针对考虑单边互惠偏好信息的稳定双边匹配方法,具体研究内容为:给出了考虑单边互惠偏好信息的双边匹配问题的符号说明、问题描述及决策思路,给出了单边互惠阻塞对、单边互惠稳定匹配的定义,证明了单边互惠稳定匹配的存在性,给出了甲方主体帕累托占优、甲方主体帕累托有效匹配、乙方主体帕累托占优、乙方主体帕累托有效匹配等概念,构建了以双边主体满意度最大为目标的优化模型,分析了模型的特点,证明了模型最优解一定是双边主体帕累托有效匹配,并通过国内某婚恋平台上男女匹配的例子说明所提出方法的决策流程及有效性。

（4）家政服务人员与雇主的稳定双边匹配方法

针对基于偏好序信息的家政服务人员与雇主稳定双边匹配方法，具体研究内容为：给出了基于偏好序信息的家政服务人员与雇主双边匹配问题的符号说明、问题描述及决策流程，给出了家政服务人员与雇主稳定匹配的概念，构建了以家政服务人员与雇主双边满意度最大为目标的双目标优化模型，采用延迟接受算法获得家政服务人员与雇主的最优稳定匹配，构建相应的隶属函数，在此基础上，采用模糊优化方法，将双目标优化模型转换为具有单一目标的模糊线性规划问题，并通过一个算例说明所提出方法的决策流程及有效性。

针对考虑服务技能约束的家政服务人员与雇主稳定双边匹配方法，具体研究内容为：给出了考虑服务技能约束的家政服务人员与雇主双边匹配问题的符号说明、问题描述及决策思路，给出了技能可接受对、可行技能约束匹配、技能约束阻塞对、技能约束稳定匹配等概念，证明了技能约束稳定匹配的存在性，给出了家政服务人员和雇主满意度的计算方法，在考虑服务技能约束稳定性情形下，构建了以双边主体满意度最大为目标的双目标优化模型，证明了所建立模型的合理性和有效性，通过一个算例说明所建立模型的决策流程及有效性。

（5）基于偏好序信息的大规模一对多稳定双边匹配方法

针对基于偏好序信息的大规模一对多稳定双边匹配方法，具体研究内容为：给出了基于偏好序信息的一对多双边匹配问题的符号说明、问题描述及决策思路，给出了个体阻塞、成对阻塞和一对多稳定匹配的定义，设计了双边主体偏好列表简化规则，构建了以双边主体满意度最大为目标的双目标优化模型，证明了所建模型的合理性，采用 H-R 算法获得甲乙双边主体的最优稳定匹配，构建相应的隶属函数，在此基础上，采用模糊优化方法将双目标优化模型转换为单一目标的模糊线性规划问题，并通过高等院校中教师与课程双边匹配的实例说明所提方法的决策流程及有效性。

1.7 本书内容安排

本书各章的具体研究内容阐述如下：

第 1 章：绪论。本章简述了双边匹配的基本理论，总结了双边市场、双边匹配的特点，对双边匹配的起源和发展进行了追溯，系统总结了双边匹配和匹配方案的类型,从现实行业领域提炼了本书要研究的双边匹配问题,确定了双边匹配问题的具体研究内容。

第 2 章:双边匹配相关文献评述。本章对于典型行业领域双边匹配问题从研究背景、已有相关研究成果及评述展望三个方面进行了综述,总结了双边匹配的典型算法,并根据不同优化目标对双边匹配方法进行了系统性总结。

第 3 章:基于多指标评价信息的公平稳定匹配方法。本章给出了考虑匹配主体公平性的双边匹配问题的研究背景、符号说明、问题描述与决策思路,给出了获得双边主体稳定性和公平性的双边匹配方法,通过算例说明所给出的双边匹配方法的可行性和有效性。

第 4 章:基于序区间偏好信息的稳定双边匹配方法。本章给出了基于序区间偏好信息的双边匹配问题的研究背景、符号说明、问题描述与决策思路,给出了一种解决具有序区间偏好信息的一对多双边问题的决策方法,通过算例说明所给出的双边匹配方法的可行性和有效性。

第 5 章:基于互惠偏好信息的稳定双边匹配方法。本章分别研究了考虑双边互惠偏好信息的双边匹配问题和考虑单边互惠偏好信息的双边匹配问题,给出了相应的研究背景、符号说明、问题描述与决策思路,在此基础上,给出了相应的稳定双边匹配决策方法,并通过算例说明所给出的双边匹配方法的可行性和有效性。

第 6 章:家政服务人员与雇主的稳定双边匹配方法。本章研究了基于偏好序信息的家政服务人员与雇主稳定双边匹配问题和考虑服务技能约束的家政服务人员与雇主双边匹配问题,针对这两个问题给出了相应的稳定双边匹配决策方法。

第 7 章:基于偏好序信息的大规模一对多稳定双边匹配方法。本章从大规模一对多双边匹配问题的实际背景出发,对所研究问题的符号说明、问题描述、决策思路、相关概念等进行了阐述,进而给出了简化大规模一对多双边匹配问题的方法,以及获得最优稳定匹配的决策方法。

第 8 章:结论与展望。总结和阐述本书的主要成果及结论、主要贡献以及本书研究存在的局限;最后,对未来需要进一步研究的工作作出展望。

第2章 双边匹配相关文献评述

双边匹配主要研究如何依据双边主体提供的偏好信息给出获得最优匹配方案的决策方法。关于双边匹配的研究可以追溯到20世纪60年代Gale和Shapley关于稳定婚姻问题和大学录取问题的研究,随后国外许多学者对稳定婚姻、大学录取、医院与实习生、学校择校等现实双边匹配问题进行了研究,取得了大量研究成果。但国内鲜有学者在这一领域开展研究工作,直到2012年Roth和Shapley由于在稳定匹配和机制设计方面的卓越贡献而荣获诺贝尔经济学奖,双边匹配这一领域才引起国内许多学者的关注。目前,国内外学者从不同的视角对双边匹配问题进行了相关研究,如不同行业领域的双边匹配问题、双边匹配问题的类型、双边主体的偏好信息类型、双边匹配的决策优化目标等,并取得了一定的研究成果。为了全面和系统地了解当前双边匹配的研究进展,本章从不同行业领域典型双边匹配问题、双边匹配经典算法、基于不同优化目标的双边匹配方法等三个角度对双边匹配相关研究成果进行文献综述。对已有的双边匹配问题、理论和方法的系统检索与综述可以为本书所研究的双边匹配问题提供重要的理论指导和方法借鉴。

2.1 典型行业领域中的双边匹配问题

2.1.1 婚恋市场中的双边匹配问题

(1) 研究背景

经济社会的快速发展以及城市化水平的不断提高,人们的生活节奏也越来越快,许多适龄婚恋男女的生活圈子越来越窄,找到合适的婚恋对象成为当今社会许多个人与家庭的一大烦恼。男女婚恋不仅仅是一个个人问题、家庭问题,还是一个重要的社会问题。当前男女婚恋已经成为社会关注的一个重要的焦点问题,大龄剩男剩女也成为人们提及的热点词汇,也体现了人们对社会男女婚恋问题的重视程度。在中国乡村,传统的媒婆作为男女婚恋的中介,在撮合男女婚恋方面一直以来发挥着关键作用;在城市基于实体店的婚恋中介是以往男女婚恋匹配的重要机构,至今仍在发挥着一定的作用。但随着互联网的发展,尤其是移动互联网的普及,基于电子中介的婚恋网站成为城市男女婚恋的首选。婚恋网站区别于传统媒婆与实体店中介的重要特点在于能够快速聚合大量的婚恋男士与女士,为男女双方提供了大量可供选择的候选婚恋对象。男士或女士只需要向婚恋网站交纳一定的费用成为婚恋网站的会员就可以通过网站看到大量女士或男士的信息,从中可以选择自己感兴趣的异性,然后通过婚恋网站的联系方式与之沟通交流与约会;如果通过交往后发现彼此并不适合,男士或女士可以继续通过婚恋网站选择下一个自己感兴趣的女士或男士作为约会对象,直至找到自己满意的婚恋对象。基于电子中介的婚恋网站消除了以往地理区域带来的限制,可以随时随地向男女提供婚恋服务。但当前存在的大多数婚恋网站只具备男士或女士选择自己感兴趣的女士或男士功能,几乎都没有同时考虑男女双方的需求,往往男士对女士非常满意,但女士却不一定对男士感兴趣。同时考虑男女双方需求,实现双方的最优匹配是一个值得研究的课题。

(2) 婚恋匹配相关研究

① 稳定匹配性质研究

婚恋匹配问题最早由 Gale 和 Shapley 在 1962 年提出,他们对婚恋男女双方给出严格偏好序信息的稳定匹配问题进行了开创性研究,发现严格偏好序信息下稳定匹配总是存在的,并提出了获得男士和女士最优稳定匹配的延迟接受算法[38]。McVitie 和 Wilson(1971)[73]针对具有严格偏好序信息的婚恋匹配问题,在 Gale 和 Shapley 的基础上进行了深入研究,研究发现了一个重要现象:在男士和女士形成的所有稳定匹配中,没有实现匹配(即单身)的男士和女士都是一样的,换言之,在某一个稳定匹配中有婚恋对象的男士或女士,那么在其他的所有稳定匹配中也都有婚恋对象;在某一个稳定匹配中没有婚恋对象的男士或女士,那么在其他所有稳定匹配中也都没有婚恋对象。Knuth(1976)[74,394]对所有稳定匹配的结构进行了研究,发现了另外一个重要现象:婚恋匹配中所有稳定匹配形成一个重要的结构——格。具体研究结论为:当双边主体的偏好是严格偏好,稳定匹配的集合形成一个格结构,并且格结构中的最大元素是男士发出申请的延迟接受算法产生的稳定匹配,格结构中的最小元素是女士发出申请的延迟接受算法产生的稳定匹配。Roth(1982)[39]进一步研究了婚恋匹配市场,研究发现 Gale 和 Shapley 在 1962 年提出的延迟接受算法获得的男士和女士最优稳定匹配都是弱帕累托最优匹配;并且不存在一个稳定匹配机制使得所有男士和女士表达真实偏好是一个占优策略,简而言之不存在一个同时获得稳定匹配和对所有男士和女士而言是防操纵的匹配机制。Roth 和 Sotomayor(1992)[75]针对具有严格偏好信息的婚姻匹配问题,证明了若稳定匹配数量不止一个,那么无论采用哪种稳定匹配机制,在其他男士和女士都表达真实偏好的情况下,都至少存在一个男士或女士可以通过提供虚假偏好来获得更好的利益。王烨和李雨生(2013)[92]从纳什均衡角度出发,考虑图论中的稳定匹配问题,将婚姻匹配问题转化为图论中的二部图,研究发现稳定匹配可以用纳什均衡理论进行直观解释,并证明了稳定匹配是纳什均衡。Domaniç(2017)[91]等研究了稳定婚姻问题的一个变种问题,即具有无差异偏好信息的稳定婚姻匹配问题,提出了一种能够产生帕累托稳定匹配的机制,并且该机制对一方匹配主体而言是群体防操纵的,该机制的关键技术是将稳定婚姻市场视为一个一般化的分配博弈,研究结果表明了机制的有效性。

② 稳定匹配精确算法研究

Matsui(2011)[87]采用博弈论方法研究了具有完全偏好列表的婚姻匹配问题,依据男女双方给出的对方偏好列表,引入女士之间的博弈,每个女士选择的一个策略对应着对男士的一个完全偏好列表,产生的女士支付是男士发出邀约 Gale-Shapley 算法结果中女士对应的匹配对象,并提出了一个多项式时间算法来检验给定的婚姻是否为一个均衡结果。为帮助用户有效地搜索婚恋对象,缩小期望匹配的婚恋对象范围,从而最大化在线门户网站的匹配机会,Joshi 和 Kumar(2012)[88]针对印度电子婚恋环境下的在线婚恋匹配问题,采用模糊层次分析法计算男女双方在多指标下的总分,提出一个计算男女双方匹配度的相容性指标,采用 Gale-Shapley 稳定匹配算法向用户推荐合适的婚恋交友对象。Shrivastava 和 Rangan(2016)[90]研究了具有无差异且偏好列表具有不完全有限长度的社会稳定性问题,研究表明找到一个具有最大规模的弱社会稳定匹配是一个 NP-hard 问题,并给出了一种获得最大规模弱社会稳定匹配的算法。段歆玮和詹文杰(2015)[93]通过分析在线相亲网站上的会员数据,给出了男女满意度评价指标体系的结构和权重以及各指标的满意度和整体满意度的计算方法，提出了基于满意度基数新的线性规划模型及其相应算法，这一新方法的整体满意度明显优于基于序数信息的 Gale-Shapley 算法。吴威让等(2016)[94]研究了不完全偏好下的稳定婚配的匹配率、满意度问题，利用构造满意度函数的方法，获得了在不完全偏好下的婚配市场的人均满意度不低于完全偏好下的人均满意度的结果，更好地阐释了当今社会的剩女(男)现象。

③ 稳定匹配近似算法研究

Manlove 和 Irving(2002)[76]研究了具有部分偏好列表和无差异偏好的婚姻匹配问题，分析了此类问题可能存在不同规模的稳定匹配，指出即便无差异偏好只存在于男女一方，位于偏好列表的尾部，并且无差异长度是 2，找到一个具有最大或最小规模的稳定匹配以及确定一个给定的男女对是否是稳定的也是困难的；找到或近似地找到一个平等稳定匹配和最小后悔稳定匹配都是困难的，并给出一个找到最大或最小规模稳定匹配的近似比为 2 的算法。Halldórsson 等(2003)[77]针对双边主体给出的偏好中具有不完全偏好列表和无差异偏好的最大基数稳定匹配问题，给出了第一个近似比小于 2 的随机近似算法，证明了只有男士偏好列表存在无差异偏好，最多只有一个无差异偏好并且长度为 2 时，随机近似算法的近似比为 10/7。Halldórsson 等(2004)[78]研究了具有不完全偏好列表和无差异偏好的最大基数稳定匹配问题，给出了一个随机近似算法 RANDBRK，证明了期望的近似比最大为 10/7($<$1.4286)，针对无差异偏好只存在男士偏好列表中，每个男士最多只有一个无差异偏好并且长度为 2 的最大基数稳定匹配问题，证明了给出的随机近似算法可以提供一个比较低的下界 32/23($>$1.3913)。Halldórsson 等(2007)[79]针对具有无差异偏好和不完全偏好列表的双边匹配问题，当只有男士一方存在无差异偏好时，提出的获得最大规模稳定匹配的近似算法的近似比为 $2/(HL^{-2})$，其中 L 为无差异偏好的最大长度；当男女双方都允许存在无差异偏好且偏好长度最长为 2 时，近似算法的近似比为 13/7($<$1.858)，并且将近似比下界提高到 21/19($>$1.1052)。Irving 和 Manlove(2008)[80]针对具有不完全偏好列表和无差异偏好的稳定婚姻匹配问题，研究了只有一方具有无差异偏好信息并且无差异偏好位于偏好列表末尾的最大基数稳定匹配问题，给出了一个近似比为 5/3 的近似算法。Király(2008,2011)[81,82]针对稳定婚姻中具有不完全偏好列表和一方具有无差异偏好信息的最大基数稳定匹配问题,给出了一个简单的多项式时间近似算法,研究表明该算法的近似比为3/2,优于Irving和Manlove给出的近似比为5/3的近似算法,并且该算法具有更简单以及运行速度更快的优点。Mcdermid(2009)[83]针对具有不完全偏好列表和无差异偏好的稳定婚姻匹配问题,给出了一个获得最大基数稳定匹配的多项式时间近似算法,证明了该算法的近似比为3/2,优于Király给出的近似算法的近似比5/3。Paluch(2014)[84]研究了具有无差异偏好列表的婚姻匹配问题,指出以获得最大匹配对数量的稳定匹配为目标的当前最好近似算法近似比为3/2,提出了一个获得近似比为3/2以及时间复杂度为$O(m)$的近似算法,并证明了算法的时间复杂度优于McDermid给出的时间复杂度。Irving等(2009)[85]研究了经典稳定婚姻问题中偏好列表具有无差异偏好并且具有有限长度的最大基数弱稳定匹配,证明了若每个男士偏好列表的长度最大为2,则最大基数弱稳定匹配是多项式可解的;然而每个男士偏好列表的长度最大为3时,这个问题称为NP hard问题,并且近似比不可能达到$\delta > 1$。Iwama等(2014)[86]研究了具有无差异偏好和不可接受匹配主体的最大稳定匹配问题,指出多项式时间算法给出的近似比不超过33/29(>1.1379),除非$P=NP$,并且当前最好的近似算法的近似比为1.5;即使只有一方存在无差异偏好,近似比也不超过21/19(>1.1052),除非$P=NP$,而当前已知的最好的近似比为1.5。提出了一个多项式时间近似算法,将近似比提高到了25/17(<1.4706)。在偏好列表具有截断和无差异偏好的婚姻匹配问题中,找到匹配规模最大的稳定匹配具有很强的计算复杂性,Munera(2015)[89]等采用自适应搜索的局部搜索技术来解决这一问题,计算实验表明该方法比当前最先进的精确算法和近似算法更有效。

(3)评述与展望

男女婚恋匹配问题作为双边匹配最早研究的领域之一,历经几十年的发展,取得了大量研究成果。许多学者对具有严格偏好信息、具有无差异偏好信息、具有完全偏好列表、具有部分偏好列表等双边匹配问题进行了研究,研究了不同类型偏好信息下稳定匹配的存在性、稳定匹配求解的复杂性,获得稳定匹配的精确算法、近似算法、搜索算法、智能优化算法等。以往研究大多从理论研究的视角,关注男女婚恋市场稳定匹配问题,关于电子中介婚恋网站中男女婚恋匹配研究不多,只发现 Joshi、Kumar、段欣玮、詹文杰研究了婚恋网站中男女最优匹配的方法。婚恋网站中男女双方的数量规模往往都比较大,如何利用大数据技术结合双边匹配理论为男女双方推荐合适的婚恋对象,提高婚恋成功率,降低婚恋成本是未来需要研究的一个重要内容。

2.1.2 医院与实习生双边匹配问题

(1) 美国国家实习医生匹配项目

在美国,大约从 1900 年开始,医学院学生获得医生执照正式成为医院医生之前必须完成 3～7 年不等的住院实习,学生的这段经历被称为住院医生实习。1900—1945 年期间,由于美国医院处于快速发展阶段需要大量的实习医生,而当时医学院毕业生数量相对较少,各医院为了争夺稀缺的毕业生资源而展开了激烈的竞争。为此,一些医院比其他医院更早地到校园招聘学生,到 1945 年甚至出现了学生距离毕业还有两年时就已经被医院雇佣并开始工作的现象。这种过早雇佣行为无论对医院还是对学生都产生了不利影响:医院过早进入校园招聘学生干扰了学生正常的学业,学生还未完成学业就要签约并进入医院进行实习,这对学生而言,由于过早签约很多专业课程尚未学习,造成对个人职业规划和未来就业的认识不足,进而导致实习一段时间后往往会发现当初所签订的医院并不是自己感兴趣的医院;对医院而言,单纯依据学生前两年的理论课程学习,可能很难全面准确判断学生的实际能力。

1945 年美国医学院协会(Association of American Medical Colleges,AAMC)要求医学院在指定时间之前,禁止提供学生成绩单、推荐信,甚至是学生注册确认书,虽然该措施能有效控制医院提前招聘学生,但产生了一个新的问题:若医院给予学生一段时间考虑是否接受该职位,医院发现他们最偏好的一些学生可能拒绝了职位,而此时他们愿意招聘的另外一些学生可能已经接收了其他医院的职位;若医院要求学生在很短时间内决定是否接受职位,学生往往在不知道是否会有其他更好职位的情况下做出选择,导致学生丧失更好的就业机会。这种过早签约和拥挤现象不止存在于美国、加拿大、英国等的医院劳动力市场,也存在于其他的各类市场中[47,95,96]。

为了解决上述市场混乱无序的问题,20 世纪 50 年代,美国医学院协会同意采用一个后来被称为国家实习医生匹配项目(National Resident Matching Program, NRMP)的集中化匹配机制来协调医院与实习生市场[97-99]。集中化匹配机制的工作流程为：首先，学生向医院申请实习岗位，医院组织对学生进行面试；然后，医院对参加面试的学生进行排序，学生也对面试他们的医院进行排序，医院和学生将偏好排序提交给一个集中化机构；最后，集中化机构依据医院和学生提交的信息，采用一个匹配算法来产生匹配结果[40,52]。美国医学院协会最初采用的匹配算法被称为"Trial-run"算法，该算法产生的匹配结果是不稳定的，随后于1952年被一个称为"NIMP"的算法替代[100,101]。20世纪60年代，随着医学院女生数量的逐步增加，医学院有越来越多的男女学生在校期间结婚，在选择实习医院时，夫妻双方都倾向于实习医院在地理位置上尽可能近。由于原有的集中化匹配算法只是针对未婚医生设计的，结果造成已婚男女学生对获得的匹配结果往往不满意，越来越多的已婚夫妻尝试绕过集中化匹配而直接与医院进行联系，导致参与集中化匹配的学生数量逐渐减少[52,101-103]。

(2) 医院与实习生匹配相关研究

① 医院与实习生传统匹配问题

Roth(1984)[26]研究发现美国医学院协会在1952年采用的双边匹配算法等同于Gale和Shapley提出的延迟接受算法中由医院一方发出匹配邀约，这意味着美国国家实习医生匹配项目最初采用的匹配机制对医院一方是有利的，对医学院毕业生是不利的。鉴于美国国家实习医生匹配项目的成果实施经验，Roth受邀对英国国民健康服务项目在不同地区的匹配项目进行研究，研究发现虽然该项目都采用了集中化的匹配机制，但只有那些采用稳定匹配算法的地区，这些项目一直在顺利开展而没有采用稳定匹配机制的地区项目往往都失败了[43,44]。Sönmez(1997)[107]研究了医院与实习生双边匹配市场中医院操纵策略问题，指出医院可以通过少报招聘实习生数量来获得更好的匹配结果，此外研究表明不存在防止医院操纵招聘数量的稳定匹配机制。Irving(2000)[104]等针对具有无差异偏好信息的医院与实习生匹配问题，首次提出了获得超稳定匹配的线性时间算法，新的研究结果表明所提算法对于美国的NRMP项目及类似项目具有重要应用价值。Gent等(2002)[108]以苏格兰的医院与实习生匹配问题为背景，研究了具有不完全偏好列表和无差异偏好的稳定婚姻问题(SMTI)，给出了SMTI问题的布尔编码,并将 SMTI 问题转化为合取范式的可满足问题 SAT,采用 Chaff 优化器可以对大规模的 SMTI 进行有效求解。Konishi 和 Unver(2002,2006)[109,110]以现实初级劳动力市场中青年医生寻求医院实习岗位为背景,研究了医院与实习生市场中的招收限额操纵博弈问题,研究表明在医院的招收限额报告博弈中,通常不存在一个纯策略均衡;当一个纯策略均衡存在,每个医院对于均衡结果的偏好弱优于对任意大的招收限额的结果,提出了保证存在纯策略均衡结果的条件偏好。Kojima(2006)[111]研究了医院与实习生匹配中的招收限额操作博弈问题,研究结果表明不管是纯策略均衡还是混合策略均衡,与任意大的招收限额相比,每个医院更偏好纳什均衡的匹配结果,即与提供真实的医院招收限额相比,每个医院更偏好纳什均衡的匹配结果。Hamada(2011,2016)[105,106]等研究了医院岗位既有下限又有上限数量要求的医院与实习生匹配问题,指出此类问题可能不存在稳定匹配,但对于一个实例问题是否具有稳定匹配是多项式时间可解的;若对于没有稳定匹配的实例问题,为了获得具有最少阻塞对数量的尽可能稳定的匹配,提出了一个近似算法。Delorme 等(2019)[115]给出了一个新的整数线性规划优化模型,将其扩展到具有无差异偏好的医院与实习生一对多双边匹配问题(HRT)中,并以苏格兰医院匹配为例,展示了获得最大规模稳定匹配情形下如何从 SMTI 扩展到 HRT。

② 考虑成对夫妻偏好的医院与实习生匹配问题

Roth(1984)[40]针对医院与实习生匹配市场中成对夫妻提交成对偏好的匹配问题,研究发现传统的稳定匹配可能并不存在,这有可能导致医院和实习生对 NRMP 项目失去信心。为了解决已婚夫妻共同申请实习医院的实习生与医院匹配问题,美国医学院协会委托 Roth 教授为 NRMP 项目重新设计一个有效的算法,Roth 在延迟接收算法的基础上了设计了新算法,通过实证研究发现该匹配机制重新吸引成对夫妻参与集中化匹配,目前该算法已被广泛应用于许多人力资源市场[48]。Marx 和 Schlotter(2011)[112]研究了一个经典稳定婚姻问题的变体问题,也是医院与实习生匹配问题的扩展问题,即允许具有夫妻关系的成对实习生给出医院联合偏好排序的医院与实习生匹配问题,给出了获得具有夫妻关系的最大匹配的随机固定参数处理算法和局部搜索算法。McBride(2015)[113]研究了医院与实习生匹配的一个变种问题,即成对夫妻提交联合偏好的问题,研究表明即使限制匹配主体偏好列表的长度和结构,确定是否存在稳定匹配也是一个 NP-complete 问题,然而,对匹配主体偏好列表长度进行一定的限制,可以在多项式时间算法内找到一个最大基数稳定匹配或者判断是否存在稳定匹配。Manlove(2017)[114]针对医院与实习生匹配中成对夫妻向成对医院提交联合偏好信息的稳定匹配问题,研究了具有最小数量阻塞对,即尽可能稳定的匹配存在性,研究表明具有最小数量阻塞对的匹配是一个 NP-hard 问题,并针对单个实习生和医院给出偏好列表最长为 2 的情况,给出了一个多项式时间算法。

(3) 评述与展望

关于双边匹配的研究最早起源于美国医院与实习生匹配问题,也是到目前为止双边匹配理论与方法在现实最成功的典型案例。关于美国医院与实习生匹配问题的研究包括如何解决过早签约与市场拥挤问题、集中化匹配算法、不同类型偏好信息下的稳定匹配存在性、医院岗位不同数量及招收限额下的稳定匹配求解、医院与实习生操纵策略问题、成对夫妻提供偏好的稳定匹配存在性等,可以说医院与实习生匹配问题是当前研究最广泛的现实双边匹配问题,几乎囊括了双边匹配领域研究的所有问题,也取得了大量的成果,为其他领域双边匹配问题的解决提供了范本。目前美国、英国、加拿大等许多国家都已经成功将双边匹配理论应用于医院与实习生匹配,取得了显著成绩。而目前针对中国医院与实习生匹配市场的研究非常少,随着我国国民生活水平的不断提高以及国民对医疗意识与医疗服务质量需求越来越高,如何将每年大量的医学院毕业生分配到不同的地区的实习医院,实现医疗资源的均衡化发展,改变当前偏远农村人民群众看病难、大城市医院就医人群数量多、城乡就医资源不均衡等难题,切实提高人民群众对医疗资源的获得感,是未来需要研究的重要课题。

2.1.3 学生与学校双边匹配问题

(1) 美国公立学校择校问题

① 纽约公立高中学校录取机制

纽约的数百所公立高中学校每年负责几万名学生的招生录取工作,他们在招生方式、录取机制及确定学生录取的优先权等方面享有充分的自主权。纽约公立学校原有的招生系统采用的是纸质化的人工操作方式。首先，每个初中毕业生在家长的协助下，填报5所他们最想去的高中学校，并把志愿表格投递给教育部门，教育部门把收集到的学生志愿信息通知给学校；然后，学校采用抽签方式录取学生或选择谁被录取，谁处于候补名单；学校做出选择后，教育部门通知学生被哪些学校录取或处于哪些学校的候补名单。学生根据教育部门反馈的录取信息，可以最多接受一个录取他们的学校和一个候补学校，如果学生同时被多所学校录取，那么学生可以根据自己的偏好接受一所录取他们的学校，也可以拒绝所有录取他们的学校，而选择一个候补学校（学生认为录取他的学校不如把自己列为候补名单的学校）。在第一轮中被学生拒绝的学校可以补录其他学生，教育部门开始第二轮向学生发送信函，学生作出选择后，教育部门还有第三轮也是最后一轮的录取。第三轮没有被录取的学生由教育部门直接分配学生到距离他们家最近的学校。

纽约公立学校采用的这个复杂招生系统耗费了学生和学校大量时间，招生录取效率十分低下，并且录取的结果非常糟糕，每年都有大量的学生经过第三轮后仍然没有被任何一所高中录取，他们只能被动地被分配到一所他们不感兴趣的学校。此外，学校在招生过程中可能会预留一些名额进行私下招生，从而一些学生家长将有动机通过不光彩的手段获得录取名额，因此，纽约公立学校的这个招生系统是不透明、存在灰色地带的，很容易滋生腐败现象。

② 波士顿公立学校录取机制

纽约公立学校原有录取机制存在的最大问题是市场的堵塞问题，波士顿公立学校很早就采用了基于立即接受算法的计算机择校系统，该市场不存在堵塞问题，但却存在着策略操纵的问题。波士顿公立学校录取学生主要依据学生的优先权，学校首先将优先权给予那些有哥哥或姐姐在这个学校读书的学生；然后，优先权分配给居住在学校周边的学生，具有同一优先权的学生会根据所分配给他们的一个随机数字来确定录用顺序。波士顿公立学校录取工作由教育部门下属的一专门办公机构负责，录取流程如下：每个学生根据自己对学校的偏好给出一个至少包含三个学校的偏好列表，并把偏好信息提交到波士顿公立学校择校系统，系统根据学生信息会自动计算学生的优先权；首先，立即分配算法会把尽量多的学生分配到他们第一选择的学校，如果学校招生名额少于第一选择他们的学生数量,学校将按照学生的优先权顺序进行录取,直到招满,拒绝剩余的学生;然后,立即接受算法会把剩余学生尽可能多地分配到他们的第二选择学校,剩余学生再按照第三选择学校进行录取,最终没有被录取的学生将被分配到仍有空余位置且学校距离他们家最近的学校。

③ 中国高考录取问题

中国大学录取中的学生与学校匹配问题是世界上规模最大、最复杂的匹配问题,通常被称为高考录取问题。在中国的高考录取中,首先,学生在高考考试分数公布之前或者公布之后向省招生办公室提交个人的高考志愿,高考志愿是学生对不同大学的偏好排序;然后,省招生办公室依据考生的分数和学校招生计划划定最低录取分数线;最后,学校根据学生的分数和学校的招生计划来录取学生。长期以来由于学生自身填报志愿不当、高考志愿填报方式等因素的影响,高考录取中出现了"高分低就"甚至"高分落榜"的现象[10-12]。因此,如何制定合理的高考录取机制实现高等教育资源的最优分配,提高高考录取机制的稳定性、公平性和匹配效率,一直是高考录取的核心问题。

(2) 学生与学校匹配相关研究

① 国外大学录取研究

Dubins 和 Freedman(1981)[116]以大学录取问题为背景研究了 Gale-Shapley 算法中的联盟博弈问题,证明了学生不可能通过提供虚假偏好获得更好的匹配结果,并且如果学生联盟之外的其他匹配主体提供真实偏好,那么不存在学生联盟能同时提高联盟中所有学生的匹配结果。Roth(1985)[117]研究了大学录取问题与婚姻匹配问题之间的关系,指出大学录取问题并不等同于婚姻匹配问题,婚姻匹配问题中的许多结果与性质并不能简单地推广到大学录取问题,比如,不存在稳定匹配机制使得大学揭示真实偏好是一个占优策略,一些匹配结果可能比大学最优稳定匹配更优。Sotomayor(1998)[118]研究了大学录取市场中的合作博弈问题,提出了一类将申请者集合分配到大学集合的稳定匹配机制,研究表明非合作博弈可以被认为是一个获得合作结果的过程,每个策略均衡结果都在合作市场博弈的核中。Balinski 和 Sönmez(1999)[119]研究了土耳其的大学录取机制,指出土耳其当前采用的多类别序列独裁机制存在许多严重缺陷,该机制既不是帕累托有效的,也不是防操纵的,研究认为 Gale-Shapley 学生最优机制对土耳其大学录取而言是可以采用的最好机制。Milgrom(2003)[23]指出当大学具有替代性偏好时,学生发出申请的延迟接受机制(SA-DAA)不是一个激励相容机制,即对所有学生而言,提交真实偏好并不是一个占优策略。Abdulkadiroǧlu(2005)[124]研究了具有机会均等行动计划的大学录取问题,指出当每个大学的偏好对可接受学生的集合满足响应性时,学生发出申请的延迟接受机制对每个学生而言揭示真实偏好是一个占优策略。Chen和Sönmez(2006)[120]通过实验方法研究了波士顿机制、Gale-Shapley机制和顶级交易循环机制三种学校选择机制,研究表明波士顿机制具有更高的偏好操作率,而且波士顿机制的效率远远低于另外两种机制,Gale-Shapley比顶级交易循环机制具有更高的效率。在学校选择机制中,基于学生考试分数的学校优先机制并不能真实揭示学生的能力,事后公平匹配机制由于不是事前公平的往往不是人们所期望的,Lien等(2017)[126]提出了一个改进事前公平的波士顿机制,由学生知道考试分数之前提交他们的偏好,这种机制是完全事前公平的,并可以将具有高能力的学生匹配到更好的学校。

② 中国高考录取研究

Chen和Kesten(2013)[121]首次采用理论和实验方法研究了中国大学录取中的平行选择机制,对波士顿机制、Gale-Shapley机制和平行选择机制进行了系统比较,实验结果表明平行选择机制的稳定性和防操纵性要高于波士顿机制,Gale-Shapley机制仍然是三种机制中稳定性和防操纵性最好的。Zhu(2014)[122]从机制设计的角度研究了中国大学录取机制的演化,通过对理论和实验机制设计文献的综述发现,在中国采用的顺序选择机制和平行选择机制分别等同于具有无差异偏好的波士顿机制和简单序列独裁机制,研究表明简单序列独裁机制消除了合理嫉妒,是防操纵和帕累托有效的,这表明近年来中国大学录取从顺序选择机制转变为平行选择机制的合理性。Bo(2019)[125]等采用2005—2011年中国大学录取数据研究了高考录取问题,提供了中国大学录取从采用波士顿机制到平行机制(延迟接收机制的简化)过渡的实证证据,并研究了学生在获得高考成绩信息时提交大学偏好对大学与学生匹配结果的影响。聂海峰(2007)[11]分析了高考招生中考后知分报考录取机制下的志愿填报博弈,研究表明完全信息下的显示偏好博弈只有唯一的纳什均衡结果,且均衡是帕累托有效和公平的,此外,他指出在 Gale-Shapley 学生最优机制下，学生提交真实偏好是学生的优势策略，并且结果也是帕累托有效和公平的。在文献[132]中，聂海峰研究高考录取机制中用分数录取的效率问题，研究表明录取机制不是分数公平的机制，所以考生显示的志愿并不一定是他真实的偏好；如果使用分数公平的录取机制，填报真实偏好就是考生的最优策略，不仅使得填报志愿变成一件简单的事情，最后的高考录取结果也是帕累托有效的。聂海峰和张琰(2009)[130]对"平行志愿"录取机制引起的福利效应和考生填报策略有关问题进行了研究，研究表明相对于传统的"志愿优先"录取机制，"平行志愿"录取机制对全体考生来说不是帕累托改进，增加考生可以填报的志愿学校数对低分考生不利，计算了考生信念是均匀分布时不同考生的均衡策略和在均衡中的录取概率分布。李凤(2010)等[127,128]根据目前国内高考招生录取制度设计出一个理论模型，运用模拟法和计量分析法比较分析了志愿填报时间和录取机制对考生和高校的影响，研究发现对考生而言，知分填报优于估分填报，估分填报优于考前填报，但估分填报和知分填报的"高分低录"和"高分落榜"现象较考前填报更严重。从高校招生规模和第一志愿录取人数角度讲，考前填报虽然最不利，但从招生质量来说，考前填报优于知分填报，知分填报优于估分填报。魏立佳(2011)[129]针对中国高等学校录取中学生可能存在弱偏好序的情形，设计了"挤出"匹配算法，并证明该算法满足稳定、抗操作和帕累托最优性，且匹配后学生总效用最高，通过计算机模拟证实"挤出"算法确实能显著改进匹配效率，且主要改善优先序排名较后的学生的效用；在两批次高考志愿录取模拟中，"挤出"算法使学生总效用最高，能同时保证"高分低就"率和"高分落榜"率最低。李坤明(2010)[12]分析了我国高考录取环境中平行志愿的优势和存在问题，提出了在非完全的信息环条件下，平行志愿录取机制的一个改进思路并证明了改进的录取机制具有避免高分低录、录取结果满足公平性、无浪费、抗策略性和帕累托有效性等优良性质。朱琳(2010)[131]以中国现行的高考录取机制为研究对象，通过实验研究表明，在志愿优先、平行志愿和 Gale-Shapley 学生最优稳定三种匹配机制中，真实偏好揭示率和效率水平越低的机制，相对于信息量的变化越敏感；随着信息量的增多，在平行志愿录取机制下，效率水平的变化对可报考数量的变化逐渐变得不明显。冯科等(2016)[133]依据双边匹配理论现有成果，以大学招生模型为基础，从个人理性、帕累托最优等 5 个方面对我国研究生调剂的最优性进行了考察,研究结果表明,研究生调剂体系理论上未达最优,现实情况更为严峻,未来仍需深入完善。

(3) 评述与展望

学生入学问题是家长最为关注的一个重要问题,也是许多家长为之烦恼的社会问题。幼儿园入园、小学就读、初高中学校选择、高考录取等从孩子2、3岁到17、18岁如何为孩子选择尽量好的学校就读,让全世界的家长们操碎了心。学生不仅寄托了一个家庭的希望,也是一个国家民族发展的重要驱动力,学生入学作为一个十分敏感的社会问题,时刻牵动着人们的心,比如每年中国的高考都是国民津津乐道的话题,包括高考考试科目、考试试题的难易程度、录取分数线的高低、高考状元、高考录取规则等。学生入学问题是一个典型的双边匹配问题,学生对不同学校的偏好不同,学校对学生已有一套自己的选择办法,如何满足学生家长与学校双方的需求,采用一套合理的、公平的、有效的匹配机制解决这个社会难题,是许多经济学家、政治学家、管理学家等梦寐以求的。目前关于学生与学校匹配问题研究比较多的是纽约公立高中学校录取、波士顿公立学校录取及中国的高考录取问题,重点研究了 Gale-Shapley 机制、序列独裁机制、波士顿机制、顶级交易循环机制、平行选择机制等在公平性、防操纵性、帕累托有效性等方面的优劣。匹配机制没有绝对的优劣之分,如何根据不同国家、不同地区的实际情况和具体需求,因地制宜设计一套符合实际需求的录取机制是一个需要重点关注的问题。

2.1.4 人力资源市场中的双边匹配问题

(1) 研究背景

在信息与知识经济时代,人力资源作为最重要、最有价值的资源是各个国家都在争抢的战略资源。从二战后美国多次修改移民法,从全世界吸纳各国的优秀科技人才,"绿卡"就是美国为吸引人才而采取的一项重要政策。近年来,我国采取"引、育、留、用"等多种机制,优化海外人才来华审批程序,实行国家"千人计划""万人计划"等吸纳海外高层次人才。随着知识经济和信息社会发展的不断深化,企业也同样认识到了人力资源对于企业发展与创新的重要作用,人力资源也已逐步成为企业的核心资源和核心竞争力。在这方面最吸引眼球的莫过于

2019年华为200万高薪聘请应届毕业生。企业如何根据自己的实际需求选择能胜任工作岗位的合适人员并将他们分配到合适的工作岗位是人力资源部门的一项重要工作任务。企业在选择人才时，要对人员的能力进行评价以检验是否满足工作岗位的需求，为充分发挥员工的工作积极性和主动性，提高员工的工作满意度，企业选择人才时也需要考虑人才对岗位的感兴趣程度。因此，当前无论企业从外部招聘人才还是从内部选拔人才，都是遵循人才与岗位双向选择这种模式，即人员岗位是一个双边匹配问题[5-9]。人岗双边匹配问题具有重要的行业领域特点，需要根据不同行业领域的特点对相应的人岗双边匹配问题进行研究，这具有重要的实际应用价值。

（2）与人员选择、分配相关的双边匹配研究

① 人员与岗位双边匹配问题

Malinowski 等（2006）[142]研究了基于电子中介的人员与招聘岗位双边搜索与匹配问题，由于人员与岗位匹配是一个双边选择过程，分别为人员和招聘岗位设计了个性化搜索和推荐系统，通过德国大学生与真实工作岗位之间的匹配实验，发现推荐系统能够显著提高搜索和匹配的效率以及人员与岗位的满意度。Tomás（2006）[143]研究了工作岗位招聘中岗位对申请者具有严格优先权，申请者对岗位具有无差异偏好，并且一些岗位存在占有者的人岗双边匹配问题，将该问题简化为一系列具有稳定性约束的最大基数双边匹配问题进行求解，研究发现申请者最优稳定匹配是有效的。Golec 和 Kahya（2007）[9]研究了人员与工作的双边匹配问题，提出了一个选择和评估合适人员的综合层次结构，通过基于能力的模糊模型实现人员与工作的匹配，算例表明所提框架的可行性。Korkmaz 等（2008）[134]研究了军事人员与岗位的双边匹配问题，提出了一种基于 AHP 方法和双边匹配的决策支持系统，用于辅助军事人员的分配，通过决策支持系统中的 AHP 方法获得岗位需求偏好和人员能力信息，采用双边匹配方法实现岗位与人员的匹配。Wang 等（2011）[136]针对知识型员工与企业岗位的双边匹配问题，依据员工和企业岗位给出的多属性满意度评价信息，通过运用双边匹配算法获得双边主体都满意的匹配结果。Morrill（2013）[138]为了解决人员与岗位的双边匹配问题，给出了一个满足稳定性、个体理性及非浪费性的分配机制，并且对 Kojima and Manea 所提出的带有优先权结构的 DAA 算法的两个性质进行了研究，

研究表明作者提出的分配机制等同于求职者主动提出的 DAA 算法。Du 等 (2013)[137]研究了建筑企业人员与岗位的双边匹配问题,通过计算多指标评价信息与理想点的距离来获得人员与岗位的满意度,通过求解以双方满意度最大为目标的多目标优化模型来获得人员与岗位的最优匹配结果。

汪定伟(2007)[51]针对电子中介中的多目标匹配问题建立了多目标的指派模型,提出一种多养分的群落选址算法进行求解,通过工作中介网站中求职者与工作岗位匹配问题的算例计算表明该模型和算法获得了满意的效果。赵希男等(2008)[159]研究了人力资源中的人与岗位匹配问题,给出了人与岗位的横向匹配与纵向匹配的测算模型;考虑到任职者的部分指标可能超过岗位标准,提出了截面匹配度的概念,并用任职者指标曲线的凸凹比例来刻画,通过计算实例验证了模型的有效性。尚彬彬(2008)[156]针对员工与岗位双边匹配问题,建立了员工胜任力评价指标体系,用模糊综合评价方法计算岗位对员工的满意度,用三角模糊数方法评价员工对岗位的满意度,构建匹配矩阵模型,并对处于矩阵中不同区域的情形进行分析。陈希和樊治平(2009)[153]针对考虑多种形式信息的求职者与岗位双边匹配问题,通过计算不同形式的评价信息与正理想点的距离定义了岗位和求职者的满意度,并以岗位和求职者的满意度最大为目标建立了多目标优化模型。陈希和樊治平(2009)[154]针对组织中员工与岗位的匹配问题,给出了考虑岗位满意度和员工满意度的匹配测评指标体系,给出了两阶段的测评与选择方法,第一阶段将员工和岗位的语言满意度评价信息转化为二元语义形式,给出了一种二元语义信息处理的员工与岗位匹配测评方法,第二阶段,建立了员工与岗位匹配选择的矩阵模型。袁珍珍和卢少华(2010)[155]针对人岗双边匹配中的人岗匹配度测算问题,从定性分析到定量分析,综合运用 BP 人工神经网络和模糊综合评价法,建立了一种新的人岗匹配度测算模型,并通过实例验证了该模型的有效性。曹乐等(2010)[158]针对装配人员与岗位能力的匹配问题,提出了岗位适应度的概念,以技能等级和给定时间段内人员执行装配作业的累计时间为参数对岗位适应度进行描述,建立了以人员岗位适应度最大和装配线各工位之间作业人员岗位适应度差异最小为目标的装配线人员优化配置模型,设计了一种基于岗位适应度矩阵的启发式求解算法。王朔等(2013)[150]针对人员与岗位的适配性问题进行了研究,建立了岗位及人员的满意度评价指标体系及双边匹配优化模型,将人员与岗位的适配性研究转化为实现人员岗位双边满意度最大的分析过程。杨倩等(2014)[157]针对员工偏好信息是不确定偏好序的员工与岗位双边匹配问题,以单个员工满意度最大即实际满意度与期望满意度之差最小为目标建立人岗匹配决策模型,设计算法,分析算法复杂性并进行算例分析。朱丽娜(2016)[172]将双边匹配决策方法应用于基层央行员工招聘过程之中,将组织人事管理中的招聘选拔过程和双边匹配决策方法相结合,通过人岗双方的指标评价和匹配决策,得到使双方满意度之和最大的一组匹配结果,其量化的数据,较之传统的招聘过程更具科学和公正性,因而更能保证招聘结果的稳定性和有效性。姜艳萍和袁铎宁(2018)[163]对岗位存在占有者条件下的人员与岗位一对多双边匹配问题进行了研究,给出岗位存在占有者条件下的人岗双边匹配方案、岗位存在占有者条件下的个体理性匹配方案、岗位存在占有者条件下的稳定匹配方案和岗位存在占有者条件下的公平匹配方案的定义,在考虑双方匹配主体稳定性的基础上,设计了岗位存在占有者的改进的公平选择(I-FS)算法。袁铎宁和姜艳萍(2019)[162]针对企业招聘中部分岗位存在占有申请者的人员与岗位双边匹配问题,给出岗位存在占有申请者的人岗双边匹配方案、岗位存在占有申请者的个体理性匹配方案、占有申请者与岗位阻塞对、外部申请者与岗位阻塞对和岗位存在占有申请者的稳定匹配方案的定义,给出了人员与岗位的满意度的计算方法,在稳定性约束的基础上,构建以人员与岗位的满意度最大、占有申请者回到原岗位的人数最少为目标的多目标优化模型。

② 团队成员选择中的双边匹配问题

Boon 和 Sierksma(2003)[149]研究了体育运动中团队队员与场地位置的匹配问题,为了实现队员与功能需求的最优匹配,考虑了队员在以往不同比赛位置的成绩以及队员之间的配合情况,建立了以团队队员之间总体配合程度最大为目标的线性规划模型,通过求解模型获得队员与场地位置的最优匹配结果。Huang 等(2009)[141]研究了企业团队组建中的人员与岗位双边匹配问题,提出了一种考虑企业岗位之间关联性和员工之间差异的带有反馈机制的系统化方法,构建了一个双目标 0-1 整数规划模型(BOBIP),并将该模型转化模糊双目标规划模型(FBOGP),通过求解 FBOGP 模型来获得人员与岗位的合适匹配结果。张裕稳等(2015)[161]针对基于产学研合作主体的创新能力分析合作伙伴的选择问题,运用双边匹配的方法,通过建立产学研合作主体的匹配度矩阵,结合加权的指标权重构建匹配模型,获得最佳的匹配方案。最后通过一个产学研合作伙伴的选择实例证明所提出方法的可行性。金英伟和孙雪源(2017)[171]考虑班主任层面的需求与偏好、科任层面的愿望与价值观的教师团队组建问题,建立了最大化三边满意度的科任与班主任双边匹配的 0-1 整数规划模型,并开发了一种启发式算法求解该模型,一方面可以在科学量化层面为相关管理部门提供决策支持,另一方面由于该问题的特征及复杂性,对这一问题的研究可以在理论上丰富和发展双边匹配决策方法。孙雪源和金英伟(2018)[169]以企业团队组建为背景,研究了考虑企业任务管理制度的双边匹配决策问题,建立了任务分级管理模式下团队领导与成员双边匹配的 0~1 整数规划模型,开发一种基于双向三维嵌套评价信息矩阵的启发式算法,发展了求解双边匹配问题的方法,并以 IT 企业项目研发团队组建为应用案例进行了分析。刘成文(2018)[167]针对采用不同粒度模糊语言表达属性值的合作伙伴选择问题,采用基于级别优先序理论的 ELECTRE 集结基于前景理论的价值函数得到满意度值,采用双边匹配决策方法构造多目标优化模型,并采用模糊规划中的两阶段法求解多目标优化得到最终匹配结果。

③ 人员选择、分配相关的其他双边匹配问题

Mongell 等(1991,2003,2010)[145-147]等针对大学生联谊会成员招募问题、肠胃病学家工作匹配问题和经济学博士工作匹配问题,通过实证方式研究了这些市场中传统匹配方式与双边匹配机制的差异,并分析了影响双边匹配机制成功应用的影响因素。Barron 和 Várdy(2005)[48]分析了国际货币基金组织(IMF)人力资源部门当前用于匹配年轻经济学家与 IMF 部门的分散式匹配机制的缺陷,提出采用基于 Gale-Shapley 的延迟接受算法(DAA)的集中化匹配机制,并开发了基于 Excel 的计算机程序来实施 DAA。Matsubara(2009)[139]研究了不对称信息情形下工作申请者和雇主之间双边匹配问题,针对现实生活中信息不对称造成的工作申请者很难提供真实偏好的情形,设计了一个新的双边匹配协议,该协议能够保证申请者提交真实偏好,并且申请者有动机与其他申请者共享信息。Hatanaka 和 Lin(2009)[140]研究了一个在学校与企业合作框架下基于双向选择的学生与实习企业匹配问题,采用模糊评价方法来计算学生和实习企业的满意

度,通过构建混合整数规划模型米对学生进行初步筛选,并通过考虑学生之间的合作关系来确定最终学生与实习企业的匹配结果。Altay 等(2010)[135]针对人员和任务双边匹配问题所具有的多目标、多约束的特点,提出了一个获得最大匹配对数量的采用不同适应度函数的条件遗传算法,通过伊斯坦布尔技术大学工业工程系大学生毕业课题与实习企业进行匹配的案例说明了所提出的遗传算法的有效性和实用性。Gharote 等[144]采用集中化和稳定匹配机制研究了实习生与软件项目需求之间匹配问题,针对软件项目需求具有任意长度无差异偏好列表的情况,建立了再培训和重新安置成本最小化的优化模型,并设计了基于 GRASP 的散射搜索算法求解大规模问题。

张振华等(2006)[152]研究了电子就业中中介公司与学生的双边匹配问题,以毕业生和招聘公司的满意度分别最大为目标,建立了多目标线性规划模型,从而解决了传统 HR 算法的匹配公平性问题,用加权法将该多目标模型化为单目标问题求解。陈圣群和王应明(2013)[174]针对高校课程与教学人员的双边匹配问题,采用证据理论来计算高校课程与教学人员的融合度,构建以高校课程与教学人员的融合度最大为目标的优化模型,通过求解模型获得最优匹配。向冰和刘文君(2016)[160]针对硕士研究生与导师之间的双向选择的匹配问题,分析在单一导师制、信息充分且每个导师带的研究生数确定的情况下,运用 Gale-Shapley 算法以研究生先选的方式对 N 大学 Y 专业的研究生与导师双向选择进行最优匹配,并在此基础上提出 Gale-Shapley 算法对研究生与导师双向选择的实际应用建议。李剑等(2017)[170]针对农民工就业匹配问题,利用双边匹配理论,以企业、农民工、政府三方主体满意度最大为目标,构建了农民工城镇就业匹配模型,并以案例验证了模型的有效性与适用性,给出促进农民工城镇就业匹配的对策和建议。杨续昌等(2017)[201]针对产品开发中人员和任务数量庞大的情形,为提高任务和人员的综合满意度,在分析人员属性指标信息的基础上,通过改进的 K-mediods 聚类算法完成属性特征相似人员的聚类,并结合人员偏好信息和优势数分析的任务评价排序方法,实现各人员聚类所对应的最优任务集的评价决策;运用双边匹配理论完成每个聚类群内任务与人员之间的精确匹配。刘坤(2017)[164]针对目前高校本科学位论文工作中指导教师与学生匹配机制的一些不足,在考虑论文题目、教师指导人数上限、指导教师和学生相互评价信息的基础上,建立以双方满意度最大为目标的双边匹配模型,并提出了相应的决策分析方法。刘鹏飞等(2017)[165]研究了在多个优化目标下科研项目和参与人员的双边匹配问题,以最优化合理分组的三个实际指标为目标,建立双边匹配多目标决策模型,并依据该模型的特点设计了基于多目标遗传算法的求解方法。在匹配模型的基础上,设计了基于浏览器/服务器架构的人力资源管理系统以提高实用性。陈友玲等(2018)[205]针对产品开发的任务分配中知识不对等问题,从知识量化的角度把任务与人员的匹配转化为任务与人员之间的知识相似度,建立序值矩阵,转换成任务对人员匹配的满意度矩阵,根据人员在不同任务属性下对任务的偏好程度,获得人员对任务满意度的序值矩阵;然后,以双方之间的满意度最大为原则,构建基于双边匹配的任务分配多目标优化模型,采用基于隶属度函数的加权和方法转化为线性规划,并通过 MATLAB 编程求解该模型。刘勇(2018)[166]针对高校课程与教学人员双边匹配过程中课程设计管理者和教学人员的偏好和匹配的公平性问题,采用灰色关联分析方法测度匹配主体的偏好,构建基于各主体偏好最大、偏差最小的匹配优化模型,并运用线性加权法将多目标匹配模型转化为单目标优化模型求解匹配方案。杨琴等(2019)[168]将救助任务双方双向选择过程描述为一对多双边匹配问题,确定双边匹配方案的衡量依据;然后,量化匹配关系,将一对多双边匹配问题转化为一对一双边完全匹配问题,刻画双边主体在不同评价指标下的心理感知,构建双方的感知契合、接受度函数,建立最大化感知契合度和接受度的双边匹配决策模型;最后,通过设计并求解算例,验证模型的有效性。

(3) 评述与展望

目前关于人岗方面的研究成果丰硕,从研究的行业领域来看,有军事人员与岗位匹配问题、知识性员工与企业岗位匹配问题、建筑企业人员与岗位匹配问题、团队组建中人员与岗位匹配问题、电子中介中人员与招聘岗位匹配问题、实习生与软件项目匹配问题、装配人员与岗位匹配问题、毕业生研究课题与实习企业匹配问题、科研项目与人员匹配问题、基层央行员工招聘中人员与岗位匹配问题、存在岗位占有者的人岗匹配问题等;从研究方法来看,有建立模糊优化模型、采用双边匹配理论构建决策支持系统、采用遗传算法、构建匹配矩阵模型、构建混合整数规划模型等;从偏好信息来看,有基于不确定偏好序信息、基于多指标评价信息、不对称信息等;从优化目标来看,大多以人员与岗位的满意度、人岗匹配度最大为优化目标,还有部分以人员培训与安置成本最小、人岗匹配稳定性为优化目标。针对当前企业岗位工作任务的复杂性、科学研究的多学科交叉性等,未来需要研究创新性人才与企业岗位之间的有效匹配问题、创新团队中考虑具有不同学科专业的人员,在不同岗位上的协同匹配问题等。

2.1.5 二手房交易中的双边匹配问题

（1）研究背景

随着信息和通信技术的不断发展,互联网用户数量不断增加,根据中国互联网信息中心（CNNIC）发布的《中国互联网络发展状况统计报告》显示,截至2018年12月,中国网民规模达8.17亿,互联网普及率达到59.6%,较2017年底提升3.8个百分点,全年新增网民5653万。我国手机网民规模达8.17亿,网民通过手机接入互联网的比例高达98.6%。中国拥有的庞大互联网市场基础,促进了各行业领域的电子商务的蓬勃发展。越来越多的消费者（买方）通过互联网购买合适的商品,也有越来越多的卖方将商品的出售信息发布在互联网上,由此导致互联网上关于商品的购买信息和销售信息呈爆炸式增长,此时,买方和卖方通过搜索引擎分别寻找合适房屋和买方信息的方式已变得越来越费时费力[23-25]。为此,许多买方和卖方将目光转向了基于互联网的电子中介。电子中介是利用现代信息和通信技术,为买方和卖方提供信息交流平台,并撮合双方进行交易的一种市场运作机制。电子中介平台依据买方提交的需求信息和卖方提供的商品属性信息,向买卖双方推荐合适的交易匹配对象,实现买卖交易的最优匹配[26-31]。电子中介平台由于突破了时间和空间的限制,能够为买卖双方提供更多实时有效的商品交易信息,进而减少因信息不对称而造成的无效交易;另一方面,电子中介平台将买方需求信息和商品销售信息进行聚集,撮合买卖双方实现交易匹配,不仅大大降低了买卖双方寻求交易的时间,同时也降低了交易成本。以二手房买卖交易匹配为例说明传统二手房交易存在的问题[55-58]。

房地产业作为国民经济的基础性产业,为国民经济的持续、健康、稳定发展提供必要保证。其中二手房在解决城市房源短期供应量不平衡、供应主体单一、平抑新房价格上涨,调控房地产市场的规模和结构等方面发挥着重要作用。随着二手房市场的不断繁荣发展,二手房交易买方和卖方数量也大量增长,买方可以考虑购买二手房市场中任意一个满意房子,卖方可以将房子卖给任意一个合适的买方,因此,买卖双方可能的交易组合数目庞大,这是问题之一。在二手房交易市场上,假设当买方 B_1 看好了一个房子,B_1 给出的期望成交价格是 P_1,买方 B_1 把这些信息告之中介,中介再告诉房子 H_2 的主人 S_2,通常卖方都需要一定的时间来考虑 B_1 所给出的交易价格是否是自己可以接受的。对于价值几十万甚至数百万的房产交易,卖方考虑的时间往往是几个小时,有时甚至一两天都有可能,在买方 B_1 在等待卖方 S_2 答复期间,B_1 喜欢的另外一个房子 H_3 可能已经被出售了,一旦买方 B_1 和卖方 S_2 没有达成交易,B_1 不仅错失了自己喜欢的房子 H_3,而且还要花费更多时间去寻找自己满意的房子。类似的,对于卖方提出的交易价格,买方也需要一段时间考虑,在卖方等待买方的回复时也可能会错失其他买方提出的交易机会,虽然二手房交易市场上买卖双方都不期望等待时间持续太长,但传统的买卖交易方式又不得不等待另外一方思考一段时间作出决策后才能继续交易,因此,二手房交易市场中存在堵塞问题。买卖双方数量不断增加,以及当前交易方式存在的拥挤堵塞问题,造成了二手房交易的低效率和交易的高成本。如何提高买卖双方交易的速度,破解交易堵塞问题不是没有可借鉴的成功案例,二手房交易当前存在的困境与美国医院实习匹配项目当年遇到的问题非常相似,当然二手房交易毕竟与 NRMP 项目不同,有其自身的特点,尤其是互联网上的二手房交易存在动态、连续匹配的特征。但 NRMP 项目借助信息处理中心采用双边匹配算法的思想仍有可借鉴之处。

随着互联网的不断发展,尤其是移动互联网和智能手机在我国的不断普及,基于互联网的二手房交易蓬勃发展。基于互联网的电子中介交易模式是二手房的卖方在二手房交易平台上注册后,可以将房屋具体信息提交到二手房交易平台上,二手房的买方通过浏览和筛选,如果找到满意的房屋,可以注册后看到二手房卖方的联系方式,然后与卖方进行沟通、协商,买卖双方协商成功,则最终在线下完成交易;否则,买方继续与下一个满意的房屋卖方进行协商。二手房交易平台与传统实体店相比,由于买卖双方可以不受地理位置因素的影响,可以聚合大量的买卖双方,也在一定程度上解决了双方信息不对称的问题,缩短了买方和卖方的交易等待时间,提高了交易的效率。本书从二手房交易匹配理论和方法、二手房交易系统开发方法、国内典型二手房交易平台等方面,对近年来二手房交易国内外学者的研究成果进行了总结与评述,并对未来二手房交易的发展进行了展望。

(2) 二手房交易匹配方法

张振华和汪定伟基于买卖双方的信息反馈策略,提出了一个二手房交易模型,此模型采用了智能 Agent 搜索技术,按照适合程度为买方提供一个卖家推荐列表,并以成交额和买卖双方的满意度最大为优化目标构建了数学模型,来对买卖双方进行优化匹配[55]。樊治平等针对具有多属性评价信息的二手房买卖交易匹配问题,采用公理设计方法计算双方交易的匹配程度,以买卖双方交易方案的信息容量最小和交易匹配数量最大为优化目标,构建了多目标优化模型[188]。梁海明和姜艳萍针对二手房屋的不同交易属性形式,如成本型约束、效益型约束、区间型约束,给出了买卖双方的满意度计算函数,在考虑匹配稳定性的基础上,设计了基于匹配满意度的扩展 H-R 算法来优化买卖双方的匹配[290]。Jung 和 Jo 研究了电子中介中的多属性商品交易匹配问题,开发了约束满足问题的求解器并在房产中介交易网站进行应用[175]。Ragone 等针对互联网平台中考虑模糊信息的买卖交易匹配问题,提出了一个考虑双方偏好和效用的优化匹配方法[24]。Sim 和 Chan 研究了基于电子中介的买卖双方交易匹配问题,采用多属性评价准则来匹配买卖双方,匹配和关联买卖双方的过程分为选择、评价、过滤和指派四个步骤[23]。Fink 等根据买卖双方提交的多属性需求信息,给出了快速识别匹配买卖双方订单的多属性搜索算法[176]。Joshi 和 Boley 研究了 P2P 电子市场中买卖交易问题,针对买卖多属性交易匹配中存在的软约束,通过所开发的匹配系统来计算买卖双方的相似度[179]。Kameshwaran 和 Narahari 为确定买卖双方交易同类多单元商品的数量,建立了交易匹配的混合整数规划模型[180]。

(3) 二手房交易价格评估

在二手房交易市场,二手房价格是买卖双方关注的焦点,也是影响二手房买卖交易达成的关键因素。如何对二手房价格作出科学、合理与准确评估成为影响二手房市场发展的重要问题。毛凤华采用八爪鱼软件爬取了北京市二手房 23 159 条数据,采用聚类分析方法对房屋面积、建筑层高、装修情况、城区位置、交通状况、客厅数量、卧室数量等属性进行了分析[177]。阮连法等基于特征价格理论,以杭州市西湖区二手房交易价格数据,采用支持向量机方法构建了二手房价格评估模型[178]。李圆圆采用二手房所在区域、房屋面积、户型、楼层、建造时间等硬指标和交易浏览次数、关注次数、带看次数等软指标作为影响因素,采用BP神经网络模型对二手房价格进行预测[181]。汪瑞和李登峰针对二手房买卖双方为了最终确定房屋交易价格而进行的讨价还价问题,以买卖双方风险中性为前提假设,构建二手房交易双方讨价还价博弈模型,研究结果表明讨价还价的博弈结果与双方的贴现因子有关[182]。刘国达比较了二手房估价常用的方法如收益法、成本法、假设开发法和市场比较法,基于J2EE平台采用MVC设计模式设计和开发了二手房交易价格评估系统[183]。黄明宇和夏典从链家二手房交易平台中爬取了合肥市二手房交易数据,选用了房屋朝向、户型、楼层段、使用年限、建筑面积、装修程度等11个影响因素作为变量,构建了用于二手房价格预测的多元线性回归模型[184]。

(4) 二手房交易管理系统开发

采用手工操作方式来撮合买卖双方进行交易的传统二手房交易模式,由于其低效率与高成本已经很难适应二手房交易市场的快速发展。在"互联网+"时代,基于PC端和移动端的二手房交易管理系统成为二手房中介运营管理的必备工具。朱俊基于SaaS平台架构,采用ASP.NET开发语言开发了一个二手房智能分析系统,该系统具有买卖双方信息管理模块、交易合同管理模块等,采用贝叶斯分类法和SVM算法对二手房数据进行分类,并利用线性回归算法和BP神经网络预测二手房交易价格[185]。魏迪针对二手房市场中买方面对海量房屋信息难以决策的问题,采用数据预测模型筛选出热门房源,设计并开发了一个二手房交易数据的可视化系统[186]。张熙基于.NET框架采用ASP.NET开发语言,开发了一个满足业主、购房者和房产经纪人三方需求的二手房交易系统,该系统具有房源和客源管理,以及在线交易等功能[187]。武空军针对济南市二手房交易市场,采用面向对象开发方法,采用UML用例图对济南市二手房交易市场进行了需求分析,设计并实现了买卖双方信息登记、房屋查询、房产交易等功能的二手房管理系统[188]。李林涛和高峥采用.NET和工作流技术,开发了一个具有二手房报表管理、自助交易、转让抵押、转让登记、中介机构资质验证等功能的二手房买卖交易管理信息系统[180]。周旻娇和张汗灵为了保障二手房交易资金安全，保护买卖双方的合法权益，采用工作流建模工具，设计了C/S和B/S相融合的二手房交易及资金监管系统[190]。姜宇按照二手房需求分析、系统分析、系统设计、系统实现的系统开发流程，为大连市二手房交易市场开发了一个具有买卖双方交易信息发布、卖方二手房信息查询、投诉及交易咨询等功能模块的二手房交易管理系统[191]。王晓静开发了一个基于移动应用的房产中介管理系统，该系统在PC端系统采用Java语言与SSH技术架构进行系统设计与开发，在移动端采用Android技术开发，主要拥有售房租房管理、买客租客管理、房源信息采集、日常办公管理与系统管理功能[192]。周洁采用面向对象开发技术，以Visual C♯为开发平台开发了房产中介决策分析系统，系统具有买卖双方信息管理、交易跟进记录、业绩排行榜等功能，还可以根据买方需求信息提供多条件信息匹配功能，此外可以对房产交易进行可视化统计[193]。张金龙根据三门峡市房产中介的实际需求，采用ASP技术开发了基于B/S架构的房产中介管理系统，通过该系统买卖双方的系统注册，可以检索和发布房源信息和需求信息、广告管理、新闻发布、留言中心、问题管理和系统管理等[194]。

（5）评述与展望

本书对二手房市场中的交易匹配方法、交易价格评估和交易系统开发等方面的国内外研究现状进行了系统总结。从上述已有文献研究发现：(1)国内外学者对具有多属性评价信息和模糊信息下的二手交易匹配方法进行了研究，构建了确定买卖双方最优匹配对的数学模型和优化算法；(2)对于二手房价格评估，许多学者以二手房属性如房屋面积、户型、楼层等作为评估因素，以BP神经网络、支持向量机、多元线性回归等方法构建了价格评估模型；(3)已有文献大多采用面向对象系统开发方法，开发了基于PC端的二手房交易管理系统，功能基本包括用户注册、房屋信息和买方需求信息登记、信息筛选与查询、留言管理、系统管理等。

已有的二手房交易研究文献取得了大量的成果，在一定程度上促进了二手房交易市场的发展。然而，随着二手房交易市场中买卖双方数量的逐步增多，以及大数据、人工智能等信息技术的不断发展，二手房交易市场面临着一些新的问题亟须解决：(1)现实生活中买卖双方在交易平台上提供的信息很多时候是不完整的、缺失的,甚至提供一些虚假的房屋信息,如何针对这些情况给出有针对性的交易匹配方法是未来需要研究的重点问题;(2)虽然有部分学者通过软件爬取了一些二手房交易数据来评估房屋价格,但目前缺少将大数据挖掘技术应用于买卖双方交易匹配方法;(3)关于二手房交易价格的评估,以往研究往往只考虑了房屋的属性信息,而没有考虑买卖双方的交易心理,下一步需要研究考虑买卖双方交易心理的价格形成机制;(4)已有系统开发方法大多没有考虑将交易匹配模型和算法嵌入二手房交易管理系统,因此,开发一款满足买方对房源的需求信息和卖方要求,并且可以实现为买卖双方自动推荐合适房源和买方的智能匹配系统,实现二手房买卖交易的快速、有效匹配,不仅具有重要的理论研究意义,而且还具有重要的实际应用价值。

2.1.6 社会资源市场中的双边匹配问题

(1) 研究背景

随着云计算技术与服务质量的不断提高,云计算、云制造、云服务等基于云平台的社会资源共享与交易已经广泛应用于社会各个行业领域。以云制造为例,云制造是一种利用网络和云制造服务平台,将用户所需的各类制造资源和制造能力进行虚拟化和服务化,以服务的形式对制造资源进行集中管理,为用户提供各类按需制造服务的一种网络化制造新模式[17,18]。云制造的一个显著优势是可以将分散在不同地理位置的制造资源/能力提供者拥有的闲置制造资源和制造能力集中起来,进而为分布在不同地理位置的用户提供制造服务,由云制造服务中心对汇聚起来的制造资源/能力进行集中运营管理,提供高质量的服务,从而保障制造资源/能力提供者和需求者双方的利益,以及维系双方参与的积极性[19-22]。云制造环境下服务需求者对制造资源的性能、价格等有偏好,服务提供者也有自己的专长与服务的市场群体,因此,云制造环境下资源/能力分配问题是一个典型的社会资源双边匹配问题。此外,像认知无线电中频谱资源与用户的匹配、医疗资源中医生与患者的匹配、公共住房资源中公共住房与家庭的匹配等都是典型的双边匹配问题。本书对这类社会资源双边匹配问题进行了总结。

(2) 社会资源配置相关的双边匹配研究

① 云资源市场中的双边匹配问题

任磊和任明仑(2018)[200]研究了智慧云平台中任务请求者和服务提供方之间的合理匹配问题,运用期望效用理论计算双方满意度,提出基于竞争关联的任务间满意度和基于社会网络的服务间满意度聚合方法。以最大化任务满意度、服务满意度、任务间满意度和服务间满意度为目标,构建任务双向匹配多目标优化模型,运用改进非支配粒子群算法和加权 TOPSIS 求解得到最佳方案。通过汽车智慧制造实验验证了模型和算法的有效性。任磊和任明仑(2018)[204]研究了云制造环境下智能服务单元与复杂制造任务之间的匹配问题,构造基于学习效应模型的主体动态能力计算方法,运用期望效用理论聚合双方满意度,应用协同网络刻画服务社会关系,基于社会网络理论计算服务间协同满意度,构建以任务、服务满意度、服务间协同满意度最大化的一对一双边匹配多目标模型。赵道致和李锐(2017)[207]研究了云制造平台上的碎片化资源匹配问题,通过多属性评价,计算出资源供求双方之间的满意度,据此确定匹配主体的偏好序,以偏好序作为匹配依据,设计在考虑匹配数量的前提下,求解稳定匹配方案的多对多匹配算法,并论证匹配结果对于匹配优先方的 Pareto 最优性。程丽军和王艳(2018)[208]针对云端融合过程中的云任务——资源匹配问题,考虑任务和资源的双边满意度,提出一种用于云端融合任务分配的基于改进知识迁移极大熵聚类算法,该算法改进了历史聚类中心知识和历史隶属度知识的引入方式,提高了聚类性能和稳定性,解决了传统聚类算法不能适用于动态云资源聚类的问题,在此基础上,考虑双边主体满意度,将该算法的聚类结果应用于云任务——资源的双边匹配决策优化模型中。赵道致和丁琳(2017)[210]研究了云制造服务平台上企业可用制造资源的稳定匹配问题,有剩余可用能力的企业可以选择出售,成为资源的供给方;而能力短缺的企业则希望购买可用能力完成生产,成为资源的需求方,由此形成了一个以剩余可用能力进行交易的双边匹配市场,考虑到市场上企业的制造资源种类和数量各不相同,构建了以云平台为主导的可用制造资源的多对多匹配市场模型,设计了基于企业偏好序列的资源双边匹配机制,证明了稳定匹配结果的存在性。徐俊等(2018)[212]研究了考虑服务资源的有限性和用户与服务供应商的双向偏好的云服务资源匹配问题,依据供需双方偏好建立服务资源分配框架,利用聚类方法快速筛选用户需求及候选服务,结合 Gale-Shapley 算法提出两种需求服务匹配策略,考虑到用户满意度和服务提供商的成本效益,得到稳定的服务资源匹配方案,达到全局最优。徐鹏等(2011)[217]针对目前异构网络选择问题大多没有考虑用户和网络相互选择的问题,提出了一种新的异构网络选择博弈模型,该模型基于不同准则分析了用户与网络相互选择的匹配博弈过程,并找到了博弈的均衡点,仿真实验表明用户与网络在选择过程中得到了双赢。游庆根等(2015)[218]针对云环境下虚拟机部署问题,提出了一种基于双边匹配的决策分析方法。将虚拟机部署问题视为虚拟机与物理主机的双边匹配问题,构建了以虚拟机对物理主机满意度最大和虚拟机和物理主机匹配度最大为目标的多目标优化模型,并通过模型求解得到最优匹配结果。张瑞等(2015)[219]针对车辆在异构网络覆盖环境下的网络接入选择问题,先利用层次分析法获得相应权重分配以给出满意度函数,然后将网络侧的一对多匹配转化为一对一匹配问题,在稳定匹配条件下构建多目标优化模型,并求解最优匹配结果。相关性能分析及仿真实验表明,基于稳定匹配的博弈模型相对于传统决策模型,能够使网络和用户侧双方的满意度最优化,从而得到双向网络选择的均衡状态。施超等(2018)[220]针对容器化云环境中容器与虚拟机之间的匹配问题,将机器学习中的几种相似度计算方法作为稳定匹配算法的偏好规则,同时将已经拟分配过容器的虚拟机继续加入偏好列表,从而将一对一的稳定婚姻匹配算法改进为多对一的稳定匹配,解决了将容器整合到虚拟机上的初始化部署问题。仿真实验结果表明,采用优化的稳定匹配算法来初始化部署容器时,不仅 SLA 违规较低,而且比 FirstFit,MostFull 以及 Random 算法分别约节能 12.8%,34.6%和30.87%,其中使用欧氏距离作为稳定匹配算法偏好规则的节能效果最好。

② 网络通信资源市场中的双边匹配问题

郭文艳等(2017)[196]针对传感资源在云市场中实现交易共享的问题,提出传感资源的动态报价策略 DPS-SR 和基于组合双向拍卖的稳定匹配算法,其中,DPS-SR 综合考虑了历史成交价格、市场供需情况、供应方资源负荷率和需求方焦急度给出合理的供需报价;CDA-SMA 以供需双方偏好为导向实现双向稳定匹配,DPS-SR 和 CDA-SMA 共同实现传感资源的动态定价,仿真实验结果显示在不同的市场供需情况下该定价策略比传统的固定比率定价有更好的适应性。

曹龙等(2016)[197]针对认知无线电网络中的次用户(SUs)数量不断增加,频谱资源的精确、实时分配与管控越来越难以实现的问题,提出一种分层的认知无线电网络(CRN)架构,多个管理实体专注于为各层用户提供频谱服务,并在该架构下,提出一种基于稳定匹配的资源分配算法,用户通过自主协商形成分配结果,不仅保证了主用户(PUs)对次用户的功率限制,还充分考虑了各自的效用。李湘洋等(2016)[198]针对无线通信网络中混合频谱共享问题,将混合共享认知无线网络的信道分配问题构建为一对一的匹配博弈,提出了分布式用户-信道匹配算法。该算法数学复杂度低,且能够达到稳定匹配。仿真结果表明,算法收敛时间短,稳定匹配状态下的平均传输速率与使用匈牙利算法的最优分配算法所获得传输速率相接近,远优于随机分配算法的传输速率。张河昌等(2016)[202]针对D2D(Device-to-Device)通信中频谱资源严重干扰问题,提出了一种新的D2D资源分配方案——基于稳定匹配的多回合迭代D2D资源分配方案,即在稳定分配的基础上引入多回合迭代算法完成二次优化,以最大化系统吞吐量为目标,使每个D2D复用更合适的频谱资源,仿真分析结果表明提出的方案能提升D2D的满意度,系统吞吐量也有所提高。冯晓峰等(2018)[203]针对包含多个主次用户的Underlay认知无线网络,提出了一种新的协作物理层安全机制,在保证主用户通信质量的前提下,最大化网络中次用户的总的安全容量,考虑到个体理性和自私性对于频谱接入稳定性的影响,该机制利用稳定匹配理论将频谱接入选择问题建模为一对一的双边匹配问题,通过构建主次用户之间的稳定匹配来保证频谱接入的稳定性。仿真结果表明,使用本书所提安全机制,可以在保证主用户通信质量的前提下,稳定而又有效地改善网络中次用户获得的总的安全容量。

③ 其他资源市场中的双边匹配问题

刘潇等(2015)[209]针对我国住房保障中公共住房如何公平高效分配的问题,通过保障家庭对公共住房地理位置、居住面积、市场租金、楼层高度和周边环境五个关键属性的期望值和重要性排序来反映保障家庭的住房偏好,依据保障家庭的住房偏好和公共住房的实际属性值构建彼此在各个关键属性上的子匹配度评价体系,采用多维空间正负理想点法计算保障家庭和公共住房之间的匹配度。再后依据保障家庭优先级的不同取值方式,将双边分配问题用多目标规划求解模型和经典指派模型来描述,并用成熟算法求解。吴威让等(2015)[211]研究了弱偏好序下带容量房屋市场混合模型（CHMTeT）的机制设计问题，针对该模型提出了一类算法机制，该机制是 TTC 算法机制的推广，称之为剔除筛选算法（简记为 CTTC）机制，并证明了 CHMTeT 模型应用 CTTC 算法得到的这一类机制（即 CTTC 机制）满足个人理性、帕累托有效性和防策略操纵性。刘潇等（2015）[216]针对我国住房保障中公共住房如何公平高效分配的问题，依据保障家庭的住房偏好和公共住房的实际属性值，计算双方各属性的子匹配度，再用各子匹配度与正负理想点的相对距离来衡量保障家庭和公共住房之间的匹配度，建立以保障家庭和公共住房匹配度最大为目标的优化模型。谭博等（2016）[206]首先对大城市房屋租赁过程中房东和租客的匹配问题进行了研究，对房屋租赁过程中房东和租客的匹配问题进行描述，其次根据双方提供的信息进行满意度计算，然后在此基础上构建使双方达到满意度最大的多目标决策模型，最后通过一个算例，求解得出最佳匹配结果，说明了方法的有效性。

路应金等（2018）[199]针对医疗供应链管理中，医生和病人之间存在的资源配置问题，基于 Gale-Shapley 算法稳定匹配，构建了兼顾社会效益以及经济效益的双边匹配优化模型。该模型同时考虑了双方主体利益，成功让患者和医生的匹配问题得以解决，得到帕累托最优稳定匹配，从而改变我国目前医疗供应链资源管理不合理的问题，进而促进医疗服务分级诊疗的实现。陈希和王娟（2018）[214]针对智能平台下医疗服务供需双方匹配的现实问题，比较双方主体在不同指标下的期望水平和评价信息之间的差距，计算得到双方差异度，并通过集结运算分别获得了双方满意度；在此基础上，分别以医疗服务供需双方的满意度最大为目标，构建了智能平台下医疗服务供需匹配的多目标优化模型，通过模型求解可得到最优匹配结果。

吴文建等（2017）[213]针对售电企业与用户的双边匹配决策问题，考虑售电企业和用户的电能产品供需特征、服务时间和其他多指标评价等方面的信息，为确定双方都满意的匹配方案，构建电力产品供需主体双边匹配多目标优化模型，提出实现供需主体双边匹配的决策方法。李雄一等（2018）[221]针对平台视角下的数据交易供需双边匹配问题，提出了考虑模糊语言评价信息、区间数评价信息和 0-1 评价信息的混合型多属性匹配决策方法并定义了属性匹配满意度函数，以供需主体最大匹配满意度为目标，构建了数据交易供需双边匹配的多目标优化模型,并设计模型求解算法,将多目标化模型转化为单目标线性规划模型进行求解,以获取匹配结果。张慧中(2018)[222]从乳制品供应链供求平衡角度考虑,乳制品资源的供方可以选择出售资源,即存在剩余能力,而需求方希望购买乳制品资源实现生产运营,即能力短缺,由此形成以剩余可用能力进行交易的双边匹配市场,构建了多对多的双边市场模型,实现主体间的资源双边匹配。

(3)评述与展望

本书对社会资源市场中的双边匹配问题进行了总结,涉及的社会资源包括云市场中传感资源、认知无线电频谱资源、医疗资源、电力资源、云制造平台资源、公共住房资源、异构网络资源、数据资源、乳制品资源等。具体研究了不同市场资源的不同定价策略、资源供需双方交易的满意度和匹配度计算、资源供需双方的稳定匹配算法、不同匹配机制之间的优劣比较。已有社会资源市场双边匹配包含的偏好信息有多指标评价信息、期望信息、资源属性信息、弱偏好序信息等。基于稳定匹配理论的资源交易机制可以实现资源供需双方相对稳定的一种交易状态,与其他资源交易机制相比,可以解决原来资源市场混乱无序的状态,这也是目前社会资源市场研究稳定匹配理论的重要驱动力。通过真实的资源交易历史数据跟踪、验证稳定匹配理论在资源交易中的有效性,并验证模型的合理性是目前所欠缺的。

2.1.7 技术、知识与服务市场中的双边匹配问题

(1)研究背景

在当前的信息化时代,社会驱动发展的强劲动力已由工业化时代的石油煤炭变为科学技术。在我国由工业化向信息化迈进过程中,大力发展科学技术与知识相关的高附加值产业,降低一二产业在国民经济社会中的比重,提高第三产业——服务业的发展水平,已经成为全社会的共识。随着我国改革开放的逐步深入,新兴技术、知识的流动速度不断加快,科学技术、知识、服务交流与供需交易市场逐步兴起。新兴市场的发展增强了社会创新的活力,但也面临着一些难题,比如,近年来我国发明专利的申请和受理数量已经位居世界前列,但专利的转化却不乐观,与此同时,许多中小企业由于受限于人才、科研投入等无法依靠自身力量突破技术难题,但实际上这些技术难题已有相关的技术解决方案,即企

业的技术需求与专利转化方面缺乏有效的对接机制,无法实现二者的良好匹配。再比如,在家政服务市场,随着我国城市化水平不断提高,城市居民由于生活节奏加快,许多家庭事务无暇顾及,亟需聘请一些家政服务人员打理日常家务工作;另一方面,农村大量闲置人员流入城市,为家政服务市场提供了大量人力资源,但现实情况是雇主经常为难以找到合适的家政服务人员而烦恼,家政服务人员经常为找工作而奔波。虽然目前有一些网站可以提供专利信息和技术攻关信息,也有许多家政服务公司有自己的门户网站,但目前关于科学技术、知识与服务的相关平台都仅仅是一个信息展示平台,随着网站信息量的增加,无论对技术、知识与服务的供给方还是需求方,找到自己满意的、符合要求的相关内容都是非常耗时耗力的。如何依据技术、知识与服务供需双方的要求,实现双方的有效匹配与推荐是一个值得研究的课题。

(2) 技术、知识与服务双边匹配相关研究

罗建强等(2017)[215]研究了制造企业服务中产品与服务有效匹配的问题,以服务衍生的产品服务包特征分析为基础,刻画了制造企业服务衍生的过程,基于稳定匹配理论,构建了产品模块——服务项目的匹配规划模型,并给出了问题的求解方法,最后实例验证了研究理论与方法的科学性与有效性。研究结果表明:服务衍生实质是产品与服务相互匹配的过程,产品价值的更大实现需要服务衬托,而服务的价值创造需要依托产品,两者的稳定匹配有助于客户问题的解决。党兴华和贾卫峰(2009)[223]在 Gale 和 Shapley 双边匹配模型的基础上,探讨企业技术创新网络知识匹配过程中结构的演变,建立一对多网络匹配模型。通过算例,着重讨论技术创新网络的结构特点,指出技术创新网络的知识匹配过程会导致核心结点的出现,使网络的结构向中心化的方向进行演进。张明远和李登峰(2017)[224]从后悔理论的角度研究软件外包双边匹配问题,提出了软件外包双边评价指标体系,基于市场环境的不确定性和客观事物的复杂性,评价信息采用实数、区间数、0~1 判断型指标、三角模糊数、语言集 5 种类型表示;通过对不同类型信息规范化处理,根据后悔理论求出决策者感知效用矩阵,据此建立软件外包发包商和承包商满意度最大化的多目标优化模型,并通过线性加权法转换为单目标优化模型求解。孔德财等(2015)[16]研究了家政服务人员与雇主双边匹配问题,提出了计算家政服务人员和雇主的满意度的计算方法,建立了以家政服务人

员和雇主的满意度最大为目标,以家政服务人员和雇主匹配数量、服务技能和服务时间为约束的多目标优化模型。刘贻新等(2016)[225]研究了企业技术战略匹配问题,在分析企业技术生态位与技术战略选择适应性基础上,运用双边匹配和多目标规划方法构建基于技术生态位结构特征(宽度和重叠度)的企业技术战略动态匹配模型,并以广州市萝岗开发区34家高新技术企业为例进行案例研究,通过MATLAB软件编程求解得出34家企业应采用的技术战略。杨庆等(2018)[226]研究了科技成果供需主体匹配问题,考虑到由于复杂的环境、决策者知识经验水平等因素造成多准则群决策信息的犹豫性与模糊性,引入区间直觉模糊集理论,构建以整体满意度最大化为目标的科技成果供需匹配优化模型。并以天津市某科技成果转化中心为例,证明模型的合理性和有效性,为科技服务平台中科技成果供需匹配问题提供决策参考。宿慧爽等(2018)[227]针对技术竞争情报服务过程中存在的服务主体与服务对象之间的协调问题,在对技术竞争情报服务方案进行描述和匹配性评价的基础上,通过建立技术竞争情报服务方案组合的满意度矩阵,构建技术竞争情报服务方案匹配模型并求解,最后在考虑各个方案成功率的条件下确定技术竞争情报服务方案最优组合,实际算例表明,在对技术竞争情报服务方案匹配性进行评价的基础上,运用双边满意匹配的决策方法来寻找技术竞争情报服务双方都能接受的满意方案是有效和可行的,这一方法的应用能够推动技术竞争情报服务的有效开展。李华等(2016)[228]针对技术交易中技术供需主体满意度评价信息是多粒度语言评价信息、区间数、精确数的混合型多指标双边匹配决策问题,定义了技术供需主体的满意度函数,设计了最低可接受满意度选取规则,构建了双边匹配多目标优化模型,提出了实现技术供需主体双边匹配的决策方法。最后,通过算例,验证了该方法的有效性和可行性。郑小雪等(2016)[229]研究了跨境电商供应链中的知识服务供方(跨境电商平台)与知识服务需方(跨境电商企业)之间的双边匹配问题,构建了跨境电商供应链中的知识服务供需双方相互评价的指标体系,然后,依据跨境市场的不确定性和模糊性,评价信息采用了区间数和语言变量的表示形式,并给出了相应的满意度计算公式;再根据双边满意度构建了多目标优化模型并给出了求解方法,最后通过算例分析表明决策方法的有效性和合理性。车晓静等(2017)[230]针对中小企业与知识产权托管服务机构之间的匹配问题,构建中小企业知识产权托管的服务模式，建立了中小企业与知识产权托管服务机构评价指标，提出了一种具有语言评价信息的匹配决策方法，尽可能将中小企业与知识产权托管服务机构的整体满意度达到最大，通过对模糊多目标优化模型进行求解，得到知识产权托管双方的最优匹配结果，从而使知识产权托管服务机构可以更好地满足中小企业对知识产权管理的各种需求，中小企业也可以更加放心地将知识产权托管出去。Chen等(2016)[231]研究了知识服务需求方和供应方的最优匹配问题，依据知识服务需求方和供应方提供的属性期望水平信息和实际水平信息，采用模糊公理设计方法计算需求方和供应方的匹配对，建立了分别以需求方和供应方匹配度最大为目标的多目标优化模型，通过求解模型获得最优匹配对。陈希等(2011)[232]研究了IT服务外包中的供给方与需求方的双边匹配决策问题，针对IT服务的供给方和需求方分别给出的语言满意度评价信息，将语言评价信息转化为三角模糊数并进行多指标信息的集结运算，构建以供给方和需求方双方满意度最大为目标的模糊多目标优化模型，并将模糊多目标优化模型转化为单目标线性规划模型的方式进行求解得到匹配结果。陈希等(2010)[233]针对知识服务中技术知识供给与需求的双边匹配问题，依据技术知识供给主体和技术知识需求主体的满意度建立了匹配矩阵，并利用匹配矩阵筛选双边组合，产生候选匹配对；在此基础上，构建以技术知识供需主体的满意度最大为目标的多目标优化模型，使用基于函数隶属度的加权和方法将多目标模型转换为单目标模型进行求解，获得了相应的匹配结果。廖丽平等(2013)[234]研究了高新技术企业与技术战略的双边匹配问题，构建了高新技术企业客观实力评价指标和其技术战略选择主观意愿指标，构建了以企业客观实力、主观意愿与技术战略匹配最大化为目标的多目标优化模型，使用基于函数隶属度的加权和方法，将多目标模型转换为单目标模型进行求解，通过求解得到高新技术企业与技术战略合理匹配的结果。

（3）评述与展望

许多学者对技术、知识与服务市场中的双边匹配问题进行了探索性研究，具体涉及制造企业中产品与服务的稳定匹配问题、软件外包服务中软件外包发包商与承包商的匹配问题、高新技术企业与技术战略的匹配问题、科技服务平台中科技成果供需匹配问题、技术竞争情报服务市场中服务主体与服务对象之间的匹配问题、技术交易中技术供需主体匹配问题、跨境电商供应链中知识服务供方与知识服务需方之间的匹配问题、中小企业与知识产权托管服务机构的匹配问题等。研究方法主要依据供需双方的多指标评价信息、双方供需信息等,计算双边主体的满意度,在此基础上,采用双边匹配算法或构件优化模型来获得最优匹配结果。当前对于技术、知识与服务市场双边匹配问题的研究是初步的、零散的,而且目前这些领域也没有像电商领域出现京东、淘宝这样的独角兽企业,未来这些市场的发展潜力是无限的,基于信息平台的技术、知识与服务供需匹配还有大量需要解决的问题,比如如何设计机制保证双方提交的信息都是真实的,如何针对双方提交的不完整信息实现智能匹配与推荐等。

2.1.8 投融资市场中的双边匹配问题

(1) 研究背景

投融资是市场经济的一种重要资源配置方式,主要是为投资项目寻找投资方和资金来源。从投资企业角度来看,将企业闲置资金投入合适的投资项目可以获取更大的效益,但投资有风险,企业如何从风险与收益中选择投资项目需要考虑多重因素。同样,对投资项目一方而言也不是所有的投资方一概全收,投资方的信誉、资金可靠性、收益分割等都是需要考虑的因素。投融资问题是一个双边匹配问题,投资方对投资项目有偏好,投资项目对投资方也有自己的选择。目前一些学者依据双边匹配理论对这一市场进行了初步研究。

(2) 投融资双边匹配相关研究

彭新育和工桂敏(2013)[235]研究了BT模式中存在的政府项目法人和投资建设方的双边匹配问题,对双方的多指标评价信息进行处理,给出了双边满意度的计算公式,并以双边满意度最大化为目标构建多目标线性规划模型,再利用隶属函数的加权和方法求解得出模型的匹配结果。任志涛等(2017)[236]以PPP项目中政府与企业的匹配关系为研究对象,匹配满意度最大化为目标,在构建政府与企业之间的匹配评价指标体系的基础上,建立针对不同类型评价信息的双方满意度最大化模糊多目标优化决策模型。最后通过一个算例分析,说明了建立的指标体系及决策模型的有效性和可行性,为公私双方选择合适的匹配伙伴提供理论依据。陈希和樊治平(2010)[237]针对风险投资商与风险企业的双边匹配问题,给出了风险投资商与风险企业双方互评的匹配评价指标体系;然后在此基础上,分别考虑了风险投资商与风险企业的期望水平要求和实际水平,给出了基于公理设计的匹配决策分析方法;依据得到的匹配决策分析结果,构建了关于风险投资商与风险企业双边匹配的多目标优化模型,使用隶属度函数的加权和方法将多目标优化模型转化为单目标模型并进行求解来得到匹配结果。丁斅等(2017)[238]针对重大工程招投标中招标项目与投标企业之间的双边匹配问题,论证了我国招投标活动出现双边资源配置问题的可能性,基于模糊综合分析和Gale-Shapley理论提出了一个二阶段的招投标优化策略。通过对比实验发现多个投标企业对多项目的双边匹配承包模式比传统的多次独立投标的模式更好地提高了系统效用,更有效地实现了资源的优化配置,同时对于避免单一企业垄断市场、培育中小企业投标企业、鼓励自主创新等方面有积极的社会意义,实验算例以CPU时间和迭代次数展现了算法卓越的计算效能和推广至一般双边匹配问题的潜力。沈体雁等(2016)[239]将市场设计引入区域经济领域,创立双边优先级匹配算法,并通过模拟实验验证该算法的稳定性、有效性,通过将北京转出企业与津冀承接开发区双边匹配的市场设计,突破行政边界刚性约束的羁绊,打破地方政府利益固化的藩篱,推动制造业产能由北京向天津、河北梯度有序转移,缓解首都地区资源环境承载压力,疏解非首都功能;通过政府"搭台",企业"唱戏"的市场设计,促进生产要素自由流动,产业链条合理延伸,避免津冀各级地方政府因争夺北京产业转移而产生区际矛盾,重塑京津冀区域良性互动、错位竞争、优势互补的产业格局。汪兰林和李登峰(2018)[240]针对风险投资商与投资企业双边匹配的特点及外界环境的复杂性与模糊性,构建了具有不同数据类型的风险投资商与投资企业双边匹配多目标优化模型,评价指标信息采用符合实际情况的实数、区间数、三角模糊数、语言变量、直觉模糊数来表示;同时利用熵权法处理风险投资商与投资企业关于各自评价指标的期望值求得评价指标的权重,选取评价指标的期望水平为参照点,基于前景理论计算各评价指标的益损值,引入决策者风险偏好,得出风险投资商与投资企业满意度,最终构建风险投资商与投资企业多目标优化模型,并利用字典序法求解多目标优化模型。万树平和李登峰(2014)[241]研究了现实风险投资商与投资企业的双边匹配问题,利用前景理论计算各指标的益损值,考虑决策者损失规避的心理行为特征,基于TODIM方法得到投资企业和风险投资商的总体感知价值,建立了风险投资商、投资企业总体感知价值和投资中介收益最大化的多目标优化模型,采用极大极小求解方法获得最优匹配结果。郑君君等(2013)[242]以风险投资退出市场股权拍卖为研究背景,研究存在多个风险投资家和多个外部投资者的双边匹配问题,运用双边匹配相关理论设计了股权拍卖的双边匹配机制,通过图论分析证明其具有满足激励相容、帕累托最优以及保护风险投资家的优点,然后结合股权的多属性特点,将其拓展为股权多属性拍卖双边匹配机制,并运用 Netlogo 仿真证明了所设计机制的合理性和有效性。曹国华和胡义(2009)[243]研究了风险投资领域中风险投资家和创业者的双边匹配问题,利用 Gale 和 Shapley 的大学录取模型,结合风险投资的实际特点,建立了以最优化自身效用为目标的优化模型,研究发现,在该博弈模型中,存在唯一、稳定的均衡。在均衡状态下,双方的选择都是最优的,且形成的匹配对的数目等于风险投资家的投资容量之和与创业者数目之间的较小值。张米尔和王德鲁(2003)[244]研究了项目投资选择中的投资领域关键因素与投资主体特征之间的匹配问题,分析了项目成功因子、投资机会和投资主体特征的关系,评价投资主体特征分别与项目成功因子和项目投资机会之间的匹配度,采用构建的匹配矩阵选择投资项目。Chen 和 Song(2013)[245]对信贷市场中企业与银行的双边匹配问题进行了研究,通过对美国信贷市场 2003—2005 年数据的分析,指出当企业与银行地理位置越近、彼此更愿意分享数据与专业知识,那么匹配的概率就会很大。

(3) 评述与展望

在现实的投融资市场双边匹配研究中,每个投融资项目都有自己的特点,当前学者的研究都是针对某一具体投融资项目开展的研究。这些项目包括 BT 模式中政府项目法人与投资方匹配问题、PPP 项目中政府与企业匹配问题、重大工程招投标中招标项目与投资企业匹配问题、北京转出企业与津冀承接开发区匹配问题等,还有部分学者对一般的风险投资商与投资企业之间的双边匹配问题进行了研究,主要依据风险投资商和投资企业所考虑的多指标评价信息、期望信息等计算双方的满意度,进而构建满意度优化模型获得最优匹配结果。

2.1.9 物流服务市场中的双边匹配问题

(1) 研究背景

货物运输业在国民经济中占有举足轻重的地位,是支撑国民经济发展的基础性和战略性产业。伴随着我国经济的健康、持续快速发展以及公路交通网络的不断完善,特别是高速公路通车里程的大幅度增加,我国公路货物运输业也取得了长足的发展。在我国公路货物运输业的发展过程中,由于公路货物运输市场的参与主体多、物流企业规模小、货车司机和货主地域分散、信息不对称等因素,长期以来一直存在着货车和货源得不到高效整合与匹配的问题,这具体体现在货车司机找货源难、货主找货车难、货车空驶率高、车辆资源闲置等方面,并由此导致公路物流运输成本高、物流运输效率低下、大量物流资源浪费等。车货匹配问题已经成为制约我国公路货物运输业快速发展的重要因素,是当前公路货物运输业亟须解决的关键问题,已引起国家的高度重视。在2014年国务院印发的《物流业发展中长期规划(2014—2020)》中明确提出,鼓励龙头物流企业搭建面向中小物流企业的物流信息平台,促进货源、车源和物流服务等信息的高效匹配,有效降低货车空驶率。2015年国务院又在《国务院关于积极推进"互联网+"行动的指导意见》中强调,发挥互联网信息集聚优势,聚合各类物流信息资源,鼓励骨干物流企业和第三方机构搭建面向社会的物流信息服务平台。2016年国家发展改革委为深入贯彻落实《国务院关于积极推进"互联网+"行动的指导意见》,印发了《"互联网+"高效物流实施意见》,并将"发展公路港等物流信息平台,整合线下物流资源,打造线上线下联动公路港网络,促进车货高效匹配"作为实施"互联网+"高效物流的一项主要任务[32-37]。因此,如何为货车快速找到货源,为货源快速找到合适的货车,实现车货的合理有效匹配,提高车货匹配效率,减少货车司机的等待时间,降低货车空驶率,降低运输成本,对于促进我国公路货物运输业的健康发展具有重要现实意义。

(2) 物流双边匹配相关研究

① 物流平台相关研究

Janssen 和 Verbraeck(2005,2008)[246,247]通过实证研究发现,当涉及多个货车司机和多个货主时,货车司机和货主更倾向于采用双边匹配机制,若由电子中介来运作交通运输市场将是最有效的一种方式。此外,他们还从货车司机和货主的角度采用基于 Agent 模拟的方法,对交通运输市场中基于互联网的电子匹配机制和传统匹配机制进行了比较分析,研究表明电子匹配机制能够降低交易时间和交易成本,并且货车司机和货主都倾向于采用实时的电子匹配机制进行车货匹配。Nandiraju 和 Regan(2008)[248]对在线货物运输市场进行了研究,研究表明在线货物运输市场拥有传统市场所不具有的优势,如可以聚集大量货车司机和货主、提高服务效率、降低交易成本、降低决策的复杂性等,此外,在线货物运输市场的成功与否取决于是否能达到所需交易效率的群聚效应,以及是否能够提供增值服务。Wang 等(2018)[249]指出在每年价值 1000 亿美元的美国货运中介市场上,货运中介在匹配货主与承运人中发挥关键作用,并提出了一种具有引导聚合功能的知识梯度策略,目的是通过最大化信息价值来确定双方的交易价格。针对传统物流管理依靠人员经验和习惯的手工操作方式容易带来管理效率低下和管理质量降低的问题,Lee(2012)[250]等提出将移动物流信息平台与 ERP、POS 系统等进行集成,以此对整个物流业务流程和工作环境进行实时管理。Bădică(2018)[251]等提出了一个基于 Agent 的货物中介系统,描述了 Multi-Agent 系统的架构及交互协议,在该系统中货运中介的角色是协调顾客与运输资源提供者之间的管理,为顾客找到可用的货车。Luncea 等(2014)[252]认为提高物流服务质量和降低物流成本的关键是实现物流信息的有效管理,提出了一个基于 Multi-Agent 的物流服务智能中介系统,并给出了系统的初步分析和设计草图。为了实现基于 Mulit-Agent 的货运中介系统,Luncean 和 Becheru(2015)[253]提出了 Agents 之间通信与交互的方法,并从货物运输请求到达的信息流和将运输车辆添加到系统请求时的信息流两个方面,提高货运中介系统的信息流处理能力。Luncean 等(2016)[254]为了自动匹配货物运输请求与可用运输资源,构建了一个基于 Multi-Agent 系统(MAS)的高度自主性的系统框架,该框架中运输者由 aFTPAgents 表示,货物拥有者由 aCAgents 表示,中介由 aFBAgent 表示,其中货运中介主要负责匹配货物运输请求与可用运输车辆以及通过一系列谈判达成 aCAgents 和 aFTPAgents 之间的运输协议。

覃文庆和吴洁明(2010)[255]针对物流信息平台车源和货源信息获取的缺陷,提出采用移动通信技术和 Internet 技术相结合,构建了一个物流信息平台框架结构以实现车货实时智能配对。陈动福(2018)[256]以货车帮平台为例,研究得出车货精准匹配效率可通过高效的数据处理、打破信息壁垒、完善信用体系等方面得到提高。陆慧娟等(2012)[257]为降低公路运输成本,实现资源利用最大化,基于软件即服务(SaaS)和计算机支持的协同工作(CSCW)技术,构建了基于多实例

Agent的、具有强化学习特性的系统框架,并最终实现了一个侧重货找车的高智能车货匹配系统。

② 物流双边匹配相关研究

Silver(2003)[258]将最优化技术在货运中介行业中进行了实际应用,并提出了向多个运输公司提供最佳的货车货运投标、优化零担型货运以及货物与货车之间的优化匹配三个工具。Kim等(2005)[259]研究了基于配货中介的车货匹配问题,建立了以送货人利润最大为目标,以运载量和时间窗为约束条件的优化匹配模型,采用拉格朗日松弛方法将模型分解为一个问题和多个子问题,利用次梯度优化技术求解模型。Zhang和Wang(2009)[260]针对分布式物流中心的货车负载匹配优化问题,建立了包含8个指标的评价体系,并提出了基于灰色定权聚类模型的货车负载匹配优化选择方法。Gifford(2010)[261]描述了一系列应用于大型货运公司规划、管理和运营中基于运筹学方法的决策支持系统,这些开发工具可以支持策略开发活动和业务流程,而涵盖的时间跨度从长期规划周期到实时的货车司机调度和负载管理决策,其中调度过程可以分配货车司机到指定货物以及实现货物运输途中调整司机以适应突发情况等。Leon和Bǎdicǎ(2017)[262]指出货运中介是匹配物流运输能力的提供者和货物商品的拥有者,提出了一个包括Agents和Webservices的一般中介系统框架并构建了以运输服务收益最大为目标的模型来优化匹配客户与运输服务提供者。Bǎdicǎ等(2017)[263]讨论了基于代理和约束的货运中介陈述式建模问题,该模型可用于货物从货源地运输到目的地的车辆分配,并且一辆车可以为运输路线上的多个客户提供服务,此外,该模型被映射到Eclipse约束逻辑编程系统,这样就可以采用可用的约束解算器自动计算最佳调度。

顾佳婧(2013)[264]用Java程序设计语言搭建了一个基于语义网的公路货运信息平台,给出了车货匹配率的计算方法,设计了对车源或货源进行匹配排序的算法规则。熊宜强(2015)[265]给出了一种确定货车司机和货主双方匹配指标权重的反馈式竞争法,通过综合评价计算得到候选货主和货车司机的综合匹配率,进而获得候选货主和货车司机的排序。胡觉亮等(2018)[266]针对公路干线货运平台车货匹配效率低下、匹配成功率不高的问题,提出了平台利用信用评价体系筛选高信用车主的匹配调度新模式,并建立了以最小匹配成本为目标的一对多车货匹配调度模型。佘以胜和刘鑫艳（2016）[267]针对贪婪算法可能存在集中匹配同一车型的不足，在综合考虑当前车货匹配收益和车型匹配数量情况下，提出基于改进 Balance 算法的车货匹配模型。郭静妮（2017）[268]建立了车源和货源的多指标语言评价体系，通过三角模糊数将语言评价集进行量化，提出了基于车源和货源相互满意度整体最高的模糊群决策方法[23]。朱江洪等（2018）[269]为了解决车货匹配双方以不确定语言评价表征属性信息的最优匹配问题，利用 WULBM 算子集成多属性不确定语言关联信息以综合不确定语言信息，构建了体现公平性和满意度尽可能高的匹配优化模型。牟向伟等（2016）[270]为了提高货运供需匹配效率，采用改进量子进化算法解决车货匹配问题，实验表明改进的量子进化算法可以高效地搜索到较为优秀的车货匹配方案，为车主和货主推荐较为合理的车货供需信息资源。Peng 等（2016）[271]针对干散货航运市场中船舶与货物之间的匹配问题，构建了以船货总体效用最大为优化目标的稳定匹配模型，开发了基于 Gale-Shapley 算法的价格博弈机制，并以托运人主导的市场、以承运人主导的市场和均衡市场三种情景为计算实验，研究表明如果弱势参与者以价格博弈机制出价，即使处于不利位置他们也可能获得更多收益。孙有才等（2015）[272]针对某电力集团运营过程中的复杂性致使煤炭的需求、采购和运输存在协调和调度的困难，造成整个集团工作效率低下与成本过高问题，通过对历史数据的分析建立经验指标体系作为匹配优化的指标。首先将电厂需求计划与采购计划进行匹配来指导煤炭的采购，然后再将前两者的匹配结果与船舶进行第二次匹配来进行船舶调度。模型使用 Lingo 11.0 软件求解，以实际运营数据进行算例分析，实验结果表明该模型很好地解决了协调与调度问题，可达到提高集团工作效率与节约成本的目的。贺政纲等（2018）[273]探究了新模式下的业务流程与货物运输流程；在此基础上，通过结合物流流线网络理论与双边匹配理论，对"无车承运＋多式联运"的流线网络以及联运过程中各个层级之间的匹配度函数进行了构建；结合车货匹配度函数与联运匹配度函数建立了整个流线网络的匹配度模型。

（3）评述与展望

物流运输业已成为国民经济的重要产业，但我们必须要面对的一个问题是我国物流业运输成本居高不下，远远高于欧美发达国家。近年来，无论是国家层面还是地方政府、行业企业都在努力借助互联网、大数据、云计算等信息技术解决这一难题,运满满、货拉拉等企业借鉴滴滴打车的运营模式,在短时间内聚集了大量的货车司机和货源信息,并依靠大数据技术实现车源和货源的快速匹配,在一定程度上降低了货车司机的等待时间。相关学者也从双边匹配理论层面进行了大量研究:Janssen 和 Verbraeck、Nandiraju 和 Regan、Beuthe 和 Bouffioux 等的实证研究已经表明双边匹配机制在解决公路货物运输车货匹配问题中的重要性,如提高交易效率、降低交易成本等。顾佳婧、李慧、熊宜强等针对车货匹配问题的研究给出了车源和货源的筛选方法;Jeffrey 研究的是快递运输中的车货优化匹配;Kim 研究了基于分布式电子中介的车货匹配方法;朱江洪、牟向伟、Peng 等对公路货物运输中的车源和货源匹配问题进行了研究,给出了相关的匹配度计算,进而构建了基于满意度的优化模型来获得车源与货源最优匹配。物流运输领域的车源和货源匹配问题比较复杂,不像滴滴打车在匹配乘客和出租车方面只需考虑乘客与出租车距离,车源类型复杂、货物种类繁多、运输地域广泛等都加剧了这个问题的复杂度。

2.2 双边匹配经典算法

2.2.1 Gale-Shapley 算法

双边匹配源于 1962 年学者 David Gale 和 Lloyd Shapley 对于婚姻匹配问题的研究。他们在《College admissions and the stability of marriage》论文中证明了稳定婚姻匹配的存在性,并给出了一种能够获得稳定匹配的算法,这种算法被称为 Gale-Shapley 算法(简称 G-S 算法),又被称为延迟接受算法(Deferred Acceptance Algorithm,DAA)[38]。Gale 和 Shapley 研究的婚姻匹配问题可描述为:有 n 个女士和 n 个男士,每个女士按照对 n 个男士的喜欢程度给出一个偏好列表,类似的,每个男士也给出对 n 个女士的一个偏好列表,根据是由女士发起还是男士发起,G-S 算法具体可分为女士最优匹配算法(Woman-optimal)和男士最优匹配算法(Man-optimal)。女士最优匹配算法描述如下:

Step1:每个女士向其偏好列表中最喜欢的男士发出邀约,收到多个邀约的男士从中选择其最喜欢的女士,拒绝其余的邀约。

Step2：被男士拒绝的女士向其偏好列表中下一个喜欢的男士发出邀约，上一轮没有被拒绝的女士则向其上一轮最喜欢的男士再次发出邀约，收到多于一个邀约的男士从中选择其最喜欢的女士，拒绝其余的邀约。

……

Step$k$：上一轮被拒绝的女士继续向其偏好列表中下一个喜欢的男士发出邀约，而没有被拒绝的女士则向上一轮最喜欢的同一个男士发出邀约，收到多个邀约的男士从中选择最喜欢的女士，拒绝其余的邀约。

Stop：如果所有女士都没有被拒绝，则算法停止。

Gale 和 Shapley 证明了若男士和女士给出的偏好是严格偏好，并且都是个体理性的，那么女士最优匹配算法获得的匹配结果对所有女士而言是最优的稳定匹配，而对男士而言是最差的匹配稳定结果；男士最优匹配算法获得的匹配结果对所有男士而言是最优的稳定匹配，而对女士而言是最差的稳定匹配结果。

2.2.2 Hospital-Resident 算法

G-S 算法针对解决的是类似婚姻匹配这样的一对一双边匹配问题，这个算法可以很容易地扩展到解决像美国医院与实习生匹配这类的一对多双边匹配问题。在医院与实习生匹配问题中，对 G-S 算法进行扩展得到 Hospital-Resident（H-R）算法。在美国，医学院毕业生在正式进入医院工作之前必须要经历 3～7 年的医院实习。因此，每年都有大量的医学院毕业生需要分配到医院进行实习，每个医院提供的实习岗位数量是一定的，毕业生可以根据自己的喜好对愿意去实习的医院给出偏好排序，愿意接收实习学生的医院通过对学生提交的资料以及面试情况，也给出关于拟招收学生的偏好排序，一般偏好排序列表中的学生数量要大于医院提供的岗位数量。学生和医院的偏好排序信息都提交到美国医学院协会，由其给出学生与医院的最优匹配结果。H-R 算法根据学生和医院发出可分为学生最优匹配（Student-optimal）算法和医院最优匹配（Hospital optimal）算法[39,52]。

在医院与实习生匹配问题中，设 s_i 表示第 i 个学生，$i=1,2,\cdots,n$，h_j 表示第 j 家医院，$j=1,2,\cdots,m$，医院 h_j 提供的实习岗位数量为 c_j。医院最优匹配算法描述为：若医院还有空闲岗位存在，则该医院考虑偏好列表中排在最靠前的且还未被该医院录用的学生。若学生还未匹配且该医院存在于其偏好列表中,则医院录用学生。若学生已经被其他医院录用,但学生认为原来匹配的医院不如该医院好,则医院录用该学生,且放弃该学生与原来医院的匹配关系。否则,若学生认为该医院还不如原来匹配的医院,则学生拒绝医院发出的邀请,医院继续向偏好列表中下一学生发出邀请。

While 医院中有空余岗位存在 **do**

(s_i 是 h_j 偏好列表中没有邀请过的最前面的学生,且 h_j 也在 s_i 的偏好列表)

If s_i 还没有匹配

　　s_i 与 h_j 形成匹配对

else

If s_i 认为 h_j 优于原来的匹配对象

　　s_j 与 h_j 匹配对,放弃与 h_k 的匹配关系

else

　　s_i 拒绝 h_j 的邀请,h_j 继续向其偏好列表中下一个学生发出邀请

end

2.2.3 波士顿算法

学校招生和录取问题是教育领域的一个重要课题。尤其是每年的高考录取关系着每个考生的人生命运和前途,决定着国家人才选拔的质量,也是社会公平和公正的一个重要体现。因此,学校招生和录取机制一直都是全社会关注的焦点问题。学校招生和录取问题可描述为:每所学校都有一定的招生名额,学校依据学生的考试成绩、平时成绩和在校表现、获奖和特长等情况综合对学生进行排序;每个学生在报考学校时会考虑学校的地理位置、学校的社会声誉、学校排名、专业等情况给出可接受的学校排序列表,目标是在学校招生名额限制下,将学生分配到合适的学校。设 s_j 表示第 j 个学生,学生集合为 $S=\{s_1,s_2,\cdots,s_m\}$,c_i 表示第 i 个学校,学校集合为 $C=\{c_1,c_2,\cdots,c_n\}$,学校 c_i 的招生名额为 q_i。波士顿算法[120]录取学生的过程如下:

Step1:每个学校都只考虑学生把其排在偏好列表中的第一位的(即第一志愿),按该学校的偏好逐个录取学生,直到没有可录取名额或没有学生的第一志

愿是该校为止；

Step$k$：每个学校都只考虑学生的第 k 志愿，按该学校的偏好逐个录取学生，直到没有可录取名额或没有学生的第 k 志愿是该校为止；

Stop：当学生所有的志愿全部被录取一遍后，算法结束。

2.2.4 匈牙利算法

现实生活中存在各种性质的指派问题(Assignment Problem)，例如，若干项工作需要分配给若干个人员(或部门)来完成、若干项工程需要选择若干个建筑公司来承包、若干门课程分配给若干个教师来教授等。这类问题可以表述为：给定一系列需要完成的任务(Tasks)及一系列完成任务的被指派者(Assignees)，每个被指派者完成每项任务的时间(或成本、效率)不同，需要解决的问题：确定哪个被指派者去完成哪项任务，以保证总体的效果最好。这类问题被称为指派问题或分配问题。标准指派问题的数学模型为

$$\min z = \sum_{i=1}^{n}\sum_{j=1}^{n} c_{ij}x_{ij} \tag{2.1a}$$

$$\text{s.t.} \sum_{i=1}^{n} x_{ij} = 1, \quad j=1,2,\cdots,n \tag{2.1b}$$

$$\sum_{j=1}^{n} x_{ij} = 1, i=1,2,\cdots,n \tag{2.1c}$$

$$x_{ij} \in \{0,1\}, i,j=1,2,\cdots,n \tag{2.1d}$$

标准的指派问题是一类特殊的整数规划问题，又是特殊的 0-1 规划问题和特殊的运输问题。虽然可以采用分支定界法、割平面法、隐枚举法、表上作业法等，但最有效和最常用的是匈牙利算法。1955 年美国数学家库恩(W. W. Kuhn)利用匈牙利数学家康尼格(D. Konig)证明的两个定理，提出了求解指派问题的一种算法，称为匈牙利算法[274]。

定理 2.1 若从指派问题的系数矩阵 $C=(c_{ij})_{n\times n}$ 的某行(或某列)各元素分别减去一个常数 k，得到一个新的矩阵 $C'=(c'_{ij})_{n\times n}$，则以 C 和 C' 为系数矩阵的两个指派问题具有相同的最优解。

推论 2.1 若将指派问题的效率矩阵每一行及每一列分别减去各行及各列的最小元素，则得到的新指派问题与原指派问题有相同的最优解。

定理 2.2 系数矩阵 C 中独立零元素的最多个数等于能覆盖所有零元素的

最少直线数。

求解指派问题的匈牙利算法如下：

Step1：变换效率矩阵

令效率矩阵的各行各列都减去当前各行、各列中的最小元素，得到的新效率矩阵各行各列必然出现零元素。

Step2：试指派。若有 n 个加圈的独立零元素，则得到最优解，算法停止；否则，转到 Step3。

Step3：做最少的直线覆盖当前所有零元素。

（1）若某行没有划圈的零元素，则打"√"；

（2）在打"√"的行中，对划圈零元素所在列打"√"；

（3）在打"√"的列中，对划圈零元素所在行打"√"；

（4）重复（2）和（3），直到再也找不到打"√"的行或列为止。

（5）在没有打"√"的行画一横线，在打"√"的列画一竖线，这样就得到了覆盖所有零元素的最少直线数。

Step4：进行矩阵变换增加零元素，然后转到 Step2。

（1）从没有被直线覆盖的所有元素中，找到最小元素；

（2）所有未被直线覆盖的元素减去最小元素，横线和竖线交叉点处的元素加上最小元素，其他元素不变。

2.2.5 最大基数匹配算法

依据文献[275]，下面给出最大基数匹配的相关概念。

定义 2.1 （二分图），若图 $G=(V,E)$ 的顶点集可划分为两个非空子集 X 和 Y，使得 G 的任一条边都有一个端点在 X 中，另一个端点在 Y 中，则称 G 为二分图或二部图，记为 $G(X,Y)$。

定义 2.2 给定一个图 $G=(V,E))$，设 M 是 E 的一个子集，如果 M 不含环且其中任意两边均不是邻接的，则称 M 是 G 的一个匹配。

定义 2.3 如果某顶点和 M 的一条边关联，则称其为 M-饱和点，否则称为 M-非饱和点。如果 G 的每一点都是 M-饱和点，则称 M 是 G 的完美匹配。

若 M 是 G 的边数最多的匹配，则称 M 是 G 的最大基数匹配。完美匹配是最大基数匹配。设 M 是 G 的一个匹配，G 的一条 M-交错路是指其边在 M 和 $E\backslash M$ 中交错出现的路。G 的一条 M-增广路是指起点和终点都是 M-非饱和点的一条 M-交错路。

定理 2.3（Berge，1957） 图 G 中一个匹配 M 是最大基数匹配当且仅当 G 不包含 M-增广路。

对于图 G 的任意一个顶点的子集 X，定义 X 的邻域 $N(X)$ 为与 X 中的点相邻接的所有点的全体。

定理 2.4（Hall，1935） 设 G 为具有二划分 (X,Y) 的二分图，顶点集分划为 S,T，则 G 有饱和 S 的每个顶点的匹配当且仅当对一切 $X\subseteq S$，有 $|N(X)|\geqslant|X|$。

推论 2.2（Frobenius，1917） 具备二划分 (X,Y) 的二分图 G 有完美匹配的充分必要条件是 $|X|=|Y|$ 且对 $\forall S\subseteq X$（或 Y），均有 $|N(S)|\geqslant|S|$。

定理 2.5 设 M 是图 G 的匹配，C 为 G 的覆盖，若 $|M|=|C|$，则 M 是 G 的最大基数匹配，C 是 G 的最小覆盖。

定理 2.6 在二分图中，最大基数匹配的边数等于最小覆盖的顶点数。

寻找增广路的标号法是由匈牙利人 Egervary 于 1965 年最早提出，因此称为匈牙利算法。算法基本思想为：任给匹配 M 出发（一开始可以是空集），若 M 饱和 S 的所有点，则 M 已经是最大基数匹配；否则，由 S 的 M-非饱和点出发，用标号法寻找 M-增广路直到找不 M-增广路为止。

求解最大基数匹配的匈牙利算法如下：

Step1：在二分图中任取一个匹配 M，所有顶点都没有标号。

Step2：

2.1 若 S 中无 M-非饱和点，则 M 为最大基数匹配，结束，否则对 S 中每个 M-非饱和点标"0"和未检查，转 2.2。

2.2 如果 S 中所有标号的顶点都已检查，转 Step4；否则取 S 中已标号未检查的顶点 x_i。

2.3 若所有与 x_i 相邻的顶点都已标号，则把 x_i 改为已检查，转 2.2；否则转 2.4。

2.4 把所有与 x_i 相邻的未标号顶点 y_i 都给予标号"i"，若其中某个 y_i 是 M-

非饱和点,转 Step3;否则对所有 y_i,把与 y_i 在 M 中配对的顶点 y_i 给予标号"j"和未检查,并把 x_p 改为已检查,转 2.2。

Step3:从得到标号 T 中的 M-非饱和点 y_j 开始反向搜索,一直找到 S 中标号为"0"的 M-非饱和点 x_i 为止,得到 G 中 M-增广路 $P, M = M \oplus P = (M \cup P)/(M \cap P)$,去掉 M 中所有顶点标号,转 Step2。

Step4:M 是 G 的最大基数匹配,结束。

2.2.6 最大权匹配算法

二分图的权匹配就是求出一个匹配集合,使得集合中边的权值之和最大或最小。而所谓最大权匹配(最优匹配)是指对于二分图的每条边都有一个权(非负),要求一种完备匹配方案,使得所有匹配边的权和最大[275]。

定义 2.4 设 G 为具有二划分 (X, Y) 的二分图,$|X| \leqslant |Y|$,M 为 G 中一个最大基数匹配,且 $|M| = |X|$,则称 M 为 G 的完备匹配。

在上述定义中,若 $|X| = |Y|$,则完备匹配即为完美匹配,若 $|X| \leqslant |Y|$,则完备匹配为 G 中最大基数匹配。

定义 2.5 图 G 的顶点标号是从顶点集到正整数集的一个映射。用 $l(v)$ 表示顶点 v 的标号,$w(uv)$ 表示边 u, v 的权。对于赋权二分图 $G = (X, Y)$,若对每条边 $e = xy$,均有 $l(x) + l(y) \geqslant w(xy)$,则称这个标号为 G 的一个可行顶点标号。

定义 2.6 设 $G = (X, Y)$ 是一个赋权二分图,l 是 G 的可行顶点标号,边 (u, v) 上的权为 $w(uv)$,令 $E_l = \{xy \in E(G | l(x) + l(y) = w(xy)\}$,$G$ 中以 E_l 为边集的生成子图称为 G 的 l 相等子图,记为 G_l。

定理 2.7 设 l 是赋权二分图 G 的一个可行顶点标号,若相等子图 G_l 有完美匹配,则该完美匹配是 G 的最大权完美匹配。

求解最大权匹配的 Kunh-Munkres 算法基本思想为:首先给出赋权二分图 G 的任意一个可行顶点标号,然后决定相等子图 G_l,在 G_l 中执行匈牙利算法。若在 G_l 中找到完美匹配,则由上面定理 2.7 可知,它就是 G 的最大权完美匹配。否则,匈牙利算法终止于 $S \subset X, T \subset Y$,且 $N_{G_l}(S) = T$。求解最大权匹配的 Kunh-Munkres 算法如下:

Step1：给 $G=(X,Y)$ 添加一些可行顶点和权为 0 的边，使其成为赋权完全二分图，记为 G。

Step2：从 G 的任何一可行的顶点标号 l 开始，求出相等子图 G_l。

Step3：在 G_l 中执行匈牙利算法，如果求得 G_l 的一个完美匹配 M，则算法停止；否则，匈牙利算法必将终止于两个集合 $S\subset X, T\subset Y$，且 $N_{G_l}(S)=T$，此时转下一步。

Step4：计算 $a_l=\min\{l(x)+l(y)-w(xy)|x\in S, y\in Y-T|\}$，并计算 G 的新的可行顶点标号 l'，以 l' 代替 l，$G_{l'}$ 代替 G_l，转 Step3。

2.3 基于不同优化目标的双边匹配方法

2.3.1 考虑单一优化目标的双边匹配方法

（1）考虑稳定性的双边匹配方法

Roth(1982)[39]以婚姻匹配问题为背景研究了匹配问题和匹配过程中的几个博弈问题，研究结果表明不存在一个能够产生稳定匹配并且使双方匹配参与者有动机揭示真实偏好的匹配过程；确实存在一个能够产生稳定匹配结果并且能够保证一方匹配参与者有动机揭示真实偏好的匹配过程。Aldershof 和 Carducci(1999)[276]针对两个不同的岗位申请者与雇主双边匹配问题，提出了两个获得岗位申请者与雇主稳定匹配的遗传算法。在遗传算法解决的两个双边匹配问题中，岗位申请者和雇主给出的偏好列表都是部分偏好列表，其中第 1 个双边匹配问题中岗位申请者和雇主的偏好是不关联的，而第 2 个双边匹配问题允许成对的岗位申请者提交成对雇主的联合偏好序。Yuan 和 Wang(1996)[277]提出了最大选择神经元和最大中断神经元，并用这两种最大神经元构建了一个神经网络来表示和解决稳定匹配问题，研究表明神经网络方法允许匹配在分布式环境下被动态的实现，并且匹配神经网络具有很高的鲁棒性。Manlove 等(2007)[278]通过直接 CSP 编码将医院与实习生的匹配问题转换为 CSP 问题，然后采用弧相容算法(AC)进行求解，指出对于可交换稳定匹配问题、禁止对问题及群组稳定匹配问题，采用这个模型很容易进行求解，但是对于具有无差异偏好的 HR 问题可以对模型进行扩展求解。Gent 等(2001)[279]研究了具有广泛实际应用价值的稳定婚姻匹配问题,提出了将稳定婚姻匹配问题转化为约束满足问题的两种编码方式,证明了建立弧一致等同于构建扩展 Gale-Shapley 算法,可以快速获得男士最优和女士最优稳定匹配,并且通过这两种编码方式可以很容易地枚举所有的稳定匹配。Manlove 和 O'Malley(2005)[280]研究了具有无差异偏好信息的稳定婚姻匹配问题,提出了两个将稳定婚姻问题转化为约束满足问题的模型,采用第一种编码方式建立弧一致的时间复杂度要劣于扩展 Gale-Shapley 算法,第二种编码方式的时间复杂度是最优的,并且采用两种编码方式不用搜索就可以获得稳定婚姻匹配问题的所有稳定匹配。Bistarelli 等(2008)[281]将婚姻问题中的最优稳定婚姻问题表示为一个软约束满足问题,为了定义新的联盟形成准则和稳定条件,将成对个体扩展到普通代理联盟,并采用基于半环的软约束方式来表达一个能够处理不同最优概念的框架,而无须采用不同的专用算法。Gelain 等(2010)[282]提出了一个用于求解一般稳定匹配问题的局部搜索启发式算法,该算法通过随机方式或启发式方式产生一个初始匹配方案,通过不断迭代删除不稳定对,直至找到稳定匹配方案,模拟实验表明对于具有严格偏好序和完全偏好列表的双边匹配问题(SM),局部搜索启发式算法的时间复杂度为 $O(n\log(n))$,表明它是产生稳定婚姻匹配的有效方法;对于具有无差异偏好和部分偏好列表的双边匹配问题(SMTI),实验结果表明尽管获得具有最大匹配对数量的稳定匹配是一个 NP-hard 问题,而局部搜索启发式算法即便对于大规模 SMTI 问题仍然能够快速地获得稳定匹配对数量比较大并且经常获得最优规模的稳定匹配。Eirinakis 等(2007)[283]将大学录取问题转化为约束满足问题,提出了一个基于超弧一致的获取所有稳定对的算法,该算法的时间复杂度为 $O(n^2)$,通过随机产生的算例计算表明超弧一致能够在合理的时间内大幅度实现论域缩减。Eirinakis 等(2012)[284]以工作市场中工人与企业的多对多双边匹配为背景,提出了识别所有的工人和企业稳定对以及所有的稳定匹配方案的时间最优算法,并将多对多的双边匹配问题编码并转化为约束满足问题,通过一系列算例计算表明了约束满足方法的有效性。Unsworth(2008)[285]研究了婚姻匹配问题和医院与实习生匹配问题中将稳定匹配问题建模为专用约束的问题,开发了能够显著提高算法性能的专用约束解,实证研究表明与以往约束解相比,这些专用约束解能够解决大规模的双边匹配问题。Unsworth 和 Prosser(2013)[286]采用约束规划方法研究了具有不完全偏好列表的稳定婚姻问题,提出了一个时间复杂度为$O(n^2)$的特殊的 n-弧约束,虽然在理论上该约束与以往最优约束具有相同的时间复杂度,但是计算实验表明该约束在求解大规模问题方面求解效率更高,也更加实用。

张振华等(2008)[287]针对电子中介中的买卖交易匹配问题,考虑商品的多属性,给出了交易者按综合满意成对对满足自己约束对方的排序计算法方法,将 Gale-Shapley 和 H-R 算法从理论上扩展到"p-k"情况,用来解决电子处理稳定的多对多双边匹配问题,并证明了扩展算法所得结果的稳定性。刘永强等(2011)[288]针对多属性双边匹配问题,给出了多属性匹配度的定义和排序方法,建立了针对稳定匹配结果的评价函数和评价准则,在此基础上提出了蚁群算法求解此问题的思路及适合此类问题求解的蚂蚁状态转移策略和信息素更新策略,仿真结果表明,改进的蚁群算法能够有效求解传统稳定匹配问题以及多属性双边稳定匹配问题。边红等(2011)[289]研究了一对多的大学招生问题,依据 Gale-Shapley 算法,利用稳定广义匹配的概念,给出了大学招生问题的一个 $O(m^2n^3)$ 算法,并且这个算法可以看出是匈牙利算法的一种推广。梁海明和姜艳萍(2015)[290]针对二手房组合交易匹配决策问题,给出了二手房组合交易匹配、个体理性、不浪费、公平、帕累托占优和帕累托有效匹配方案的定义,在考虑匹配方案稳定性的基础上,设计了确定最优匹配方案的扩展 H-R 算法。李建荣(2015)[291]用数据工具格分析劳动力市场的资源配置,采用博弈论的分析与证明方法研究多对一双方匹配市场中的优化路径,在替代偏好和 LAD 偏好下,证明了稳定匹配集合是一个满足分配律的完备格。熊化峰等(2019)[292]针对共享经济背景下的双边匹配问题的特点,对双边匹配类问题进行抽象建模,改进属性匹配度计算模型,求出匹配双方的偏好序,引入机器学习的思想改进蚁群算法对之求解,提出非线性梯度启发信息和基于历史搜索信息的状态转移策略;针对蚁群算法初始参数设置难、调参工作量大的问题,提出基于梯度下降思想的自动调参方法;并制定稳定匹配和当前最优匹配的评价规则,引导蚁群算法的信息素更新。仿真结果表明改进的蚁群算法与传统蚁群算法相比评价值提升约 20%,与传统蚁群和基于 RNA 计算改进的蚁群算法相比求解稳定性更优。张登兵(2017)[293]将匹配要素分为匹配主体、匹配物、匹配算法、匹配集,从而规范了匹配决策的研究体系。在对 Gale-Shapley 算法进行分析的基础上,设计了一种 GS

算法的表上作业方法,并提出了匹配的一种矩阵表示。但是,GS算法也存在明显的局限性。GS算法显著依赖于群体容量,结果可能会偏离一般统计偏好,而且GS匹配的效率评价缺乏客观标准。陈晔等(2018)[294]分析供需匹配之间存在的冲突,提出一种基于图模型冲突分析法来求解供需匹配问题的思路,在图模型视角下给出供需匹配问题的研究框架,分析不同类型的供需匹配问题,设定决策主体和决策策略;然后讨论不同匹配类型下的状态约简、偏好表达,进行稳定性分析;最后通过应用案例,将图模型法与群决策匹配算法进行对比分析,验证图模型求解供需匹配问题的有效性。

(2) 考虑公平性的双边匹配方法

Ergin(2002)[309]研究了学生对位置(房屋、大学位置或企业岗位)有偏好、位置对学生有优先权的学生安置问题,指出不违背指定优先权的安置机制是公平的,研究表明当且仅当优先权结构是非循环时,一个公平安置机制是有效的。Abdulkadiroglu和Sönmez(2003)[310]研究了波士顿和纽约城市公共学校的学校选择机制,指出学校当前采用的选择机制存在无效率、策略操作脆弱性和缺少公平性,而Agent最优稳定匹配机制(AOSM)是防操纵且公平的,但不是帕累托有效的;TTC机制是防操纵且帕累托有效的,但不是公平的。Klaus和Klijn(2007)[311]研究了具有成对夫妻的医院与实习生匹配问题,指出当不存在成对夫妻时,非循环性是公平和有效匹配机制的必要和充分条件;当存在成对夫妻时,非循环性是必要不充分条件,给出了采用所谓顺序匹配机制能够获得公平和有效匹配的充分条件。Liu和Ma(2015)[312]研究了具有不确定偏好序的双边匹配问题,设计了确定偏好序值的数据处理方法,给出了计算每个匹配对偏好距离的方法,构建了以匹配对数量最大和所有匹配对之间的偏好距离最小为目标的优化模型,通过与已有方法相比,提出的方法能保证每个匹配对都不会太差。Brams和Kilgour(2013)[313]针对延迟接受算法获得的匹配结果对一方是最优的,而对另外一方是最差的不公平情况,提出了最小最大公平匹配,研究表明帕累托最优的最小最大匹配能够提供比延迟接受算法更均衡的匹配对,此外,对帕累托最优的最小最大匹配进行策略操作是困难的。Wu和Zhong(2014)[314]比较了不同偏好提交时间(考前估分提交、考后估分提交、考后知分提交)以及不同录取过程情形下的中国大学录取机制的公平性和效率,理论研究表明考后知分提交偏好或序列独裁机制是事后而非事前公平和有效的;考前估分提交偏好和波士顿机制是事前更公平和有效的,通过对来自中国顶级大学数据的实证测试支持了上述假设。Lien 等(2015)[315]研究了学生在不同时间提交学校偏好时波士顿机制与序列独裁机制的优缺点,研究假定学生在考后知分前提交学校偏好时,波士顿机制在公平性和效率方面优于序列独裁机制,通过一系列实验室试验证实了这一假设。

聂海峰(2007)[11]分析了高考招生中考后知分报考录取机制下的志愿填报博弈,研究表明完全信息时这个显示偏好博弈只有唯一的纳什均衡结果,均衡是帕累托有效和公平的。但是真实的偏好并不一定是每个考生的均衡策略,达到均衡结果需要参与人之间的协调。冯科和聂海峰(2007)[132]研究了中国高考的录取程序,分析了分数录取机制下的公平和效率问题,指出由于目前的招生录取机制并不是分数公平的机制,使得录取结果可能是没有效率的;如果使用分数公平的录取机制,考生真实申报对学校的偏好就是他的优势策略,录取结果可以同时达到帕累托最优和分数公平。魏立佳(2010)[316]研究了目前高考录取平行志愿制度的优点和缺陷,提出降低投档比例、打通不同院校之间的专业志愿和增加志愿个数可以改进学生的效用损失;针对博士生录取设计了一种偏好顺序机制,并证明了这种机制是满足公平、无浪费、个人理性、抗策略且帕累托最优的。马明明(2012)[317]利用河北省一所高中高考志愿填报和录取结果的实际数据首次实证地描述和检验了中国高考机制的公平性和考生填报策略的问题,实证发现了"志愿优先"的高考机制不公平性的证据和高分落榜的现象,通过对"平行志愿"和"志愿优先"的志愿填报和录取结果的比较,发现"平行志愿"并未显示出更好的公平性。吴斌珍和钟笑寒(2012)[10]研究了高考志愿填报机制对优质大学学生质量的影响,论证了考前报改为考后报并引入平行志愿的改革模式可以带来事后的效率与公平,但未必增加事前的效率与公平,基于某顶级学院的学生数据,从实证上验证了这一假说;相对于考前无平行志愿的制度,该学院在考后填报制度下招收的学生高考成绩更高,但以大学学业衡量的学习能力或兴趣并没有更高。

(3) 考虑满意性的双边匹配方法

Zhang 和 Guo(2011)[295]研究了具有不同类型属性信息的多属性双边匹配

决策问题,提出了一种解决具有不完全权重信息的双边匹配决策问题,通过解决二次规划模型来计算属性的权重,构建了双目标的 0-1 型整数规划模型,并将双目标规划模型采用线性加权和方法转换为单目标模型,通过求解单目标模型来获得最优的匹配结果。Yang 等(2015)[296]研究了考虑手术医生对手术时间段偏好的手术调度方法,将手术室一天的工作时间视为资源,依据申请手术室的手术医生数量,将时间划分为时间段,时间段分配给手术医生视为双边匹配问题,构建了双方满意度最大的优化模型,通过求解模型获得双边最优匹配。Yue(2012)[297]研究了具有得分值信息的双边匹配问题,给出了满意度的概念,构建了以双边主体满意度最大为目标的优化模型,采用线性加权法将多目标优化模型转换为单目标进行求解。

张振华和汪定伟(2005)[298]研究了电子中介处理多个买家和多个卖家、各交易一件同类商品、卖方定价销售的多属性匹配问题,建立了以每一属性买方总满意度最大为目标的多指标优化模型,并采用理想点法求解。王中兴和黄帅(2014)[299]针对电子商务中买卖双方交易匹配问题,将主体给出的多粒度语言评价信息转化成三角模糊数,运用逼近理想解法计算主体综合评价与理性评价的相对贴近度,并以其表示匹配主体的满意度,构建综合考虑匹配主体满意度一致性和最大化的优化模型,求解该模型获得匹配结果。张振华和汪定伟(2006)[55]研究了电子中介在二手住房市场中的应用问题,给出了一个买卖交易模型;以最大化双方总满意度及总成交额为目标建立的多目标指派模型优化了双边匹配,并用模糊加效率矩阵方法化为单目标问题求解。陈希等(2012)[57]针对现实生活中双边匹配时每一方内部不同个体存在个性化评价指标情况,分析了每一方内部个性化指标的差异度,设计了总体指标集及权重的协同优化模型,定义了双边匹配竞争度,构建了基于总体匹配满意度最优化模型来求解匹配结果。乐琦和樊治平(2012)[300]针对具有序值信息的双边匹配决策问题,构建了以匹配主体对之间的序值总和最小和中介收益最大为目标的多目标优化模型,使用线性加权和方法将多目标优化模型转换为单目标线性规划模型进行求解来获得匹配方案。樊治平和乐琦(2014)[301]研究了考虑双边主体具有最高可接受偏好序的双边匹配问题,给出了严格双边匹配的概念及其存在性理论,考虑到双边主体的满意度和最低可接受满意度,构建了多目标优化模型,使用线性加权法将多目标优化模型转化为单目标优化模型,通过求解该单目标优化模型获得匹配结果。李铭洋等(2012)[302]针对双边主体给出匹配偏好信息的双边匹配问题,构建了将偏好序信息转化为匹配满意度的满意度函数,通过集结双方主体相互间的匹配满意度得到综合匹配满意度,将综合匹配满意度视为双边主体之间匹配的权,并将基于偏好序信息的双边匹配问题转化为完全二分图中的权匹配问题,通过求解最大权匹配问题确定最优匹配结果。乐琦和樊治平(2015)[303]针对基于不完全序值信息的双边匹配问题,引入了完全双边匹配的概念,探讨了完全双边匹配的存在性,提出了求解基于不完全序值新的双边匹配问题的算法,使用该算法可获得完全双边匹配结果。陈圣群等(2014)[304]针对具有不确定偏好序信息的动态匹配决策问题,给出了序数偏差的相关描述,把在同一时刻的不同方案间或同一方案在不同时刻间的序数偏差关系作为证据,并通过证据组合求出双边序数偏差融合度,通过构建优化模型获得双边匹配方案。王中兴等(2014)[305]针对具有语言评价信息的双边匹配决策问题,从匹配主体相互满意的视角,综合考虑匹配主体满意度的互补性和一致性定义匹配主体的组合满意度,以匹配的总组合满意度最大为目标建立求解匹配结果的优化模型。吴凤平等(2016)[306]针对互联网金融背景下风险投资双边匹配选择问题,考虑到风险投资者与风险企业在双向选择时的心理期望,提出一种基于前景理论的风险投资双边匹配决策模型。陈睿等(2017)[307]针对双边匹配问题特点,以匹配双方的需求条件、第三方利益和匹配对个数为主要目标,建立双边匹配问题的多目标优化模型。提出一种基于改进的粒子群蚁群优化算法,对蚁群做自适应信息素更新机制改进,对粒子群做高斯替换改进,避免算法陷入局部最优,提高算法寻优速度。仿真结果表明,该算法可行有效,能较好地解决多目标双边匹配问题。刘绘珍和廖丽平(2015)[308]在订单交货期模糊和加工时间随机分布的条件下,权衡订单成本和客户满意度,提出基于遗传算法的双边匹配调度模型,并利用算例对该模型进行检验。仿真结果显示:该模型对订单调度是有效的;与单目标优化相比,多目标优化是对多个目标的折中,从整个系统来看,多目标优化具有全局性的特点。

2.3.2 考虑多优化目标的双边匹配方法

(1) 考虑稳定性和公平性的双边匹配方法

Kato(1993)[335]研究了具有严格偏好信息的性别公平稳定婚姻匹配问题,将公平匹配定义为男士得分与女士的得分和尽可能接近,研究表明即使每个人的得分与排序相同,性别公平稳定婚姻问题仍然是一个 NP-hard 问题。Iwama 等(1999)[336]研究了具有不完全偏好列表和无差异偏好的婚姻匹配问题(SMTI),证明了获得 SMTI 的平等稳定匹配是一个 NP-hard 问题,并证明了不存在近似算法可以获得近似比 $N^{1-\varepsilon}$,除非 $P=NP$。Yanagisawa(2007)[337]研究了具有不完全偏好列表和一方具有无差异偏好的性别公平稳定匹配问题,提出了一个获得近似最优解的多项式时间随机近似算法,证明了该近似算法的近似比不会小于 33/29(1.1379),除非 $P=NP$ 才会得到;在 UGC 下,近似比不会小于 4/3 (1.3333)。Iwama 等(2007,2010)[338,339]研究了稳定婚姻中的性别公平匹配问题,针对获得性别公平稳定匹配是强 NP-hard 的问题,提出了一个获得性别公平稳定匹配近优解的多项式时间近似算法,证明了近似算法的近似比小于 2。Vien 和 Chung(2006)[340]针对稳定婚姻匹配问题提出了一个基于遗传算法的求解方法,该方法可以获得以男士最优、女士最优、平等和性别公平等目标的稳定匹配,通过模拟实验表明与已有算法相比,所提出的算法在获得不同求解目标的稳定匹配方面十分有效。Kimbrough 和 Kuo(2010)[341]在解决稳定婚姻匹配问题时考虑了匹配稳定性、社会福利、平等、公平等多个目标,提出了采用进化计算和基于 Agent 模型的启发式算法,通过模拟实验表明这些启发式算法获得的匹配方案帕累托优于通过 GS/DAA 算法获得的匹配方案,并且这些启发式算法具有很高的可靠性。Nakamura 等(1995)[342]研究了稳定婚姻中的性别公平匹配问题,针对该问题提出了一个获得性别公平的稳定匹配的遗传算法。首先将性别公平婚姻匹配问题转换为一个易于遗传算法求解的图问题,然后采用遗传算法对图问题进行求解,计算实验表明了遗传算法的有效性。Klaus 和 Klijn(2006)[343]研究了大学录取中的中值稳定匹配问题,证明了大学录取问题中值稳定匹配的存在性,讨论了中值稳定匹配的公平性质,通过两个例子说明稳定匹配的格结构和对应的一般中值稳定匹配。Romero-Medina(2001)[344]给出了一个婚姻匹配问题中公平匹配的度量准则,在保持匹配稳定性的基础上,为使男士和女士群体的利益冲突最小化,将公平匹配测度定义为男士和女士嫉妒差异的最小化,并将此准则称为性别平等匹配(SEM),提出了一个计算 SEM 集合的算法。Romero-Medina(2005)[345]研究了双边匹配市场中的平等稳定匹配问题,提出了获得平等稳定匹配集合的算法,该算法选择的稳定匹配通常不是极端的,形成一个格结构,并且满足罗尔斯公平。Klaus 和 Klijn(2006)[346]研究了两种过程公平且稳定的机制:采用乐透的机制和随机序机制,给出稳定匹配集合概率分布不同的例子,探讨了两种机制的性质,通过将随机序机制调整为平等随机序机制,实现了过程和结果公平性的结合。Iwama 等(2007)[347]研究了婚姻匹配问题中由 Gusfield 和 Irving 提出的性别公平匹配问题,给出了一个获得近似最优性别公平稳定匹配的多项式时间算法,此外,为了获得最小化的平等稳定匹配,给出另一个近似比小于 2 的多项式时间算法。Xu 和 Li(2011)[348]研究了虚拟机迁移中的虚拟机和服务器的匹配问题,提出了采用经济学中一般稳定匹配框架解决网络问题的思路,将框架应用于虚拟机迁移问题,提出了对虚拟机和服务器双方都公平的稳定匹配方法,通过模拟实验表明公平稳定匹配的合理性和优越性。针对性别公平稳定匹配是 NP-hard 问题,而求解该问题的近似算法实用性差,以及启发式算法迭代次数无法预测等问题,Giannakopoulos 等(2015)[349]提出了一个新的确定性求解方法,该方法避免了对所有稳定匹配存在空间的搜索,通过大规模实例测试表明,该方法能够获得高质量的解。Clercq 等(2016)[350]采用问答集编程来求解具有不可接受的匹配主体且具有无差异偏好的婚姻匹配问题,研究表明提出的编码方式能够精确地找到性别公平匹配方案。Viet 等(2016)[351]为了找到稳定婚姻问题中的平等稳定匹配和性别公平稳定匹配,提出了一个双向局部搜索算法,该算法从男士最优稳定匹配进行前向搜索,同时从女士最优稳定匹配进行后向搜索。

李建勋等(2017)[352]由多层次、多阶段、多时期的复杂匹配引申出多主体之间的协调匹配问题,在给出不同类幂集、满意度汇集算子的基础上,从多边匹配映射角度对稳定的匹配组进行分析,论证稳定匹配方案的合理性、全面性和公平性,继而给出帕累托最优匹配方案和帕累托有效匹配方案,同时建立一个包括初步匹配、替换匹配、交换匹配三个过程的多边匹配算法,形成多边匹配问题的满意解。菅利荣和赵焕焕(2017)[318]针对含有灰色、模糊等不确定信息的双边匹配决策问题,利用灰靶决策方法测度匹配主体的满意度,建立基于匹配距离最小、匹配距离偏差最小的多目标优化模型,并运用线性加权法将多目标匹配模型转化为单目标优化模型求解匹配方案;最后利用其解决产学研合作匹配对象选择问题。刘勇等（2017）[319]针对含有灰色、模糊等不确定信息的双边匹配决策问题，运用灰色关联分析方法，从匹配主体的满意度、匹配方案的稳定性和公平性整体视角，构建基于满意度最大、满意度偏差最小的双边匹配决策多目标优化模型，并采用模拟植物生长算法，求解最优匹配方案，利用模型解决江苏省技术知识供需匹配问题。

（2）考虑稳定性和满意性的双边匹配方法

Irving等（1987）[321]研究了婚姻匹配中的最优的稳定匹配问题，采用男士或女士的匹配对象在其偏好列表中的排序位置来度量满意度，为了获得所有男士和女士总体满意度最大的稳定匹配，研究了所有稳定匹配集合的结构，提出了采用图论方法获得最优稳定匹配的$O(n^4)$算法。Ramachandran等（2011）[322]针对婚姻匹配中Gale-Shapley算法只能获得男士或女士满意度最大稳定匹配的不足，给出了双方最优稳定匹配、偏好值和满意度水平的概念，提出了获得男士和女士双方满意度最大的最优稳定匹配算法（BOSMA）。Gharote等（2015）[323]研究了实习生与软件项目需求之间匹配问题，采用效用理论来预测实习生和软件项目需求之间的偏好，采用稳定匹配理论去除不稳定对，计算实验表明与以往分配方法相比，虽然稳定匹配方法产生了少量的额外分配成本，但实习生和项目需求具有了更高的满意度。

樊治平等（2014）[324]针对双边主体给出偏好序值信息的双边匹配问题，考虑到稳定匹配条件，以双边主体满意度最大为目标，构建了多目标双边匹配优化模型，采用线性加权和法将多目标优化模型转换为单目标优化模型，并通过求解优化模型获得最优匹配结果。李铭洋等（2013）[325]针对基于序值偏好信息的一对多双边匹配问题，将一对多双边匹配问题转化为一对一双边匹配问题，在稳定匹配条件下，以每方主体序值之和最小为目标，构建了多目标优化模型，使用基于隶属函数的加权和方法将多目标优化模型转换为单目标优化模型，通过求解模型获得最优匹配结果。梁海明和姜艳萍（2014）[326]针对匹配主体给出弱偏好序形式信息的双边匹配决策方法，给出了双边主体满意度的计算方法，在稳定性约束基础上，建立了以匹配主体双边满意度最大为目标的优化模型，设计了模型求解的变步长算法，通过求解模型确定最优匹配方案。林杨和王应明（2015）[327]研究了双边主体给出对方两两比较模糊形式的评价信息的双边匹配问题，给出直觉模糊集形式的评价值并由全体成员评价值组成直觉模糊偏好关系,通过改进的最小对数二乘法对其进行转化,间接得到主体满意度,在考虑稳定匹配约束条件下,构建以双边主体满意度最大为目标的优化模型,通过求解模型获得匹配方案。梁海明等(2015)[328]针对考虑偏好序的多满意稳定导向双边匹配决策问题,考虑双边匹配主体给出的强偏好序、弱偏好序、无差异偏好序和未知偏好序信息,给出了双边主体满意度的计算方法,构建了满意、弱满意稳定、α-满意稳定和满意度稳定等四种决策导向的优化模型,通过运用求解模型的变步长算法可以获得相应的最优匹配方案。李铭洋和樊治平(2014)[329]针对双方主体给出偏好序值信息的双边匹配问题,将双方主体给出的偏好序值转化为偏好效用,构建了以每方感知效用之和最大为目标的多目标优化模型,使用基于隶属函数的加权和方法将多目标优化模型转换为单目标优化模型,通过求解模型可得到匹配结果。赵晓冬等(2018)[330]针对基于对偶犹豫模糊偏好信息的双边稳定匹配问题,依据双边主体给出的偏好信息构造对偶犹豫模糊偏好矩阵,使用投影技术将对偶犹豫模糊偏好矩阵转化为满意度矩阵,以双方主体满意度最大化为目标,考虑稳定匹配的约束条件,构建了匹配模型,并运用组合满意度分析方法,将多目标优化模型转化为单目标优化模型,通过模型求解得到最优的匹配方案。单晓红等(2016)[331]针对供应链产销环节中制造商和分销商的稳定合作伙伴选择问题,提出了基于历史交易信息的满意度评价方法,并在此基础上构建了基于稳定双边匹配的合作伙伴选择模型。通过满意度评价确定序值信息,引入稳定匹配约束,构建了整体满意度最大化的单目标 0-1 整数规划模型。张笛等(2019)[332]针对语言偏好信息下的双边匹配问题,将双边主体给出的语言偏好信息转化为三角模糊数;然后,基于去模糊化处理方法将三角模糊数转化为匹配满意度,在此基础上,考虑稳定匹配约束条件,以最大化每方主体的匹配满意度为目标,建立双边匹配多目标优化模型,求解模型,获得双边匹配结果。李铭洋等(2017)[333]针对具有属性期望的多属性双边匹配问题,根据双方主体针对各属性的属性期望和属性真实值,构建双方主体的损益矩阵;然后,依据行为决策理论中的失望理论,将双方主体的损益矩阵转化为感知效用矩阵;进一步地,依据主体间感知效用的大小,确定主体间的偏好排序,据此构建稳定匹配线性约束条件,并在此约束条件下以双方主体感知效用最大化为目标建立多目标优化模型;最后通过模型求解获得稳定的双边匹配结果。梁海明和李聪聪(2016)[334]针对考虑认可差异和认可容忍的多稳定双边匹配决策问题,依据双边匹配主体提出的序值向量,给出双边匹配主体的满意度度量方法。进一步地,基于双边匹配主体提出的认可差异值和认可容忍值,分别构建满意稳定性、满意弱稳定性和满意强稳定性等导向的优化模型,通过运用求解模型的变步长算法,可以获得相应的最优匹配方案。

2.4 本章小结

本章围绕着双边匹配已有研究的相关成果,如不同行业领域典型双边匹配问题、双边匹配已有的理论与方法等方面进行了文献综述,主要工作总结如下:

(1)对现实典型行业领域双边匹配问题进行了系统性综述,包括婚姻匹配问题、医院与实习生匹配问题、学生与学校双边匹配问题、人力资源在管理中的双边匹配问题、基于中介的交易匹配问题、资源双边匹配问题、技术、知识与服务双边匹配问题、投融资双边匹配问题、物流双边匹配问题等;

(2)综述双边匹配的经典算法,如Gale-Shapley算法、Hospital-Resident算法、波士顿算法、匈牙利算法、最大基数匹配算法、最大权匹配算法等;

(3)综述基于不同优化目标的双边匹配方法,考虑单一优化目标的双边匹配方法如考虑稳定性的双边匹配方法、考虑公平性的双边匹配方法、考虑双满意性的双边匹配方法;考虑多优化目标的双边匹配方法,考虑稳定性和公平性的双边匹配方法、考虑稳定性和满意性的双边匹配方法。

通过本章对于现实中双边匹配问题和关于双边匹配方法的文献综述工作,明晰本书所研究双边匹配问题的现实和理论意义,为本书后续章节的研究工作奠定了基础。

第 3 章 基于多指标评价信息的公平稳定匹配方法

在现实双边匹配问题中,双边主体给出关于对方主体的多指标评价信息是较为常见的。本章在已有研究成果的基础上,针对双边主体给出关于对方主体的多指标评价信息的双边匹配问题,给出了一种测度双边主体公平性的准则,提出一种考虑双边主体稳定性和公平性的双边匹配方法。

3.1 研究问题的实际背景

关于双边匹配稳定性的研究最早可以追溯到1962年Gale和Shapley对于稳定婚姻匹配问题的研究[38]。他们研究了有n个男士和n个女士的婚姻匹配问题,每个男士和女士根据个人偏好给出所有异性的严格偏好排序列表,目标是根据男女双方的偏好列表获得稳定匹配结果。如果在匹配中没有男士和女士彼此喜欢的程度超过他们已有的匹配对象,那么这个匹配称为稳定匹配。根据Gale和Shapley给出的求解稳定匹配的经典算法——递延接受算法,可以获得男士最优或女士最优的稳定匹配。男士最优稳定匹配是所有稳定匹配中每个男士获得的最优匹配结果,也是每个女士获得的最差的匹配结果。反之亦然。延迟接受算法计算得到的稳定匹配中,一方匹配主体的最优稳定匹配是以另一方匹配主体最差稳定匹配为代价的,因此,这种稳定匹配是一种不公平的稳定匹配。

匹配的稳定性可以维系双方稳定的匹配关系,而匹配的公平性能够降低双边主体的利益冲突。在双边匹配研究领域中,已有文献大多都仅仅从匹配稳定性或公平性角度进行研究[1,321],虽有少量学者在进行公平稳定匹配方面的研究[335,375-377],但这些研究都是根据双边匹配主体给出的偏好序信息来研究公平稳定匹配。在现实生活中,例如在婚姻匹配问题中,男女双方很难直接给出对方的偏好排序,男女双方往往需要综合考虑对方的外貌、学历、家庭背景、爱好、职业等多指标评价信息。因此,针对双边主体给出多指标评价信息的双边匹配决策问题,研究考虑双边主体稳定性和公平性的双边匹配方法具有理论和现实应用价值。

3.2 符号说明与问题描述

本书提出的基于多指标评价信息的公平稳定匹配问题描述如下:在研究的双边匹配问题中,一个甲方主体最多与一个乙方主体进行匹配,一个乙方主体最多与一个甲方主体进行匹配。甲乙双边主体采用多指标评价信息来表达对对方主体的偏好,甲方主体给出乙方主体在不同评价指标下的评价值及指标权重,乙方主体给出甲方主体在不同评价指标下的评价值及指标权重。双边匹配优化的目标是在考虑双边主体稳定性情况下,匹配中介期望获得双边主体的公平匹配。

设 $M=\{1,2,\cdots,m\}$, $N=\{1,2,\cdots,n\}$, $m\leqslant n$, $A=\{A_1,A_2,\cdots,A_m\}$ 表示双边匹配中所有甲方主体组成的集合, $m\geqslant 2$,其中 A_i 表示第 i 个甲方主体, $i\in M$; $B=\{B_1,B_2,\cdots,B_n\}$ 表示双边匹配中所有乙方主体组成的集合, $n\geqslant 2$,其中 B_j 表示第 j 个乙方主体, $j\in N$。

基于多指标评价信息的双边匹配问题描述如下:甲方主体 A_i 根据满意度评价指标集 $D=\{D_1,D_2,\cdots,D_g\}$ 对所有乙方主体进行评价,其中 D_f 表示第 f 个评价指标, $i\in M$, $f=1,2,\cdots,g$。设 $\boldsymbol{H}^i=[h_{jf}^i]_{n\times g}$ 表示甲方主体 A_i 对所有乙方主体的满意度评价矩阵,其中 h_{jf}^i 表示在评价指标 D_f 下甲方主体 A_i 对乙方主体 B_j 的满意度评价,满意度评价值 h_{jf}^i 由甲方主体 A_i 采用 1~10 分打分法给出, $i\in M$。甲方主体 A_i 给出的评价指标权重向量为 $\boldsymbol{V}^i=(v_1^i,v_2^i,\cdots,v_g^i)^{\mathrm{T}}$,其中 v_f^i 表示甲方主体 A_i 赋予指标 D_f 的权重, $0\leqslant v_f^i\leqslant 1$, $\sum_{f=1}^{g}v_f^i=1$, $i\in M$, $f=1,2,\cdots,g$。乙方主体 B_j 根据满意度评价指标 $I=\{I_1,I_2,\cdots,I_k\}$ 对甲方主体进行满意度评价,其中 I_t 表示第 t 个评价指标, $j\in N$, $t=1,2,\cdots,k$。设 $\boldsymbol{R}^j=[r_{it}^j]_{m\times k}$ 表示乙方主体 B_j 对甲方主体的满意度评价矩阵,其中 r_{it}^j 表示在评价指标 I_t 下乙方主体 B_j 对甲方主体 A_i 的满意度评价,满意度评价值 r_{it}^j 由乙方主体 B_j 采用 1~10 分打分法给出。乙方主体 B_j 给出的评价指标权重向量 $\boldsymbol{W}^j=(w_1^j,w_2^j,\cdots,w_k^j)$,其中 w_t^j 表示乙方主体 B_j 赋予指标 I_t 的权重, $0\leqslant w_k^j\leqslant 1$, $\sum_{t=1}^{k}w_t^j=1$, $t=1,2,\cdots,k$。

上述双边匹配问题的研究目标是:依据甲方主体对乙方主体的多指标评价

信息和乙方主体对甲方主体的多指标评价信息,提出一个有效的双边匹配方法,获得双边主体稳定和公平的匹配方案。

3.3 决策思路

针对基于多指标评价信息且考虑双边主体公平性的双边匹配问题,决策的具体思路如下:

第一阶段为双边匹配的准备阶段。首先,需要依据基于多指标评价信息的双边匹配问题的研究背景,采用数据收集和预处理方法,确定双边匹配问题的双边主体;其次,双边主体通过主观评价法,提供关于对方的多指标评价信息和指标权重信息。

第二阶段为决策分析阶段。决策分析阶段是本章所完成的主要工作,具体地:首先,采用模糊数学方法、数据规范化处理方法等信息转换方法,给出计算双边主体满意度的方法;其次,采用优化建模方法,建立以双边主体满意度差值最小的优化模型,进一步地,通过逻辑分析方法分析所要求解的模型的复杂性;最后,依据优化模型的特点,设计求解大规模双边匹配问题优化模型的遗传算法,并将遗传算法获得的最优解或近似解对应的匹配方案作为匹配中介制定决策的依据。

3.4 双边匹配相关概念

令 α_{ij} 表示甲方主体 A_i 对乙方主体 B_j 的总体满意度,β_{ij} 表示乙方主体 B_j 对甲方主体 A_i 的总体满意度。在匹配 μ 中,对于任意的 $A_i \in A, B_j \in B$,有

(1) 若 $\mu(A_i) = A_i$,则甲方主体 A_i 的满意度为 0;

(2) 若 $\mu(B_j) = B_j$,则乙方主体 B_j 的满意度为 0;

(3) 若 $\mu(A_i) = B_j, \mu(B_j) = A_i$,则甲方主体 A_i 的满意度 $\alpha_{ij} > 0$,乙方主体 B_j 的满意度 $\beta_{ij} > 0$。

$U = \{\mu_1, \mu_2, \cdots, \mu_t\}$ 表示对应于集合 A 和集合 B 的所有稳定匹配构成的集合。其中 μ_h 是 U 中的第 h 个稳定匹配,$h = 1, 2, \cdots, t$,不妨设

$$\mu_h = \{(A_1, B_{r_1}), (A_2, B_{r_2}), \cdots, (A_m, B_{r_m}), (B_{r_{m+1}}, B_{r_{m+1}}), \cdots, (B_{r_n}, B_{r_n})\},$$
$r_1 \neq r_2 \neq \cdots \neq r_n \in N$。

定义 3.1 设任意的 $A_i, B_j, i \in M, j \in N, \mu \in U$，如果 A_i 在 $\mu_{Aopt} \in U$ 中的满意度 $\alpha_{ij}, j \in N$ 与在 μ 中的满意度 $\alpha_{ik}, k \in N$ 满足 $\alpha_{ij} \geqslant \alpha_{ik}$，那么稳定匹配 μ_{Aopt} 称为甲方主体最优稳定匹配；同理，如果任意的 $B_j, j \in N$ 在 $\mu_{Bopt} \in U$ 中的满意度 $\beta_{ij}, i \in M$ 与任意的 $\mu \in U$ 中的满意度 $\beta_{hj}, h \in M$ 满足 $\beta_{ij} \geqslant \beta_{hj}$，那么稳定匹配 μ_{Bopt} 称为乙方主体最优稳定匹配。

对于任意的两个稳定匹配 $\mu, \mu' \in U$，令 M_μ 和 W_μ 分别表示在 μ 中的满意度大于或等于在 μ' 的满意度的甲方主体和乙方主体构成的集合；$M_{\mu'}$ 和 $W_{\mu'}$ 表示在 μ' 中的满意度大于或等于在 μ 中的满意度的甲方主体和乙方主体构成的集合。$\sigma(M_\mu)$ 表示与集合 M_μ 中的甲方主体匹配的乙方主体集合，$\sigma(W_{\mu'})$ 表示与集合 $W_{\mu'}$ 中的乙方主体匹配的甲方主体集合。

引理 3.1 $\sigma(M_\mu) \subset W_{\mu'}$ 与 $\sigma(W_{\mu'}) \subset M_\mu$

证明：对于任意的 $A_i \in A, B_j, B_h \in B, j \neq h, \mu, \mu' \in U$，设 $\mu(A_i) = B_j, \mu'(A_i) = B_h$ 且 $A_i \in M_\mu$，即 $\alpha_{ij} > \alpha_{ih}$。

（1）当 $\mu'(B_j) = B_j$ 时，那么显然这种情况不存在，因为 $\mu'(A_i) = B_h, \alpha_{ij} > \alpha_{ih}$，因此根据定稳定匹配的定义可知，匹配对 (A_i, B_j) 在稳定匹配 μ' 中是一个阻塞匹配对。

（2）当 $\mu'(B_j) = A_k$ 时，假设 $\beta_{ij} > \beta_{kj}$ 成立，由于 $\mu'(A_i) = B_h$ 且 $\alpha_{ij} > \alpha_{ih}$，因此根据稳定匹配定义可知，匹配对 (A_i, B_j) 在稳定匹配 μ' 中是一个阻塞匹配对。

综上（1）和（2）可知不可能存在 $\beta_{ij} > \beta_{kj}$，所以 $\beta_{ij} \leqslant \beta_{kj}$，即 $B_j \in W_{\mu'}$。因此，对于稳定匹配 μ 和 μ' 中的所有匹配对有 $\sigma(M_\mu) \subset W_{\mu'}$。

同理可证，$\sigma(W_{\mu'}) \subset M_\mu$。

定理 3.1 在甲方主体最优稳定匹配 μ_{Aopt} 中，与甲方主体匹配的每个乙方主体的满意度是所有稳定匹配中最低的；在乙方主体最优稳定匹配 μ_{Bopt} 中，每个甲方主体的满意度也是所有稳定匹配中最低的。

证明：对于任意的 $\mu_h \in U, M_{\mu h}$ 和 $W_{\mu h}$ 分别表示在匹配 μ_h 中的满意度大于或等于在匹配 μ_{Aopt} 中的所有甲方主体和乙方主体构成的集合；$M_{\mu Aopt}$ 和 $W_{\mu Aopt}$ 分别表示在匹配 μ_{Aopt} 中的满意度大于或等于在匹配 μ_h 中的满意度的所有甲方主体和乙方主体构成的集合。根据定义 3.1 中甲方主体最优稳定匹配的定义可知 $M_{\mu Aopt} = A$，由引理 3.1 可得 $\mu_{Aopt}(A) \subset W_{\mu h}$，即在匹配 μ_{Aopt} 中与甲方主体匹配的所有乙方主体都认为在 μ_h 的满意度大于或等于在匹配的满意度 μ_{Aopt}。因此,在 μ_{Aopt} 中与甲方主体匹配的乙方主体的满意度是所有稳定匹配中最低的。

同理可证,在乙方主体最优稳定匹配 μ_{Bopt} 中,每个甲方主体的满意度也是所有稳定匹配中最低的。 证毕

在稳定匹配 $\mu_h \in U$ 中, $cm(\mu_h)$ 表示所有甲方主体的总体满意度, $cw(\mu_h)$ 表示所有乙方主体的总体满意度, $c(\mu_h)$ 表示所有甲方主体和所有乙方主体总体满意度的差值。

由定理 3.1 容易证明如下推论 3.1:

推论 3.1 对于任意的 $\mu_h \in U, \mu_h \neq \mu_{Aopt}, \mu_h \neq \mu_{Bopt}$,则有 $cm(\mu_{Bopt}) < cm(\mu_h) < cm(\mu_{Aopt})$ 和 $cw(\mu_{Aopt}) < cw(\mu_h) < cw(\mu_{Bopt})$。

定义 3.2 在双边匹配中,使甲方主体满意度和乙方主体满意度差值的绝对值达到最小的稳定匹配称为双边匹配主体的公平稳定匹配。如果甲乙双方主体的满意度满足 $|c(\mu_h)| = 0$,则称稳定匹配 μ_h 为绝对公平稳定匹配;如果满足 $|c(\mu_h)| > 0$,则称稳定匹配 μ_h 为近似公平稳定匹配。

依据推论 3.1 和定义 3.2 可知,甲方主体最优稳定匹配和乙方主体最优稳定匹配是一种不公平的稳定匹配,通过定义 3.2 获得的稳定匹配是一种使甲乙双方主体都能接受的公平稳定匹配。本章要解决的问题是依据甲方主体对乙方主体的多指标评价信息和乙方主体对甲方主体的多指标评价信息,通过采用有效的决策方法将甲方主体与乙方主体进行匹配,在考虑匹配稳定性的情形下,获得定义 3.2 中的公平匹配方案。

3.5 双边匹配模型的构建

根据上述描述,首先给出双边主体的满意度计算公式,具体地,甲方主体 A_i 对乙方主体 B_j 总体满意度 α_{ij} 和乙方主体 B_j 对甲方主体 A_i 的总体满意度 β_{ij},可以由式(3.1)和(3.2)得出:

$$\alpha_{ij} = \sum_{f=1}^{g} v_f^i h_{jf}^i, \quad i=1,2,\cdots,m, \quad j=1,2,\cdots,n \tag{3.1}$$

$$\beta_{ij} = \sum_{t=1}^{k} w_t^j r_{it}^j, \quad i=1,2,\cdots,m, \quad j=1,2,\cdots,n \tag{3.2}$$

在稳定匹配 $\mu_h \in U$ 中,所有甲方主体的总体满意度 $cm(\mu_h)$ 由公式(3.3)计算:

$$cm(\mu_h) = \sum_{(A_i,B_j) \in \mu_h} \alpha_{ij} \tag{3.3}$$

所有乙方主体的总体满意度 $cw(\mu_h)$ 计算公式为:

$$cw(\mu_h) = \sum_{(B_j,A_i) \in \mu_h} \beta_{ij} \tag{3.4}$$

在稳定匹配 μ_h 中,所有甲方主体和所有乙方主体总体满意度的差值为:

$$c(\mu_h) = |cm(u_h) - cw(\mu_h)| \tag{3.5}$$

根据以上得到的甲方主体满意度和乙方主体满意度,引入 0-1 决策变量 x_{ij},若甲方主体 A_i 与乙方主体 B_j 形成匹配对,则 $x_{ij}=1$;否则,$x_{ij}=0$。进而可构建以甲乙双方主体总体满意度差异尽可能小为目标的优化模型,建立的数学模型如(3.3a)—(3.3e)所示。

$$\min Z \left| \sum_{i=1}^{m} \sum_{j=1}^{n} \alpha_{ij} x_{ij} - \sum_{i=1}^{m} \sum_{j=1}^{n} \beta_{ij} x_{ij} \right| \tag{3.6a}$$

$$\text{s.t.} \sum_{j=1}^{n} x_{ij} = 1, i=1,2,\cdots,m \tag{3.6b}$$

$$\sum_{i=1}^{m} x_{ij} \leqslant 1, j=1,2,\cdots,n \tag{3.6c}$$

$$\sum_{\alpha_{ih} > \alpha_{ij}} x_{ih} + \sum_{\beta_{kj} > \beta_{ij}} x_{kj} + x_{ij} \geqslant 1, i=1,2,\cdots,m, j=1,2,\cdots,n \tag{3.6d}$$

$$x_{ij} \in \{0,1\} \quad i=1,2,\cdots,m, j=1,2,\cdots,n \tag{3.6e}$$

在模型(3.6a)—(3.6e)中,目标函数(3.6a)度量了匹配方案的公平性,表示使所有甲方主体的满意度与所有乙方主体的满意度差异最小。由于甲方主体数量小于乙方主体数量,即 $m \leqslant n$,根据性质 3.1,每个甲方主体都可以获得一个匹配对象,但乙方主体可能存在没有匹配对象的情形,因此,约束条件(3.6b)表示每个甲方主体必须且只能与一个乙方主体形成匹配对,约束条件(3.6c)表示每个乙方主体最多与一个甲方主体形成匹配对;约束条件(3.6d)为根据文献[378]的思想确定的稳定约束条件。

3.6 模型求解

本书建立的公平稳定匹配数学模型是一类 0-1 型整数规划问题,如果问题规模比较小可以采用传统的求解方法如分支定界法、广义 Benders 分解法(GBD)、外近似法等。但是由于随着问题规模的扩大,这些传统方法的计算量急剧增加,求解效率很低。本书依据建立的公平稳定匹配数学模型(3.6)的特点设计了一种求解该模型的遗传算法。遗传算法的具体步骤如下:

(1) 个体编码和种群初始化

编码采用顺序编码方式,编码原理是染色体的固定位置表示甲方主体的编号,染色体上的每个基因代表乙方主体的编号。由于本部分研究的是一对一的双边匹配,因此个体基因不允许重复。对于甲方主体数量为 m 和乙方主体数量为 n 的双边匹配问题中 $m \leqslant n$,染色体的长度为 m,个体编码如图 3.1 所示。种群初始化是从 n 个乙方主体中随机选择 m 个分配给 m 个甲方主体。

甲方主体	1	2	3	4	5	⋯	$m-1$	m
乙方主体	5	1	6	n	2	⋯	4	3

图 3.1　个体编码

(2) 适应度函数

如果种群的一个个体中甲方和乙方形成的匹配是稳定匹配,那么这个个体称为可行个体,否则称为不可行个体。本部分对可行个体与不可行个体采用不同的选择的方式,可行个体的适应度函数为

$$Fea(x) = \left| \sum_{i=1}^{m}\sum_{j=1}^{n}\alpha_{ij}x_{ij} - \sum_{i=1}^{m}\sum_{j=1}^{n}\beta_{ij}x_{ij} \right| \tag{3.7}$$

采用约束违反度作为不可行个体的适应度函数:

$$Inf(x) = m - F(x) \tag{3.8}$$

其中,$F(x)$ 表示个体 x 的非阻塞匹配对数量,约束违反度 $Inf(x)$ 用于度量个体 x 到可行域的距离。约束违反度 $Inf(x)$ 越大表示个体离可行域越远,反之越近。

(3) 交叉算子

如果甲乙双方主体数目不同,假设 $m<n$,采用文献[370]提出的一种特殊均匀交叉算子,这种算子的最大特点是产生的后代个体都是合法个体,不需要进行修复。首先,查找两个父代个体 P_1 和 P_2 含有的相同基因有 g 个,$g \leqslant m$,这 g 个

基因在父代个体 P_1 上的位置即甲方主体的位置编号组成集合 $D=\{d_1,d_2,\cdots,d_g\}$,$1\leqslant d_f\leqslant m$,$f=1,2,\cdots,g$;$g$ 个基因在父代个体 P_2 上的位置即甲方主体的位置编号组成集合 $T=\{t_1,t_2,\cdots,t_g\}$,$1\leqslant t_e\leqslant m$,$e=1,2,\cdots,g$。然后令 $S=D\cup T=\{s_1,s_2,\cdots,s_q\}$ 表示父代个体 P_1 和 P_2 的相同基因所对应的甲方主体编号组成的集合,$1\leqslant s_l\leqslant m$,$l=1,2,\cdots,q$。$B_1\in B$ 表示在父代个体 P_1 中与集合 S 中的甲方主体编号对应的乙方主体编号构成的集合,$B_2\in B$ 表示在父代个体 P_2 中与集合 S 中的甲方主体编号对应的乙方主体编号构成的集合。最后,将父代个体 P_1 和 P_2 中,甲方主体编号在 S 中的基因直接分别复制给子代个体 C_1 和 C_2,将集合 $B\setminus(B_1\cup B_2)$ 中的乙方主体编号随机分配给子代个体 C_1 和 C_2 的其余基因位置。

如果甲乙双方主体数目相同 $m=n$,本书采用文献[379]提出的循环交叉算子进行交叉操作,循环交叉算子具有操作简单,不会产生不合法子代个体的优点,限于篇幅本书不再对循环交叉进行详细阐述。

(4) 变异算子

本书根据甲乙双方主体数量的不同选择合适变异算子。如果甲乙双方主体数量不相同,假设甲方主体数量少于乙方主体的数量,即 $m<n$ 时,采用引入原来个体中不含有的新基因的变异方式。对于一个父代个体 P,它的染色体上与甲方主体匹配的所有乙方主体构成的集合为 $B_1\subset B$。首先,随机选择染色体上一个基因位置 r_1,$1\leqslant r_1\leqslant m$;然后从乙方主体集合 $B_2=B\setminus B_1$ 中随机选择一个乙方主体替换位置 r_1 上的基因。如图 3.2 所示。

| 9 | 4 | 1 | 8 | 7 | 2 | 10 | 5 |

随机选择一个基因

引入新基因

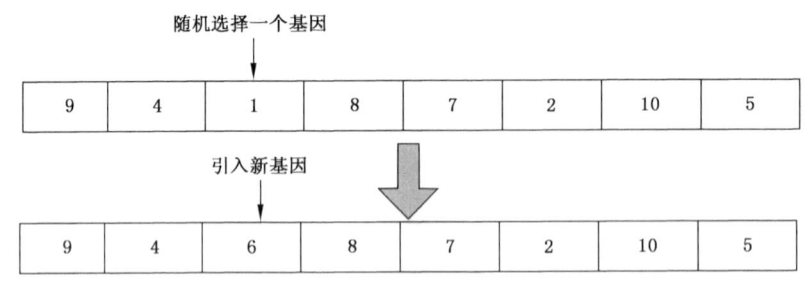

| 9 | 4 | 6 | 8 | 7 | 2 | 10 | 5 |

图 3.2 引入新基因变异

如果甲方主体数量与乙方主体数量相同,即 $m\times n$ 时,采用换位变异。对于一个父代个体 P,换位变异是随机在染色体上选取两个位置 r_1 和 r_2,$1\leqslant r_1<r_2$

≤m,然后交换 r_1 和 r_2 两个位置的基因。显然,换位变异不会产生不合法的个体。如图 3.3 所示。

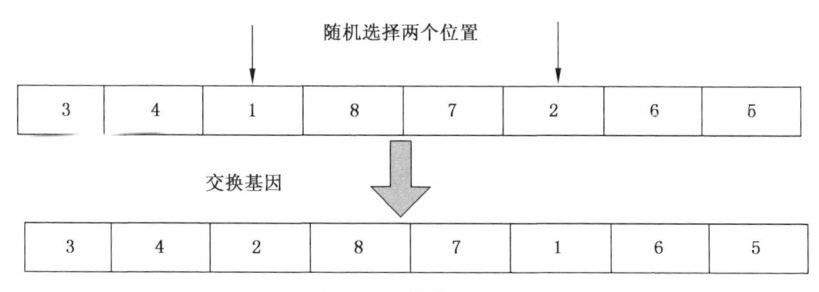

```
        随机选择两个位置
          ↓                    ↓
    ┌───┬───┬───┬───┬───┬───┬───┬───┐
    │ 3 │ 4 │ 1 │ 8 │ 7 │ 2 │ 6 │ 5 │
    └───┴───┴───┴───┴───┴───┴───┴───┘
          交换基因
              ⇓
    ┌───┬───┬───┬───┬───┬───┬───┬───┐
    │ 3 │ 4 │ 2 │ 8 │ 7 │ 1 │ 6 │ 5 │
    └───┴───┴───┴───┴───┴───┴───┴───┘
```

图 3.3　换位变异

（5）选择策略

本书设计的遗传算法中,采用锦标赛选择策略。锦标赛选择每次从种群中随机选择 t 个体,然后选择个体适应度值最好的一个个体进入子代种群,直到子代种群达到原来的种群规模。本书选择 $t=2$ 作为锦标赛选择的竞赛规模。依据以下准则进行个体选择[19]:

（a）如果两个个体都是可行解,根据公式(3.7)选择适应度小的个体进入子代种群。

（b）如果一个个体是可行解,一个是不可行解,选择可行解个体进入子代种群。

（c）如果两个个体都是不可行解,根据公式(3.8)计算两个个体的约束违反度,选择约束违反度小的个体进入子代种群。

设种群规模为 $popSize$,种群最大迭代次数 $maxGen$,交叉概率 p_c,变异概率 p_m,迭代次数 t,种群 $P(t)$。设计的多目标遗传算法的具体步骤如下:

步骤 1　种群初始化。初始迭代次数 $t=0$,随机产生 $popSize$ 个个体,从而得到算法的初始种群 $P(0)$;

步骤 2　计算种群个体的适应度值,并对当前种群进行锦标赛选择操作,从而产生一个新的种群 $P'(t)$;

步骤 3　对新种群 $P'(t)$ 中满足交叉概率和变异概率的个体进行交叉和变异操作,产生新的种群 $P''(t)$;

步骤 4　将种群 $P(t)$ 和 $P''(t)$ 的个体进行合并,按照个体适应度从中选择出

较优的 $popSize$ 个个体产生种群 $P(t+1)$；

步骤 5 令 $t=t+1$。如果 $t>maxGen$，则算法停止，输出最终结果。否则，返回步骤 3。

综上所述，针对基于多指标评价信息且考虑双边主体公平性的满意匹配问题，本章给出的双边匹配方法的步骤如下：

步骤 1 依据 A_i 给出的 B_j 关于评价指标的 D_f 满意度评价值 h_{ij}^f 以及 A_i 给出的关于指标 D_f 的权重 v_f^i，采用式(3.1)计算 A_i 对 B_j 的满意度 α_{ij}；

步骤 2 依据 B_j 给出的 A_i 关于评价指标 I_t 满意度评价值 r_{ij}^t 以及 B_j 给出的关于指标 I_t 的权重 w_t^j，采用式(3.2)计算 B_j 对 A_i 的满意度 β_{ij}；

步骤 3 依据 A_i 对 B_j 的满意度 α_{ij} 和 B_j 对 A_i 的满意度 β_{ij}，在考虑匹配稳定性的基础上，构建以双边主体满意度差异最小为目标的优化模型(3.6a)—(3.6e)；

步骤 4 证明多目标优化模型中所确定的稳定约束条件(3.6d)的合理性；

步骤 5 针对所建立模型的特点，设计了一个求解大规模双边匹配问题优化模型的遗传算法；

步骤 6 采用设计的遗传算法求解模型获得双边匹配方案。

3.7 算例分析

某软件公司有 6 个软件开发项目($A_1, A_2, \cdots, A_6$)，为了能够更好地管理和领导项目成员，公司决策层拟为每个项目组选择一名合适的项目经理来负责项目整体开发。项目经理是关系软件开发成功与否的关键因素，项目经理与项目的良好匹配不仅能够提高人员的满意度，而且有利于发挥人员工作积极性，从而加速软件项目的开发进度。因此，公司决策层在项目经理选择过程中不仅考虑项目经理关于项目的胜任能力，也充分考虑项目经理对项目的个人意愿与偏好。公司决策层经过初步筛选确定 8 名候选人员($B_1, B_2, \cdots, B_8$)具备胜任 6 个项目经理职位的条件。

公司决策层根据项目经验(H_1)、专业技能(H_2)、团队合作精神(H_3)、沟通能力(H_4)、组织能力(H_5)和领导能力(H_6)对候选人员进行综合评价。表 3.1 给出的是针对 6 个项目，公司决策层对 8 位候选人员的满意度评价打分，表 3.2

是 6 个项目关于不同评价指标的权重。

表 3.1 公司决策层对候选人员的满意度评价信息

	B_1						B_2						B_3						B_4					
	H_1	H_2	H_3	H_4	H_5	H_6	H_1	H_2	H_3	H_4	H_5	H_6	H_1	H_2	H_3	H_4	H_5	H_6	H_1	H_2	H_3	H_4	H_5	H_6
A_1	6	7	9	8	4	8	7	7	6	4	7	6	4	6	2	6	7	2	6	8	5	3	3	7
A_2	5	6	2	8	9	7	1	5	7	9	8	7	8	2	5	6	5	7	6	7	7	9	4	4
A_3	2	6	4	7	8	9	3	8	8	4	7	4	9	4	1	6	2	5	4	6	6	7	3	8
A_4	5	7	5	8	3	5	7	4	3	9	8	7	6	4	6	9	6	9	4	5	7	8	5	6
A_5	3	8	3	8	8	2	8	6	8	2	5	6	9	5	5	3	4	5	7	8	2	7	2	7
A_6	4	9	4	7	7	8	7	3	4	5	8	6	4	8	4	9	4	2	6	7	6	9	8	3
	B_5						B_6						B_7						B_8					
	H_1	H_2	H_3	H_4	H_5	H_6	H_1	H_2	H_3	H_4	H_5	H_6	H_1	H_2	H_3	H_4	H_5	H_6	H_1	H_2	H_3	H_4	H_5	H_6
A_1	5	4	9	8	3	8	3	8	2	4	3	6	4	6	5	6	7	5	9	7	5	3	3	7
A_2	8	6	1	8	9	7	2	3	6	9	8	7	9	9	4	6	5	4	2	4	7	9	3	4
A_3	2	5	4	6	8	9	3	7	8	2	7	4	5	4	8	6	2	5	7	6	6	7	3	8
A_4	2	7	3	0	4	3	6	4	3	9	8	2	3	9	6	5	3	6	4	5	7	8	5	6
A_5	6	8	7	5	8	9	8	6	7	2	5	9	9	5	3	6	4	5	7	8	2	7	6	7
A_6	7	9	4	5	2	8	9	3	2	5	8	3	4	8	4	9	5	3	8	7	3	9	8	3

表 3.2 公司决策层对候选人员满意度评价的指标权重

	H_1	H_2	H_3	H_4	H_5	H_6
A_1	0.2	0.15	0.25	0.1	0.15	0.15
A_2	0.3	0.15	0.2	0.1	0.1	0.15
A_3	0.1	0.1	0.2	0.2	0.15	0.25
A_4	0.2	0.1	0.4	0.1	0.1	0.1
A_5	0.1	0.25	0.25	0.15	0.15	0.1
A_6	0.3	0.1	0.1	0.1	0.1	0.1

每名候选人员根据项目类型(I_1)、项目工作量(I_2)、项目工作难度(I_3)、项目开发周期(I_4)对 6 个项目进行总评评价,表 3.3 是 8 位候选人员对 6 个项目在 4 个指标下的满意度评价信息,表 3.4 是 8 位候选人员根据个人偏好给出的指标权重。

表 3.3　候选人员对项目的满意度评价信息

	A_1				A_2				A_3				A_4				A_5				A_6			
	I_1	I_2	I_3	I_4	I_1	I_2	I_3	I_4	I_1	I_2	I_3	I_4	I_1	I_2	I_3	I_4	I_1	I_2	I_3	I_4	I_1	I_2	I_3	I_4
B_1	3	5	7	2	9	4	7	3	3	6	6	7	4	9	3	5	7	2	9	4	7	9	3	7
B_2	8	2	2	5	9	6	5	4	3	8	4	3	4	5	8	2	2	5	9	6	5	2	8	2
B_3	6	8	5	5	6	3	6	8	5	6	9	2	3	8	6	8	5	5	6	3	6	4	2	3
B_4	5	4	7	3	9	2	8	7	6	3	9	5	9	7	5	4	7	3	9	2	8	9	8	7
B_5	6	6	2	9	5	4	2	6	5	3	8	8	4	9	6	6	2	9	5	4	2	9	4	9
B_6	8	3	4	8	5	5	6	6	2	9	6	2	4	8	8	4	4	8	8	5	6	7	6	8
B_7	7	4	3	8	4	3	2	7	4	6	8	2	9	5	4	4	5	8	4	3	2	6	5	6
B_8	3	5	7	2	9	4	7	3	3	6	6	7	4	9	3	5	7	2	9	4	7	4	3	5

表 3.4　8 位候选人员给出的指标权重

	I_1	I_2	I_3	I_4
B_1	0.3	0.2	0.1	0.4
B_2	0.15	0.2	0.15	0.5
B_3	0.2	0.3	0.2	0.3
B_4	0.1	0.1	0.2	0.6
B_5	0.4	0.2	0.1	0.3
B_6	0.2	0.1	0.4	0.3
B_7	0.5	0.1	0.1	0.2
B_8	0.3	0.15	0.15	0.4

利用公式(3.1)和(3.2)计算得到公司决策层对候选人员的满意度矩阵 $[\alpha_{ij}]_{6\times 8}$，候选人员对项目的满意度矩阵 $[\beta_{ij}]_{6\times 8}$：

$$\boldsymbol{\alpha}_{6\times 8} = \begin{bmatrix} 7.10, 6.30, 4.15, 5.45, 6.30, 4.05, 5.35, 5.90 \\ 5.55, 5.20, 5.85, 6.15, 6.25, 5.00, 6.55, 4.40 \\ 6.45, 5.55, 4.25, 6.05, 6.15, 5.05, 5.25, 6.35 \\ 5.30, 5.40, 6.40, 6.00, 4.00, 4.70, 5.20, 4.10 \\ 5.65, 5.95, 4.95, 5.25, 7.20, 5.40, 4.90, 5.85 \\ 5.50, 5.40, 4.70, 6.30, 5.70, 5.20, 4.90, 6.00 \end{bmatrix}$$

$$\boldsymbol{\beta}_{6\times 8} = \begin{bmatrix} 3.40, 4.40, 6.10, 4.10, 6.50, 5.90, 5.80, 3.50 \\ 5.40, 5.30, 5.70, 6.90, 4.80, 5.70, 3.90, 5.55 \\ 5.50, 4.15, 5.20, 5.70, 4.20, 4.30, 3.80, 5.50 \\ 5.30, 3.80, 6.60, 5.00, 5.80, 6.00, 6.20, 5.00 \\ 5.00, 5.65, 4.60, 4.00, 4.30, 6.30, 4.30, 5.35 \\ 7.00, 3.35, 3.70, 7.50, 5.70, 6.70, 3.30, 5.15 \end{bmatrix}$$

计算得到决策层关于不同项目的满意度和候选人员的满意度后,采用本书设计的遗传算法求解公平稳定匹配。算法的参数设置为 $popSize=200$,$max\text{-}Generation=30$,$pc=0.75$,$pm=0.05$,在 Windows XP 平台(Intel Core2 Duo CPU 2.53 G,内存 2G)采用 Java 编程语言实现算法求解,运行时间为 3.07s。获得的稳定匹配的公平性情况如图 3.4 所示,横轴表示在决策层与候选人员的稳定匹配中满意度的差值的绝对值,纵轴表示稳定匹配个数。其中,决策层与候选人员满意度差值为 0 的公平稳定匹配为:

$S_0 = \{(A_1, B_5), (A_2, B_3), (A_3, B_8), (A_4, B_7), (A_5, B_6), (A_6, B_4), (B_1, B_1), (B_2, B_2)\}$。

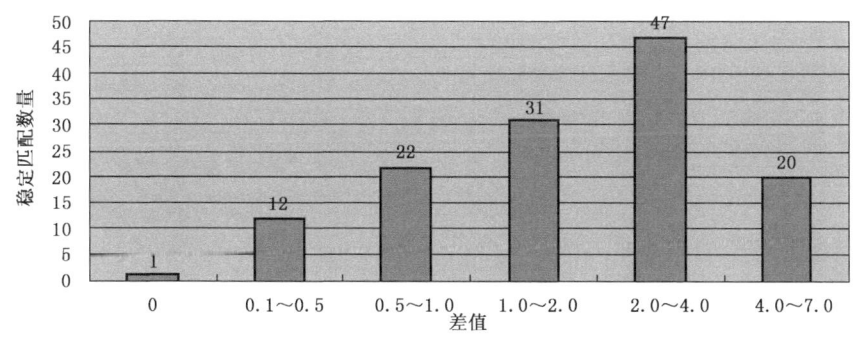

图 3.4 稳定匹配的公平性分布

3.8 本章小结

(1)本章针对基于多指标评价信息且考虑双边主体公平性的双边匹配问题,提出了考虑双边主体稳定性的公平匹配决策方法,主要研究内容及贡献总结如下:

针对基于多指标评价信息且考虑双边主体公平性的双边匹配问题,通过对相关理论的分析与证明,给出了基于满意度的双边主体公平匹配度量准则,在考虑匹配稳定性的条件下,建立了以双边主体匹配公平为目标的优化模型,并设计了求解大规模双边匹配问题优化模型的遗传算法。与已有方法相比,本章提出的基于多指标评价信息的双边匹配方法不仅考虑了匹配方案的稳定性,更关注了匹配的公平性。此外,本章提出的方法决策流程清晰,计算过程简单,适用于大规模的双边匹配问题,并为解决现实中基于多指标评价信息的公平双边匹配问题提供了一定借鉴。

(2)本章提出的基于多指标评价信息的公平双边满意匹配方法,是对公平双边匹配理论和方法的进一步发展和完善,为解决现实考虑公平性的双边匹配问题提供了一种解决思路。未来可以进一步考虑其他偏好信息和其他度量双边主体公平性的准则,如基于多指标评价信息的性别公平匹配、考虑无差异偏好的公平匹配等。

第4章 基于序区间偏好信息的稳定双边匹配方法

在现实的不确定和模糊环境下，双边主体往往很难给出关于对方的精确偏好信息，不确定偏好序信息更加符合双边主体的实际匹配需求。而双边主体给出关于对方的序区间偏好是双边主体表达不确定或不精确偏好的一种有效方式。本章针对具有序区间偏好信息的一对多双边匹配问题，提出了基于相对贴近度的稳定匹配方法。

4.1 研究问题的实际背景

自从 Gale 和 Shapley 在婚姻匹配问题和大学录取问题上做出开创性的研究后，由于双边匹配问题具有重要的理论研究价值和广泛的现实应用背景，此后，国内外的许多学者围绕着双边匹配问题进行了大量研究。目前关于双边匹配的研究已经从传统的婚姻匹配、大学录取问题、医院与实习生匹配等，延伸到了电子商务环境下的买卖双方的交易匹配问题、银行与借款企业的匹配问题和风险投资项目与风险投资商的匹配等诸多领域[190,245,380]，并且取得了大量研究成果。

在已有的双边匹配研究中，针对双边匹配主体给出偏好序信息的双边匹配决策方法研究，一直是学者们研究的重点。对于精确偏好序信息下的双边匹配问题，Iwama 依据偏好是否严格和偏好列表是否完全，将双边匹配问题分为严格偏好且完全偏好列表(SM)、严格偏好且不完全偏好列表(SMI)、具有无差异偏好且完全偏好列表(SMT)和具有无差异偏好且不完全偏好列表(SMTI)等四类[336]。Gale 和 Shapley 首次研究了男女双方给出完全偏好序信息的婚姻匹配问题，并给出了著名的 Gale-Shapley 算法获得稳定匹配[38]。Irving 采用扩展的 Gale-Shapley 算法处理具有无差异偏好的双边匹配问题，并研究了具有无差异偏好的双边匹配问题在弱稳定、强稳定和超稳定概念下的不同算法[381]。Gale 等针对具有不完全偏好列表的双边匹配问题进行了研究，研究表明存在多项式时间算法可以确定是否存在稳定匹配，如果稳定匹配存在，那么算法可以找到稳定匹配[377]。Iwama等针对具有无差异偏好和不完全偏好列表的双边匹配问题,采用近似算法获得稳定匹配的数量并不断提高了近似比[86]。Chakraborty等对具有不完全偏好序信息的双边匹配问题进行研究,以大学入学匹配决策问题为研究背景,指出匹配稳定性取决于学生提供给学校的信息量[382]。此外,姜艳萍和梁海明针对具有弱偏好序信息的双边匹配问题,给出了双边匹配主体满意度的计算方法,并且在考虑稳定性约束的基础上,建立了双边主体满意度最大为目标的优化模型,通过求解模型获得最优匹配方案[326]。乐琦和樊治平针对具有不确定偏好序信息的双边匹配问题,该方法综合考虑了匹配主体对之间的满意度要求及中介利益,构建了相应的多目标优化模型,通过求解优化模型获得最优匹配方案[68]。

需要指出的是,在现实生活中,由于事物的复杂性或决策者掌握的信息不完全等因素影响,致使决策者很难给出精确的决策信息,而往往给出不确定或不精确的信息。在决策问题中,虽然模糊理论和随机方法可以用于描述和表达不确定信息,但是许多情况下决策者往往很难给出隶属函数或概率分布[383]。而区间数由于具有简单、无须任何假设的特点,成为表示不确定性信息的一种有效方法。本章针对双边匹配主体给出序区间偏好信息的双边匹配决策问题,给出了一种考虑匹配方案稳定性的双边匹配决策方法。

4.2 符号说明与问题描述

本部分研究的基于序区间偏好信息的一对多的稳定双边匹配问题描述如下:在研究的双边匹配问题中,一个甲方主体最多与一个乙方主体进行匹配,一个乙方主体最多可以与多个甲方主体进行匹配。甲乙双边主体采用偏好序信息表达对对方的偏好,甲方主体给出关于乙方主体的序区间偏好信息,乙方主体给出关于甲方主体的序区间偏好信息。双边匹配优化的目标是在考虑双边匹配稳定性情形下,获得双边满意的最优匹配方案。

下面给出基于序区间偏好信息的双边匹配问题的描述。

设 $M=\{1,2,\cdots,m\}$,$N=\{1,2,\cdots,n\}$,$m \geqslant n$,甲方主体集合为 $A=\{A_1,A_2,\cdots,A_m\}$,其中 A_i 表示第 i 个甲方主体,$i \in M$;乙方主体集合为 $B=\{B_1,B_2,\cdots,B_n\}$,其中 B_j 表示第 j 个乙方主体,$j \in N$。本节考虑的是一对多的双边匹配问

题,即一个甲方主体 A_i 最多与一个乙方主体进行匹配,一个乙方主体 B_j 也最多可以与 q_j 个甲方主体进行匹配,$q_j \in \mathbf{N}_+$,其中 $\mathbf{N}_+$ 为正整数集。

下面给出具有序区间偏好信息的双边匹配问题的详细描述。

设 $\tilde{\mathbf{R}}_i = [\tilde{r}_{i1}, \tilde{r}_{i2}, \cdots, \tilde{r}_{in}]$ 表示甲方主体 A_i 给出的关于所有乙方主体集合 B 的序区间向量,其中 $\tilde{r}_{ij} = [r_{ij}^L, r_{ij}^U]$ 表示甲方主体 A_i 给出的关于乙方主体 B_j 的序区间偏好信息,具体地,$\tilde{r}_{ij}$ 表示 A_i 把 B_j 排在第 r_{ij}^L 位至第 r_{ij}^U 位,$1 \leqslant r_{ij}^L, r_{ij}^U \leqslant n$。设 $\tilde{\mathbf{S}}_j = [\tilde{s}_{1j}, \tilde{s}_{2j}, \cdots, \tilde{s}_{mj}]$ 表示乙方主体 B_j 给出的关于所有甲方主体集合 A 的序区间向量,其中 $\tilde{s}_{ij} = [s_{ij}^L, s_{ij}^U]$ 表示乙方主体 B_j 给出的关于甲方主体 A_i 的序区间偏好信息,具体地,$\tilde{s}_{ij}$ 表示 B_j 把 A_i 排在第 s_{ij}^L 位至第 s_{ij}^U 位,$1 \leqslant s_{ij}^L, s_{ij}^U \leqslant m$。

本节对具有序区间偏好信息的双边匹配问题给出了如下的假设:

(1) $\tilde{r}_{ij}$ 越小,则 A_i 认为 B_j 越优,$\tilde{s}_{ij}$ 越小,则 B_j 认为 A_i 越优,反之亦然。不失一般性,$\tilde{r}_{ij} = [1,1]$ 表示 A_i 认为 B_j 是所有可接受的乙方主体中最优的,$\tilde{r}_{ij} = [n,n]$ 表示 A_i 认为 B_j 是所有可接受的乙方主体中最差的。

(2) 对于 $\forall A_i \in A$ 给出的乙方主体 B_j 的序区间偏好信息 $\tilde{r}_{ij} = [r_{ij}^L, r_{ij}^U]$,令 $r_{ij} \in \mathbf{Z}_+$ 表示在序区间 $\tilde{r}_{ij}$ 上的任意一种可能排序位置,显然,r_{ij} 有 $r_{ij}^U - r_{ij}^L + 1$ 种可能的排序位置,$r_{ij} \in \tilde{r}_{ij}$。本书假设 r_{ij} 在序区间 $\tilde{r}_{ij}$ 上是均匀分布的;类似地,令 $s_{ij} \in \mathbf{Z}_+$ 表示在序区间 $\tilde{s}_{ij}$ 上的任意可能排序位置,$s_{ij} \in \tilde{s}_{ij}$,并假设 s_{ij} 在序区间 $\tilde{s}_{ij}$ 也是均匀分布的。

上述双边匹配问题的研究目标是:依据甲方主体给出的序区间偏好信息和乙方主体给出的序区间偏好信息,提出一个有效的双边匹配方法,获得双边稳定和满意的匹配方案。

4.3 决策思路

针对基于序区间偏好信息的一对多双边匹配问题,决策的主要思路:

第一阶段为双边匹配的准备阶段。首先,依据基于序区间偏好信息的一对多双边匹配问题的研究背景,采用数据收集和预处理方法,确定双边匹配问题的双边主体；其次，双边主体通过主观评价法，提供关于对方的序区间偏好信息。

第二阶段为决策分析阶段。决策分析阶段是本节所完成的主要工作，具体地，首先，依据序区间偏好信息的特点，采用信息转换方法，给出双边主体贴近度的计算方法；其次，构建了以双边主体相对贴近度最大为目标的多目标优化模型；进一步地，证明了给出的约束条件能够保证获得一对多稳定匹配方案，并采用 ε-约束算法求解多目标优化模型的帕累托最优解，匹配中介可以根据实际需求选择相应的匹配方案作为决策依据。

4.4 相关概念

下面对基于序区间偏好信息的一对多双边匹配问题中的相关概念进行界定。

在一对多双边匹配问题中，对于 $\forall A_i \in A, \forall B_j \in B$，若 $(A_i, B_j) \in A \times B$ 满足 $1 \leqslant r_{ij}^L, r_{ij}^U \leqslant n$ 且 $1 \leqslant s_{ij}^L, s_{ij}^U \leqslant m$，则称 (A_i, B_j) 为可接受对；否则，称为不可接受对。

在匹配方案中，若某一个匹配主体的匹配对象对该匹配主体而言是不可接受的，则称匹配方案被该匹配主体个体阻塞，并称该匹配方案是非个体理性匹配。下面给出个体阻塞和个体理性匹配的具体定义。

定义 4.1（个体阻塞） 在一对多双边匹配 μ 中，若 $\mu(A_i) = \{B_k\}$ 且 $r_{ik}^L = r_{ik}^U = n+1$，则称匹配 μ 被 A_i 个体阻塞；若 $A_h \in \mu(B_j)$ 且 $s_{hj}^L = s_{hj}^U = m+1$，则称匹配 μ 被 B_j 个体阻塞。

定义 4.2（个体理性匹配） 在一对多双边匹配 μ 中，若匹配 μ 不被任意 $A_i \in A$ 和任意 $B_j \in B$ 个体阻塞，则称匹配 μ 为个体理性匹配。

由定义 4.1 和定义 4.2 可知，若匹配方案 μ 是个体理性匹配，则 μ 中的任意一个匹配对都是可接受对。

下面给出匹配个体之间的 α-优于关系的定义。

定义 4.3（α-优于关系） 在具有序区间偏好信息的双边匹配问题中，对于 $A_i, A_k \in A, B_j, B_h \in B$，若 $r_{ij}^L - r_{ih}^U \geqslant \alpha$，则称 A_i 认为 B_j α-优于 B_h；若 $s_{kj}^L - s_{ij}^U \geqslant \alpha$，则称 B_j 认为 A_i α-优于 A_k。

在现实的双边匹配中，匹配主体要放弃当前的匹配对象与另外一个匹配主体进行匹配，有时不仅需要另外一个匹配主体优于当前的匹配对象，可能还需要优于的程度满足一定的阈值 $\alpha(1\leqslant\alpha\leqslant\max\{m+1,n+1\})$。为此,本书引入 α-稳定阻塞对的概念,并进一步地给出 α-稳定匹配的概念。

下面给出 α-稳定阻塞对的数学定义。

定义 4.4(α-阻塞对) 设一对多双边匹配 $\mu:A\bigcup B\to 2^{A\cup B}$,对任意的 $A_i,A_k\in A,B_j,B_h\in B,i\neq k,h\neq j$,在是可接受对的情况下,若 A_i 和 B_j 满足如下条件之一:

(i) $|\mu(A_i)|=0,|\mu(B_j)|<q_j$;

(ii) $\mu(A_i)=\{B_h\},|\mu(B_j)|<q_j$,且 $r_{ih}^L-r_{ij}^U\geqslant\alpha$;

(iii) $|\mu(A_i)|=0,|\mu(B_j)|=q_j$,且 $\exists A_k\in\mu(B_j),s_{kj}^L-s_{ij}^U\geqslant\alpha$;

(iv) $|\mu(A_i)|=\{B_h\},|\mu(B_j)|=q_j$,且 $r_{ih}^L-r_{ih}^U\geqslant\alpha$,$\exists A_k\in\mu(B_j),s_{kj}^L-s_{ij}^U\geqslant\alpha$,

则称匹配方案 μ 被可接受对 (A_i,B_j) α-阻塞,并称 (A_i,B_j) 为 α-稳定阻塞对。

定义 4.5(α-稳定匹配) 在一对多双边匹配 μ 中,若 μ 是个体理性匹配并且 μ 中不存在 α-稳定阻塞对,则称匹配方案 μ 为 α-稳定匹配。

由定义 4.4 和定义 4.5 可知,若匹配 μ 是 α-稳定匹配,则 μ 一定是个体理性匹配,并且任意的不可接受对一定不是 α-稳定阻塞对。此外,当 $\alpha=1$ 时的 α-稳定匹配通常被称为稳定匹配。

本节要解决的问题是:依据甲方主体 A_i 给出的序区间形式的偏好向量 $\widetilde{\boldsymbol{R}}_i$,$i=1,2,\cdots,m$,和乙方主体 B_j 给出的序区间形式的偏好向量 $\widetilde{\boldsymbol{S}}_j$,$j=1,2,\cdots,n$,通过某种决策方法,在考虑双边匹配稳定性的情况下获得双边匹配主体的一对多最优匹配方案。

4.5 双边主体贴近度计算

在 h 个乙方主体中,甲方主体 A_i 期望的最理想匹配对象的排序位置(称为理想位置)为 $[1,1]$,A_i 能够匹配到的最差匹配对象的排序位置(称为负理想位置)为 $[n,n]$。

依据 A_i 给出的乙方主体 B_j 的序区间偏好信息 $\widetilde{r}_{ij}$,本书采用如下的欧氏距离公式来计算序区间 $\widetilde{r}_{ij}$ 与理想位置 $[1,1]$ 的距离 d_{ij}^+:

$$d_{ij}^+ = \sqrt{(r_{ij}^L-1)^2+(r_{ij}^U-1)^2},i=1,2,\cdots,m,j=1,2,\cdots,n \quad (4.1)$$

A_i 给出的乙方主体 B_j 的排序位置 $\widetilde{r}_{ij}$ 与负理想位置 $[n,n]$ 的欧氏距离 d_{ij}^- 为

$$d_{ij}^- = \sqrt{(r_{ij}^L - n)^2 + (r_{ij}^U - n)^2}, i=1,2,\cdots,m, j=1,2,\cdots,n \quad (4.2)$$

A_i 给出的乙方主体 B_j 的排序位置 $\tilde{r}_{ij}$ 与理想位置的相对贴近度 e_{ij}^* 为

$$e_{ij}^* = \frac{d_{ij}^-}{d_{ij}^+ + d_{ij}^-}, i=1,2,\cdots,m, j=1,2,\cdots,n \quad (4.3)$$

由式(4.1)、式(4.2)和式(4.3)知,$e_{ij}^* \in [0,1]$,并且相对贴近度 e_{ij}^* 的值越大,表明序区间 $\tilde{r}_{ij}$ 与 A_i 理想匹配对象的排序位置越接近,反之亦然。特别地,$e_{ij}^* = 1$ 表明乙方主体 B_j 是 A_i 期望的理想匹配对象;$e_{ij}^* = 0$ 表明乙方主体 B_j 是 A_i 愿意进行匹配的最差匹配对象。

令 f_{ij}^+ 和 f_{ij}^- 分别表示 B_j 给出的甲方主体 A_i 的排序位置 $\tilde{s}_{ij}$ 与 B_j 期望的最理想匹配对象的排序位置(称为理想位置)$[1,1]$ 的欧氏距离和 B_j 能够匹配到的最差匹配对象的排序位置(称为负理想位置)$[m,m]$ 的欧氏距离。

对于 $\forall A_i \in A, \forall B_j \in B, B_j$ 给出的甲方主体 A_i 的排序位置 $\tilde{s}_{ij}$ 与理想位置 $[1,1]$ 的欧氏距离 f_{ij}^+ 为

$$f_{ij}^+ = \sqrt{(s_{ij}^L - 1)^2 + (s_{ij}^U - 1)^2}, i=1,2,\cdots,m, j=1,2,\cdots,n \quad (4.4)$$

B_j 给出的甲方主体 A_i 的排序位置 $\tilde{s}_{ij}$ 与负理想位置 $[m,m]$ 的欧氏距离 f_{ij}^- 为

$$f_{ij}^- = \sqrt{(s_{ij}^L - m)^2 + (s_{ij}^U - m)^2}, i=1,2,\cdots,m, j=1,2,\cdots,n \quad (4.5)$$

B_j 给出的甲方主体 A_i 的排序位置 $\tilde{s}_{ij}$ 与理想位置的相对贴近度 g_{ij}^* 为

$$g_{ij}^* = \frac{f_{ij}^-}{f_{ij}^+ + f_{ij}^-}, i=1,2,\cdots,m, j=1,2,\cdots,n \quad (4.6)$$

由式(4.4)、式(4.5)和式(4.6)可知,$g_{ij}^* \in [0,1]$,并且相对贴近度 g_{ij}^* 的值越大,表明序区间 $\tilde{s}_{ij}$ ($\tilde{s}_{ij} \neq [m+1, m+1]$) 与 B_j 理想匹配对象的排序位置越接近,反之亦然。特别地,$g_{ij}^* = 1$ 表明甲方主体 A_i 是 B_j 期望的理想匹配对象;$g_{ij}^* = 0$ 表明甲方主体 A_i 是 B_j 愿意进行匹配的最差匹配对象。

4.6 多目标优化模型构建

为了获得甲方主体和乙方主体的最优匹配方案,依据相对贴近度 e_{ij}^* 和 g_{ij}^* 可以构建获得 α-稳定匹配的多目标优化模型。设 x_{ij} 为 0-1 型决策变量,$x_{ij} = 1$ 表

示 A_i 与 B_j 进行匹配；否则 $x_{ij}=0$。具体相关公式如下：

$$\max Z_1 = \sum_{i=1}^{m}\sum_{j=1}^{n} e_{ij}^{*} x_{ij} \tag{4.7a}$$

$$\max Z_2 = \sum_{i=1}^{m}\sum_{j=1}^{n} g_{ij}^{*} x_{ij} \tag{4.7b}$$

$$\text{s.t.} \sum_{j=1}^{n} x_{ij} \leqslant 1, i=1,2,\cdots,m \tag{4.7c}$$

$$\sum_{i=1}^{m} x_{ij} \leqslant q_j, j=1,2,\cdots,n \tag{4.7d}$$

$$q_j(1-\sum_{r_{ih}^{L}-r_{ij}^{U}<\alpha,h\neq j} x_{ih} - x_{ij}) - \sum_{s_{gj}^{L}-s_{ij}^{U}<\alpha} x_{gj} + M\sigma_{ij} \leqslant 0,$$
$$i=1,2,\cdots,m; j=1,2,\cdots,n \tag{4.7e}$$

$$0 \leqslant x_{ij} \leqslant \min\{n+1-r_{ij}^{U}, m+1-s_{ij}^{U}\}, i=1,2,\cdots,m; j=1,2,\cdots,n \tag{4.7f}$$

$$\sigma_{ij} = \begin{cases} 0, \min\{n+1-r_{ij}^{U}, m+1-s_{ij}^{U}\}>0 \\ 1, \min\{n+1-r_{ij}^{U}, m+1-s_{ij}^{U}\}=0 \end{cases},$$
$$i=1,2,\cdots,m; j=1,2,\cdots,n \tag{4.7g}$$

$$x_{ij} \in \{0,1\}, \quad i=1,2,\cdots,m; j=1,2,\cdots,n \tag{4.7h}$$

在模型(4.7a)—(4.7h)中，式(4.7a)—(4.7b)是目标函数，式(4.7a)表示使甲方主体匹配对象的排序位置与理想匹配对象排序位置的相对贴近度最大；式(4.7b)表示使乙方主体匹配对象的排序位置与理想匹配对象排序位置的相对贴近度最大；式(4.7c)—(4.7h)为约束条件，式(4.7c)表示每个甲方主体最多与一个乙方主体进行匹配，式(4.7d)表示每个乙方主体最多与 q_j 个甲方主体进行匹配，式(4.7e)为一对多双边匹配的 α 稳定性约束，其中 M 是一个足够大的正数；式(4.7f)能够保证不可接受对不能实现匹配。

定理 4.5 在具有序区间偏好信息的一对多双边匹配问题中，满足约束条件(4.7e)的匹配方案是一个 α 稳定匹配方案，该条件称为一对多双边匹配的 α 稳定性约束。

证明：为了证明约束条件(4.7e)能够保证获得的匹配方案是一个一对多 α 稳定匹配方案，可以证明满足式(4.7e)的 $\forall A_i \in A$ 和 $\forall B_j \in B$ 组成的 (A_i, B_j) 不是 α 稳定阻塞对。

当 (A_i, B_j) 是不可接受对，即 $\alpha_{ij}=1$ 时，式(4.7e)一定成立，此时，由定义 4.4

可知,(A_i,B_j)一定不是 α-稳定阻塞对。

当(A_i,B_j)是可接受对,即$\sigma_{ij}=0$时,式(4.7e)化简为

$$q_j\Big(1-\sum_{r_{ih}^L-r_{ij}^U<\alpha,h\neq j}x_{ih}-x_{ij}\Big)-\sum_{s_{gj}^L-s_{ij}^U<\alpha}x_{gj}\leqslant 0 \qquad (4.8)$$

为了证明满足式(4.8)的可接受对(A_i,B_j)不是 α-稳定阻塞对,可证明若可接受对满足式(4.9),则(A_i,B_j)一定是 α-稳定阻塞对。

$$q_j\Big(1-\sum_{r_{ih}^L-r_{ij}^U<\alpha,h\neq j}x_{ih}-x_{ij}\Big)-\sum_{s_{gj}^L-s_{ij}^U<\alpha}x_{gj}>0 \qquad (4.9)$$

若式(4.9)成立,则一定有 $\Big(1-\sum_{r_{ih}^L-r_{ij}^U<\alpha,h\neq j}x_{ih}-x_{ij}\Big)>0$ 且 $\sum_{s_{gj}^L-s_{ij}^U<\alpha}x_{gj}<q_j$,此外由于$x_{ij}\in\{0,1\}$,因此,一定有 $\sum_{r_{ih}^L-r_{ij}^U<\alpha,h\neq j}x_{ih}-x_{ij}=0$ 且 $\sum_{s_{gj}^L-s_{ij}^U<\alpha}x_{gj}<q_j$。由此可知,对于$A_i$有$|\mu(A_i)|=0$ 或 $\mu(A_i)=\{B_h\}$,$r_{ih}^L-r_{ij}^U\geqslant\alpha$;对于$B_j$有$|\mu(B_j)|<q_j$ 或 $|\mu(B_j)|=q_j$,至少存在一个$A_k\in\mu(B_j)$,$s_{gj}^L-s_{ij}^U\geqslant\alpha$。那么由 α-稳定阻塞对的定义4.4可知,可接受对(A_i,B_j)一定是 α-稳定阻塞对。因此,若可接受对(A_i,B_j)满足式(4.7e),则(A_i,B_j)一定不是 α-稳定阻塞对。

综上可知,满足约束条件(4.7e)的匹配方案一定是 α-稳定匹配方案。证毕

由稳定匹配和 α-稳定匹配的定义可知,当$\alpha=1$时,α-稳定匹配模型(4.7a)—(4.7h)就成为获得稳定匹配的优化模型,式(4.7e)就成为稳定性约束条件。

4.7 模型求解

模型(4.7a)—(4.7h)是双目标的0-1整数规划模型,本书采用ε-约束算法进行求解[388,389]。ε-约束算法解决双目标优化模型的基本思想是将其中一个目标函数转换为约束条件,从而将双目标优化模型转换为单目标优化模型进行求解。本书以模型(4.7a)—(4.7h)中目标函数Z_2作为约束条件为例来说明ε-约束算法求解双目标优化模型的具体流程。

令S表示目标函数值集合,$S=\varnothing$;迭代步长为θ。

Step 1:计算模型的正理想点$Z^I=(Z_1^I,Z_2^I)$和负理想点$Z^N=(Z_1^N,Z_2^N)$。其中,Z_1^I和Z_2^I分别表示当模型(4.7a)—(4.7h)只考虑目标函数Z_1时的最优解对应的Z_1和Z_2值;Z_2^I和Z_1^N分别表示当模型(4.7a)—(4.7h)只考虑目标函数Z_2

时的最优解对应的 Z_2 和 Z_1 值。

Step 2：$S = S \cup \{(Z_1^I, Z_2^N)\} \cup \{(Z_1^N, Z_2^I)\}$，且 $\lambda = Z_2^N + \theta$。

Step 3：若 $\lambda \leqslant Z_2^I$，则转向 Step 4；否则，转向 Step 5。

Step 4：采用分支定界算法或优化软件包 Lingo、Cplex 等求解如下的单目标优化模型(4.10a)—(4.10h)。令 $S = S \cup \{(Z_1^*, Z_2^*)\}$，其中 Z_1^* 和 Z_2^* 分别为模型 (4.7a)—(4.7h)取得最优解时，目标函数 Z_1 和 Z_2 的值，且 $\lambda = Z_2^* + \theta$，转向 Step 3。

$$\max Z_1 = \sum_{i=1}^{m} \sum_{j=1}^{n} e_{ij}^* x_{ij} \tag{4.10a}$$

$$\text{s.t.} \ Z_2 \geqslant \lambda \tag{4.10b}$$

$$\sum_{i=1}^{m} x_{ij} \leqslant 1, j = 1, 2, \cdots, n \tag{4.10c}$$

$$\sum_{i=1}^{m} x_{ij} \leqslant q_j, j = 1, 2, \cdots, n \tag{4.10d}$$

$$q_j \left(1 - \sum_{\substack{r_{ih}^L - r_{ij}^U < \alpha, h \neq j}} x_{ih} - x_{ij}\right) - \sum_{\substack{s_{pj}^L - s_{ij}^U < \alpha}} x_{pj} + M\sigma_{ij} \leqslant 0, i = 1, 2, \cdots, m; j = 1, 2, \cdots, n$$
$$\tag{4.10e}$$

$$0 \leqslant x_{ij} \leqslant \min\{n + 1 - r_{ij}^U, m + 1 - s_{ij}^U\}, i = 1, 2, \cdots, m; j = 1, 2, \cdots, n$$
$$\tag{4.10f}$$

$$\sigma_{ij} = \begin{cases} 0, \min\{n+1-r_{ij}^U, m+1-s_{ij}^U\} > 0 \\ 1, \min\{n+1-r_{ij}^U, m+1-s_{ij}^U\} = 0 \end{cases}, \quad i = 1, 2, \cdots, m; j = 1, 2, \cdots, n$$
$$\tag{4.10g}$$

$$x_{ij} \in \{0, 1\}, \quad i = 1, 2, \cdots, m; j = 1, 2, \cdots, n \tag{4.10h}$$

Step 5：算法结束。S 中的点即为算法获得的帕累托有效解。

依据 ε-约束算法的基本理论，容易证明模型(4.10a)—(4.10h)的每个最优解都是双目标优化模型(4.7a)—(4.7h)的帕累托有效解。

综上所述，针对基于序区间信息且考虑双边主体稳定性的一对多双边匹配问题，本章给出的双边匹配方法的步骤如下：

步骤 1 依据 A_i 给出 B_j 的序区间信息 $\tilde{r}_{ij} = [r_{ij}^L, r_{ij}^U]$ 和 A_i 匹配的理想位置 $[1,1]$，采用式(4.1)计算 d_{ij}^+，依据 $\tilde{r}_{ij} = [r_{ij}^L, r_{ij}^U]$ 和 A_i 匹配的负理想位置 $[n,n]$，采用式(4.2)计算 d_{ij}^-；

步骤 2 依据 B_j 给出的 A_i 序区间偏好信息 $\tilde{s}_{ij}=[s_{ij}^L,s_{ij}^U]$ 和 B_j 匹配的理想位置 $[1,1]$，采用式(4.4)计算 f_{ij}^+，依据 $\tilde{s}_{ij}=[s_{ij}^L,s_{ij}^U]$ 和 B_j 匹配的负理想位置 $[m,m]$，采用式(4.5)计算 f_{ij}^-；

步骤 3 依据 d_{ij}^+ 和 d_{ij}^- 采用式(4.3)，计算 A_i 给出的乙方主体 B_j 的排序位置 $\tilde{r}_{ij}$ 与理想位置的相对贴近度 e_{ij}^*；依据 f_{ij}^+ 和 f_{ij}^- 采用式(4.6)计算 B_j 给出的甲方主体 A_i 的排序位置 $\tilde{s}_{ij}$ 与理想位置的相对贴近度 g_{ij}^*；

步骤 4 在考虑一对多稳定匹配基础上，构建以双边主体匹配对象与理想匹配对象排序位置的相对贴近度最大为优化目标的多目标优化模型(4.7a)—(4.7h)；

步骤 5 采用 ε-约束算法将多目标优化模型(4.7a)—(4.7h)转化为单目标优化模型(4.10a)—(4.10h)；

步骤 6 采用分支定界法或 Cplex 12.0、Lingo 11.0 等软件，迭代求解模型(4.10a)—(4.10h)，获得帕累托有效解。

4.8 算例分析

国内某大型软件公司通过层层筛选录用了 8 名求职者($A_1,A_2,\cdots,A_8$)，经过短期培训后公司人力资源部门要将这 8 名求职者分配到全国不同地域的 4 个软件项目组(B_1,B_2,B_3,B_4)，其中项目组需要的人员数量分别为：$q_1=2$，$q_2=1$，$q_3=3$，$q_4=2$。为了降低工作人员因对工作不满意而产生的离职率，提高求职者工作的稳定性，公司人力资源部门在分配过程中充分考虑求职者和软件项目组双方的偏好。求职者依据软件项目组的工作地域、工作环境、工资待遇等对软件项目组进行综合评价，求职者给出的不同软件项目的偏好信息为序区间偏好信息，如表 4.1 所示；软件项目组依据项目类型、项目需求的技能以及求职者的专业背景、实习或工作经历等对求职者进行综合评价，软件项目组给出的不同求职者的偏好信息为序区间偏好信息，如表 4.2 所示。公司人力资源部门依据软件项目组和求职者提交的偏好信息，采用双边匹配决策方法来获得最优匹配方案。

第 4 章 基于序区间偏好信息的稳定双边匹配方法

表 4.1 求职者给出的关于软件项目组的序区间偏好信息

	B_1	B_2	B_3	B_4
A_1	[3,3]	[2,2]	[3,4]	[1,1]
A_2	[3,3]	[1,1]	[4,4]	[2,3]
A_3	[1,2]	[2,2]	[3,3]	[4,4]
A_4	[4,4]	[2,2]	[3,3]	[1,1]
A_5	[2,2]	[1,1]	[3,4]	[3,3]
A_6	[4,4]	[2,3]	[1,1]	[2,3]
A_7	[1,1]	[4,4]	[2,4]	[2,2]
A_8	[3,3]	[3,4]	[2,2]	[1,1]

表 4.2 软件项目组给出的关于求职者的序区间偏好信息

	B_1	B_2	B_3	B_4
	[2,2]	[4,4]	[6,6]	[5,6]
A_1	[4,5]	[5,5]	[1,1]	[3,3]
A_2	[5,5]	[2,2]	[3,3]	[2,2]
A_3	[2,3]	[4,4]	[5,5]	[4,4]
A_4	[6,6]	[0,0]	[2,2]	[1,1]
A_5	[7,7]	[8,8]	[2,4]	[4,4]
A_6	[8,8]	[1,1]	[7,7]	[7,8]
A_7	[1,1]	[7,7]	[3,3]	[5,5]
A_8	[1,1]	[3,3]	[5,5]	[2,2]

采用本书提出的双边匹配决策方法解决软件项目组与求职者双边匹配问题的计算过程如下:首先,依据求职者和软件项目组给出的序区间偏好信息,采用公式(4.1)—(4.3)和公式(4.4)—(4.6)计算得到求职者给出的软件项目组的排序位置与理想位置的相对贴近度 e_{ij}^* ,如表 4.3 所示,软件项目组给出的求职者的排序位置 $\tilde{s}_{ij}$ 与理想位置的相对贴近度 g_{ij}^* ,如表 4.4 所示。

表 4.3 求职者的相对贴近度

	B_1	B_2	B_3	B_4
A_1	0.33	0.67	0.22	1.00
A_2	0.33	1.00	0.00	0.50
A_3	0.78	0.67	0.33	0.00
A_4	0.00	0.67	0.33	1.00
A_5	0.67	1.00	0.22	0.33
A_6	0.00	0.50	1.00	0.50
A_7	1.00	0.00	0.39	0.67
A_8	0.33	0.22	0.67	1.00

表 4.4 软件项目组的相对贴近度

	B_1	B_2	B_3	B_4
A_1	0.86	0.57	0.29	0.36
A_2	0.50	0.43	1.00	0.71
A_3	0.43	0.86	0.71	0.86
A_4	0.78	0.57	0.43	0.57
A_5	0.29	0.50	0.86	1.00
A_6	0.14	0.00	0.70	0.57
A_7	0.00	1.00	0.14	0.10
A_8	1.00	0.14	0.71	0.43

然后，依据表(4.3)和表(4.4)的信息，可以构建获得 α-稳定匹配方案的双边匹配优化模型(4.7a)—(4.7 h)；最后，采用 ε-约束算法求解 α=1 时的双目标优化模型。

依据 ε-约束算法的流程，首先，计算单独考虑目标函数 Z_1 和 Z_2 时的最优解 $\boldsymbol{X}_1^*$ 和 $\boldsymbol{X}_2^*$，$\boldsymbol{X}_1^*$ 对应的 Z_1 的目标函数值为 $Z_1^I=6.51$，Z_2 的目标函数值为 $Z_2^N=3.63$；$\boldsymbol{X}_2^*$ 对应的 Z_2 的目标函数值为 $Z_2^I=6.91$，Z_1 的目标函数值为 $Z_1^N=2.33$。

$$\boldsymbol{X}_1^* = \begin{bmatrix} 0 & 0 & 0 & 1 \\ 0 & 1 & 0 & 0 \\ 1 & 0 & 0 & 0 \\ 0 & 0 & 0 & 0 \\ 1 & 0 & 0 & 0 \\ 0 & 0 & 1 & 0 \\ 0 & 0 & 1 & 0 \\ 0 & 0 & 1 & 0 \end{bmatrix} \quad \boldsymbol{X}_2^* = \begin{bmatrix} 1 & 0 & 0 & 0 \\ 0 & 0 & 1 & 0 \\ 0 & 0 & 0 & 1 \\ 1 & 0 & 0 & 0 \\ 0 & 0 & 0 & 1 \\ 0 & 0 & 1 & 0 \\ 0 & 1 & 0 & 0 \\ 0 & 0 & 1 & 0 \end{bmatrix}$$

然后，在 ε-约束算法迭代过程中，若令迭代步长为 $\theta=0.5$，以目标函数 Z_2 为约束条件，则获得的帕累托有效解如表 4.5 所示；若以目标函数 Z_1 为约束条件，则获得的帕累托有效解如表 4.6 所示。在 $\theta=0.5$ 时，以目标函数 Z_2 为约束条件与以目标函数 Z_1 为约束条件获得的帕累托有效解的分布，如图 4.1 和图 4.2 所示。从图 4.1 和图 4.2 可以看出，帕累托有效解的分布还是比较均匀的。软件公司的人力资源部门可以根据具体需求选择合适的匹配方案，例如，若选择求职者最优的稳定匹配方案，则匹配结果为求职者 A_3 和 A_5 参与软件项目组 B_1、求

第 4 章　基于序区间偏好信息的稳定双边匹配方法

职者 A_2 参与软件项目组 B_2、求职者 A_6、A_7 和 A_8 参与软件项目组 B_3、求职者 A_1 和 A_4 参与软件项目组 B_4。

表 4.5　目标函数 Z_2 为约束条件时的帕累托有效解

序号	帕累托有效解	θ	$\lambda = Z_2^* + \theta$	Z_1^*	Z_2^*
1	$x_{14}=x_{22}=x_{31}=x_{44}=x_{51}=x_{63}=x_{73}=x_{83}=1$	0.5	4.13	6.51	3.63
2	$x_{13}=x_{24}=x_{32}=x_{44}=x_{51}=x_{63}=x_{71}=x_{83}=1$	0.5	4.63	5.73	4.13
3	$x_{11}=x_{24}=x_{32}=x_{44}=x_{51}=x_{63}=x_{73}=x_{83}=1$	0.5	5.34	5.23	4.84
4	$x_{11}=x_{21}=x_{32}=x_{44}=x_{54}=x_{63}=x_{73}=x_{83}=1$	0.5	5.84	4.72	5.34
5	$x_{11}=x_{24}=x_{31}=x_{44}=x_{53}=x_{63}=x_{72}=x_{83}=1$	0.5	6.34	4.50	5.84
6	$x_{11}=x_{24}=x_{33}=x_{44}=x_{53}=x_{63}=x_{72}=x_{81}=1$	0.5	6.90	3.71	6.41
7	$x_{11}=x_{23}=x_{34}=x_{41}=x_{54}=x_{63}=x_{72}=x_{83}=1$	0.5	7.41	2.33	6.91

表 4.6　目标函数 Z_1 为约束条件时的帕累托有效解

序号	帕累托有效解	θ	$\lambda = Z_1^* + \theta$	Z_1^*	Z_2^*
1	$x_{11}=x_{23}=x_{34}=x_{41}=x_{54}=x_{63}=x_{72}=x_{83}=1$	0.5	2.83	2.33	6.91
2	$x_{11}=x_{24}=x_{33}=x_{41}=x_{54}=x_{63}=x_{72}=x_{83}=1$	0.5	3.66	3.16	6.47
3	$x_{11}=x_{24}=x_{33}=x_{44}=x_{53}=x_{63}=x_{72}=x_{81}=1$	0.5	4.21	3.71	6.41
4	$x_{11}=x_{24}=x_{31}=x_{44}=x_{53}=x_{63}=x_{72}=x_{83}=1$	0.5	5.00	4.50	5.84
5	$x_{14}=x_{21}=x_{31}=x_{44}=x_{53}=x_{63}=x_{72}=x_{83}=1$	0.5	5.50	5.00	5.13
6	$x_{11}=x_{24}=x_{31}=x_{44}=x_{52}=x_{63}=x_{73}=x_{83}=1$	0.5	6.17	5.67	4.62
7	$x_{14}=x_{21}=x_{31}=x_{44}=x_{52}=x_{63}=x_{73}=x_{83}=1$	0.5	6.67	6.17	3.91
8	$x_{14}=x_{22}=x_{31}=x_{44}=x_{51}=x_{63}=x_{73}=x_{83}=1$			6.51	3.63

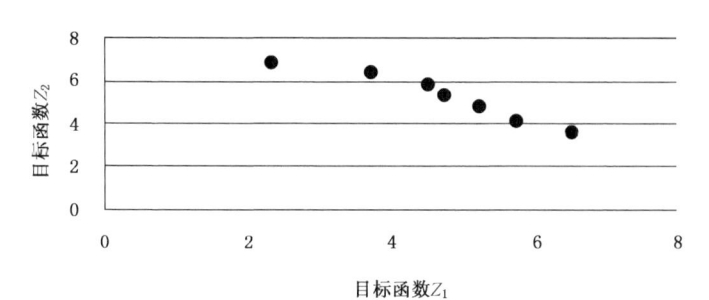

图 4.1　目标函数 Z_2 为约束条件的帕累托有效解分布

● 帕累托有效解

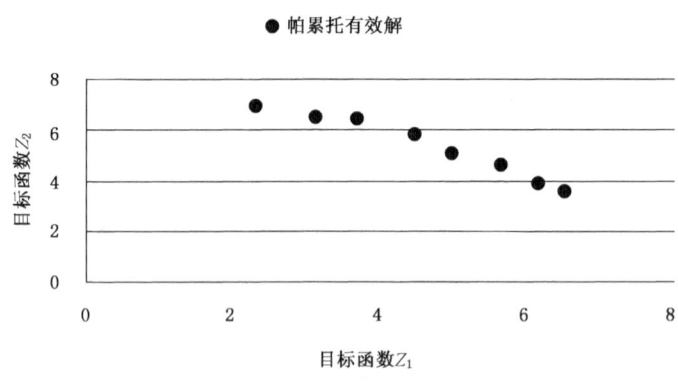

图 4.2　目标函数 Z_1 为约束条件的帕累托有效解分布

为了研究 ε-约束算法中,迭代步长 θ 的不同取值对算法结果的影响,本书对迭代步长 θ 的取值与帕累托有效解的数量关系进行了探讨。在以目标函数 Z_2 为约束条件的情况下,获得的稳定匹配帕累托有效解的数量与迭代步长 θ 的关系如图 4.3 所示。由图 4.3 可知,迭代步长 θ 取值越小,获得的帕累托有效解的整体变化趋势是越多的。然而,迭代步长 θ 取值越小,算法迭代的次数也就越多,从而获得帕累托有效解集合的计算时间也相应增加,因此,迭代步长 θ 取值需要决策者根据问题需要进行合理选择。

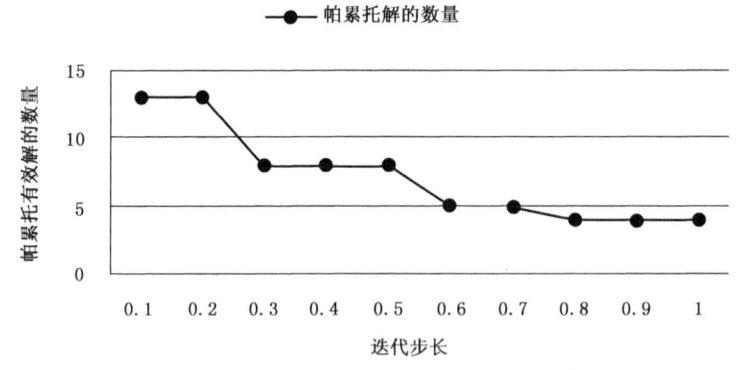

●— 帕累托解的数量

图 4.3　迭代步长与帕累托有效解的数量关系

当 $\alpha=1$ 时,α-稳定匹配的帕累托有效解与稳定匹配的帕累托有效解是相同的,这是由于当 $\alpha=1$ 时,α-稳定匹配集合与稳定匹配集合是相同的。当 $\alpha=2$ 时,以目标函数 Z_2 和 Z_1 为约束条件获得的帕累托有效解分别如表 4.7 和表 4.8 所示。由表 4.5、表 4.6 和表 4.7、表 4.8 的对比中可以看出,$\alpha=1$ 与 $\alpha=2$ 获得的帕累托有效解大部分是不同的。此外,$\alpha=1$ 时获得的所有帕累托有效解中求职者的最高满意度为 6.51,而 $\alpha=2$ 时求职者的最高满意度为 6.67,这是由于随着 α 取值的增加,形成 α-稳定阻塞对的条件越来越严格,从而 α-稳定匹配的数量越来越多而造成的。

表 4.7 目标函数 Z_2 为约束条件时的帕累托有效解

序号	帕累托有效解	θ	$\lambda=Z_2^*+\theta$	Z_1^*	Z_2^*
1	$x_{14}=x_{22}=x_{31}=x_{44}=x_{53}=x_{63}=x_{71}=x_{83}=1$	0.5	4.27	6.67	3.77
2	$x_{14}=x_{23}=x_{31}=x_{44}=x_{52}=x_{63}=x_{71}=x_{83}=1$	0.5	4.77	6.45	4.27
3	$x_{11}=x_{22}=x_{33}=x_{44}=x_{54}=x_{63}=x_{71}=x_{83}=1$	0.5	5.48	5.66	4.98
4	$x_{11}=x_{23}=x_{32}=x_{44}=x_{54}=x_{63}=x_{71}=x_{83}=1$	0.5	6.20	5.00	5.70
5	$x_{11}=x_{23}=x_{31}=x_{44}=x_{54}=x_{63}=x_{72}=x_{83}=1$	0.5	6.77	4.11	6.27
6	$x_{11}=x_{23}=x_{33}=x_{44}=x_{54}=x_{63}=x_{72}=x_{81}=1$	0.5	7.34	3.32	6.84
7	$x_{11}=x_{23}=x_{34}=x_{41}=x_{54}=x_{63}=x_{72}=x_{83}=1$			2.33	6.91

表 4.8 目标函数 Z_1 为约束条件时的帕累托有效解

序号	帕累托有效解	θ	$\lambda=Z_1^*+\theta$	Z_1^*	Z_2^*
1	$x_{11}=x_{23}=x_{34}=x_{41}=x_{54}=x_{63}=x_{72}=x_{83}=1$	0.5	2.83	2.33	6.91
2	$x_{11}=x_{23}=x_{34}=x_{44}=x_{53}=x_{63}=x_{72}=x_{81}=1$	0.5	3.38	2.88	6.85
3	$x_{11}=x_{24}=x_{33}=x_{44}=x_{53}=x_{63}=x_{72}=x_{81}=1$	0.5	4.21	3.71	6.41
4	$x_{11}=x_{23}=x_{32}=x_{44}=x_{53}=x_{63}=x_{74}=x_{81}=1$	0.5	4.72	4.22	5.95
5	$x_{11}=x_{23}=x_{32}=x_{44}=x_{54}=x_{63}=x_{71}=x_{83}=1$	0.5	5.70	5.00	5.70
6	$x_{11}=x_{24}=x_{33}=x_{44}=x_{52}=x_{63}=x_{71}=x_{83}=1$	0.5	6.33	5.83	4.76
7	$x_{14}=x_{23}=x_{31}=x_{44}=x_{53}=x_{63}=x_{71}=x_{83}=1$	0.5	6.95	6.45	4.27
8	$x_{14}=x_{22}=x_{31}=x_{44}=x_{53}=x_{63}=x_{71}=x_{83}=1$			6.67	3.77

4.9 本章小结

本章针对基于序区间偏好信息的双边匹配问题,提出了一对多稳定双边匹配方法,主要的研究内容及贡献总结如下:

(1) 针对基于序区间偏好信息的一对多双边匹配问题,给出了获得一对多稳定双边匹配的决策方法。给出基于序区间偏好信息的可接受对、个体阻塞、个体理性匹配以及 α-稳定匹配的定义,给出了双边主体贴近度的计算方法,构建了一对多稳定匹配的多目标优化模型,证明了所给出的约束条件能够保证获得一对多稳定匹配,通过算例分析说明了 ε-约束算法求解多目标优化模型的步骤及不同迭代步长取值与帕累托最优解分布的关系,此外通过算例分析了 α-稳定匹配的特点及与其他稳定匹配之间的关系。

(2)本章提出的基于序区间偏好信息的双边匹配方法,为解决一些现实问题提供了新的研究思路和理论指导,并且本章提供的双边匹配方法可以进一步扩展到其他一些双边匹配问题中,例如具有语言评价信息的双边稳定匹配决策问题、具有模糊评价信息的双边匹配决策问题等。

第5章 基于互惠偏好信息的稳定双边匹配方法

双边主体不仅关注个人对对方的偏好，有时还非常介意对方对自己的偏好，因为这体现了个人在对方心目中位置排序，这种互惠心理是人的一种正常的心理行为与反应。本章针对考虑互惠偏好信息的双边匹配问题提出了两种双边匹配方法。首先，针对双边主体只有一方考虑互惠偏好信息的双边匹配问题，研究了这种情形下双边匹配问题的相关性质，构建了有针对性的优化模型，分析了模型的特点；然后，针对双边主体双方都考虑互惠偏好信息的双边匹配问题，构建了求解最优匹配的多目标优化模型。

5.1 问题的研究背景

自从1962年Gale和Shapley针对双边匹配问题所做出的开创性研究，经过几十年的发展，双边匹配取得了大量研究成果，Roth和Shapley更是凭借在此领域的卓越贡献分享了2012年度的诺贝尔经济学奖。从双边主体的偏好表达来看，许多学者研究了不同类型偏好序信息的双边匹配问题，包括严格偏好序信息、不完全偏好序信息、无差异偏好序信息等，还有基于多指标评价信息的双边匹配问题，包括数值型信息、语言评价信息、区间数信息、模糊数信息等。从双边匹配的研究领域来看，大学录取问题、婚姻匹配问题、医院与实习生匹配问题、商品买卖交易问题、软件开发项目与人员匹配问题、无线通信网络中频谱资源分配问题等都有学者进行研究。

但已有研究大多考虑的是双边主体给出关于对方主体的偏好信息，即已有研究中双边主体往往只关注对对方主体的偏好，而很少考虑由于一方主体对对方的偏好排序而引起的对方对个体的影响。然而，在现实的双边匹配问题中，一方匹配主体除了对对方有个体偏好，往往对于对方给予自己的评价（偏好或满意度）也会影响自己对于对方的总体评价（偏好或满意度），即存在互惠偏好。在婚姻匹配问题中，男女双方的互惠偏好体现得尤为典型和明显，当一个女士对两个男士的外貌、受教育程度、工作、家庭背景等综合比较后，发现两个男士总体差不多,但面对这种情况,女士往往更愿意选择那个更喜欢自己的男士,甚至有些女士可能会表达"我会选择那个最喜欢我的男士"这样的择偶标准。又如在美国纽约公立学校招生中,初中毕业生根据个人的偏好在志愿表格中填写五所心仪的高中学校,招生学校的校长能够看到学生所填写的偏好表格,如果学生没有将学校排在第一志愿的位置,那么很多学校不录取不将它排在感兴趣学校第一位的学生。

在双边匹配问题中,互惠偏好是指一个匹配主体由于对方匹配主体所给予自己的评价(偏好或满意度)而由此产生的偏好[72]。互惠偏好在婚姻匹配、人员与岗位匹配、大学录取等现实双边匹配问题中广泛存在,并且由于互惠偏好会影响匹配主体对对方主体的综合评价(偏好或满意度),所以,双边匹配中不仅需要考虑匹配主体对对方的个体偏好,还需要考虑互惠偏好,这不仅符合现实双边匹配问题的要求,而且使得双边匹配决策方法更加合理有效。然而,目前关于考虑互惠偏好信息的双边匹配研究所见甚少,鉴于此,本书针对双边主体互惠偏好信息的表示,个体偏好信息与互惠偏好信息的集成,以及考虑双边互惠偏好信息和考虑单边互惠偏好信息的稳定匹配方法等进行了研究。

5.2 考虑双边互惠偏好信息的稳定匹配方法

5.2.1 符号说明与问题描述

本书提出的考虑双边互惠偏好信息的稳定双边匹配问题描述如下:在研究的双边匹配问题中,一个甲方主体最多与一个乙方主体进行匹配,一个乙方主体最多与一个甲方主体进行匹配。甲方主体给出关于乙方主体的个体偏好序信息,乙方主体根据甲方主体给出的偏好序信息给出关于甲方主体的互惠偏好序信息;乙方主体给出关于甲方主体的个体偏好序信息,甲方主体根据乙方主体给出的偏好序信息给出关于乙方主体的互惠偏好序信息,双边匹配优化的目标是在考虑双边主体稳定性的情况下,获得双边主体总体满意度最大的匹配方案。

上述双边匹配问题的研究目标是:依据甲方主体对乙方主体的个体偏好序信息和互惠偏好序信息以及乙方主体对甲方主体的个体偏好序信息和互惠偏好序信息,提出一个有效的双边匹配方法,获得双边主体稳定和满意的匹配方案。

设甲方主体集合为 $A=\{A_1,A_2,\cdots,A_m\}$,其中 A_i 表示第 i 个甲方主体,$i=1,2,\cdots,m$;乙方主体集合为 $B=\{B_1,B_2,\cdots,B_n\}$,其中 B_j 表示第 j 个乙方主体,$j=1,2,\cdots,n$。本书考虑的是一对一双边匹配问题,即一个甲方主体 A_i 最多与一个乙方主体进行匹配,而一个乙方主体 B_j 也最多与一个甲方主体进行匹配。

如图 5.1 所示,本书考虑双边互惠偏好的一对一双边匹配问题考虑了四方面的信息:甲方主体对乙方主体的个人偏好信息、甲方主体对乙方主体的互惠偏好信息、乙方主体对甲方主体的个人偏好信息和乙方主体对甲方主体的互惠偏好信息。其中'⤺'表示 A_i 对 B_j 的个体偏好,以及 B_j 对 A_i 的互惠偏好;'⤻'表示 B_j 对 A_i 的个体偏好,以及 A_i 对 B_j 的互惠偏好,'——'表示 A_i 和 B_j 形成匹配对,所有'——'连接的匹配对 (A_i,B_j) 构成一个匹配方案。

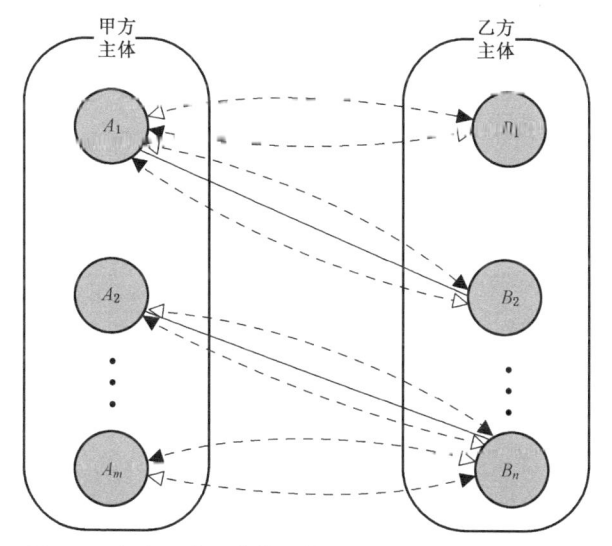

图 5.1 考虑双边互惠偏好信息的一对一双边匹配问题

下面给出考虑双边互惠偏好信息的双边匹配问题的数学描述。

令 $\boldsymbol{R}_i=(r_{i1},r_{i2},\cdots,r_{in})$ 为甲方主体 A_i 给出的关于乙方主体的序值向量,其中 r_{ij} 是 A_i 给出的关于 B_j 的排序值,具体表示在 n 个乙方主体中,A_i 把 B_j 排在第 r_{ij} 个位置,$1 \leqslant r_{ij} \leqslant n+1$,$r_{ij}$ 越小,表示 A_i 认为 B_j 越优,反之亦然。不失一般性,$r_{ij}=1$ 表示 A_i 认为 B_j 是所有乙方主体中最优的;$r_{ij}=n+1$ 表示 A_i 认为 B_j 是所有乙方主体中最差的。令 $\boldsymbol{S}_j=(s_{1j},s_{2j},\cdots,s_{mj})$ 为乙方主体 B_j 给出的关于甲方主体的序值向量,其中 s_{ij} 表示 B_j 给出的关于 A_i 的排序值,具体表示在 m 个甲

方主体中，B_j 把 A_i 排在第 s_{ij} 个位置，$1 \leq s_{ij} \leq m+1$，s_{ij} 越小，表示 B_j 认为 A_i 越优，反之亦然。不失一般性，$s_{ij} = 1$ 表示 B_j 认为 A_i 是所有甲方主体中最优的；$s_{ij} = m+1$ 表示 B_j 认为 A_i 是所有甲方主体中最差的。

进一步地，考虑双边主体之间存在的互惠偏好。双边主体的互惠偏好是通过一方主体对另外一方主体给出的偏好排序位置的敏感程度来度量的。令 θ_i 表示甲方主体 A_i 对于乙方主体给出的偏好排序位置的敏感度，并称 θ_i 为 A_i 的互惠因子，$0 \leq \theta_i \leq 1$，θ_i 越大，表示 A_i 对互惠偏好越敏感，反之亦然。特别地，$\theta_i = 0$ 表示 A_i 对互惠偏好不敏感，A_i 在选择乙方主体时不考虑互惠偏好；$\theta_i = 1$ 表示 A_i 对互惠偏好极其敏感，在选择乙方主体时只考虑互惠偏好。令 λ_j 表示乙方主体 B_j 对甲方主体给出的偏好排序位置的敏感度，并称 λ_j 为 B_j 的互惠因子，$0 \leq \lambda_j \leq 1$，λ_j 越大，表示 B_j 对互惠偏好越敏感，反之亦然。特别地，$\lambda_j = 0$ 表示 B_j 对互惠偏好不敏感，B_j 在选择甲方主体时不考虑互惠偏好；$\lambda_j = 1$ 表示 B_j 对互惠偏好极其敏感，在选择甲方主体时只考虑互惠偏好。

本书要解决的问题是：依据甲方主体 A_i 给出的序值向量 $\boldsymbol{R}_i$、互惠因子 θ_i、乙方主体 B_j 给出的序值向量 $\boldsymbol{S}_j$ 以及互惠因子 λ_j，通过某种决策分析方法，获得双边匹配主体满意度尽可能高的稳定匹配方案。

5.2.2 决策框架

本节针对基于双边互惠偏好信息的一对一双边匹配问题，具体的决策数量如下：

第一阶段为双边匹配的准备阶段。首先，依据基于双边互惠偏好信息的一对一双边匹配问题的研究背景，采用数据收集和预处理方法，确定双边匹配问题的双边主体；其次，双边主体通过主观评价法，提供关于对方的个体偏好信息和互惠偏好信息。

第二阶段为决策分析阶段。决策分析阶段是本节所完成的主要工作，具体地，首先，采用函数构建、数据规范化处理方法等信息转换方法，给出双边主体的个体满意度、互惠满意度和总体满意度的计算方法；其次，采用优化建模方法，在考虑稳定性的情况下，构建了以双边主体满意度最大为目标的多目标优化模型，并针对一种特殊情形下的双边匹配问题，设计了快速获得稳定匹配的贪婪算法，证明了贪婪算法获得的匹配方案一定是稳定匹配、帕累托弱有效匹配等性质;进一步地,采用基于隶属函数的加权和方法将多目标优化模型转化为单目标优化模型,进而运用 Lingo、Cplex 等优化软件包进行求解,并将求解模型获得的最优解对应的匹配方案作为最优的双边匹配方案。

5.2.3 概念界定及相关理论分析

(1) 个体理性匹配

令 α_{ij} 表示 A_i 对 B_j 的总体满意度,β_{ij} 表示 B_j 对 A_i 的总体满意度。本书假设 $\alpha_{ij}>0$ 表示 A_i 认为 B_j 是可接受的,否则,表示 A_i 认为 B_j 是不可接受的;$\beta_{ij}>0$ 表示 B_j 认为 A_i 是可接受的,否则,表示 B_j 认为 A_i 是不可接受的。特别地,当 $\mu(A_i)=A_i$ 时,记 A_i 的满意度为 $\alpha_i=0$,当 $\mu(B_j)=B_j$ 时,记 B_j 的满意度为 $\beta_j=0$。

下面对基于满意度的可接受对、个体理性匹配概念进行界定。

定义 5.1(可接受对) 在一对一双边匹配问题中,对于 $\forall A_i \in A, \forall B_j \in B$,若 $(A_i, B_j) \in A \times B$ 满足 $\alpha_{ij}>0$ 且 $\beta_{ij}>0$,则称 (A_i, B_j) 为可接受对;否则,称为不可接受对。

在双边匹配方案中,若存在一个匹配主体与其匹配对象形成的匹配对是不可接受对,则称匹配方案被个体阻塞,并称该匹配方案是非个体理性匹配。下面给出个体阻塞和个体理论匹配的具体定义。

定义 5.2(个体阻塞) 在一对一双边匹配 μ 中,若 $\mu(A_i)=B_j$ 且 $\alpha_{ij} \leqslant 0$,则称匹配方案 μ 被个体 A_i 阻塞;若 $\mu(A_i)=B_j$ 且 $\beta_{ij} \leqslant 0$,则称匹配方案 μ 被个体 B_j 阻塞。

定义 5.3(个体理性匹配) 在一对一双边匹配 μ 中,若匹配方案 μ 既不被任意的个体 $A_i \in A$ 阻塞,也不被任意的个体 $B_j \in B$ 阻塞,则称匹配方案 μ 为个体理性匹配。

由定义 5.1、定义 5.2 以及定义 5.3 可知,若匹配方案 μ 是个体理性匹配,则 μ 中的任意一个匹配对都是可接受对。

(2) 稳定匹配

在双边匹配中,匹配的稳定性是衡量匹配方案优劣的一个重要准则。在双边匹配方案中,没有形成匹配对的两个相互可接受的匹配主体,若双方中的任意一方对对方的满意度要大于对当前匹配对象的满意度,则这两个匹配主体将会放弃当前匹配对象而私下进行匹配,由此造成原有匹配方案的不稳定和匹配失效的现象,并称这两个匹配主体为匹配方案的阻塞对。为防止获得的匹配方案中出现这种现象,本书首先给出了阻塞对的概念,并进一步地给出了稳定匹配的概念。

定义 5.4（阻塞对） 设一对一双边匹配 $\mu: A \cup B \rightarrow A \cup B$,对任意的 $A_i, A_k \in A, B_j, B_h \in B, i \neq k, h \neq j$,若可接受对 (A_i, B_j) 满足以下条件之一：(1) $\mu(A_i) = A_i, \mu(B_j) = B_j$；(2) $\mu(A_i) = A_i, \mu(B_j) = A_k$ 且 $\beta_{ij} > \beta_{kj}$；(3) $\mu(A_i) = B_h, \mu(B_j) = B_j$ 且 $\alpha_{ij} > \alpha_{ih}$；(4) $\mu(A_i) = B_h, \mu(B_j) = A_k$ 且 $\alpha_{ij} > \alpha_{ih}, \beta_{ij} > \beta_{kj}$,则称匹配方案 μ 被可接受对 (A_i, B_j) 阻塞,并称 (A_i, B_j) 为匹配方案 μ 的一个阻塞对。

定义 5.5（稳定匹配） 设一对一双边匹配 $\mu: A \cup B \rightarrow A \cup B$,若匹配方案 μ 不被任意的个体阻塞且不被任意的可接受对阻塞,则称 μ 为稳定匹配；否则,称为不稳定匹配。

由定义 5.4 和定义 5.5 可知,若匹配 μ 是稳定匹配,则 μ 一定是个体理性匹配。此外,不可接受对一定不会阻塞匹配方案,即不可接受对一定不是阻塞对。

(3) 帕累托有效匹配

在双边匹配问题中,帕累托有效性是衡量匹配方案优劣的另一个重要准则,主要用于度量双边主体匹配的总体效率。若一个匹配方案是非帕累托有效的,则表明在不损害其他匹配主体利益的情况下,匹配方案中的某些匹配主体可以获得更好的匹配结果。在给出帕累托有效匹配的概念之前,下面首先给出帕累托占优的概念。

定义 5.6（帕累托占优） 设 U 为双边匹配方案的集合, $\mu, \nu \in U$,

对于 $\forall A_i \in A$ 满足以下条件之一：

(1a) $\mu(A_i) = A_i, \nu(A_i) = A_i$；

(1b) $\mu(A_i) = B_g, \nu(A_i) = B_h$ 且 $\alpha_{ig} = \alpha_{ih}$；

对于 $\forall B_j \in B$ 满足以下条件之一：

(2a) $\mu(B_j) = B_j, \nu(B_j) = B_j$；

(2b) $\mu(B_j) = A_f, \nu(B_j) = A_k$ 且 $\beta_{fj} = \beta_{kj}$；

(1c) $\mu(A_i)=B_g, \nu(A_i)=B_h$ 且 $\alpha_{ig}>\alpha_{ih}$；

(1d) $\mu(A_i)=B_g, \nu(A_i)=A_i$ 且 $\alpha_{ig}>\alpha_i=0$；

(2c) $\mu(B_j)=A_f, \nu(B_j)=A_k$ 且 $\beta_{fj}>\beta_{kj}$；

(2d) $\mu(B_j)=A_f, \nu(B_j)=B_j$ 且 $\beta_{fj}>\beta_j=0$；

并且至少存在一个 A_i 满足(1c)或(1d)或至少存在一个 B_j 满足(2c)或(2d)，则称匹配方案 μ 占优匹配方案 ν。

定义 5.7（帕累托有效匹配） 设 U 为双边匹配方案的集合，$\mu\in U$，若在 U 中不存在匹配方案占优 μ，则称匹配方案 μ 为帕累托有效匹配。

在双边匹配中，若任意一个匹配主体对匹配方案 μ 中匹配对象的满意度大于对匹配方案 ν 中匹配对象的满意度，则称匹配方案 μ 帕累托弱占优匹配方案 ν。下面给出帕累托弱占优的具体定义：

定义 5.8（帕累托弱占优） 设 U 为双边匹配方案的集合，$\mu,\nu\in U$，若对于 $\forall A_i\in A$ 满足如下条件之一：

(1a) $\mu(A_i)=B_g, \nu(A_i)=B_h$ 且 $\alpha_{ig}>\alpha_{ih}$；(1b) $\mu(A_i)=B_g, \nu(A_i)=A_i$ 且 $\alpha_{ig}>\alpha_i=0$；

同时，对于 $\forall B_j\in B$ 满足如下条件之一：

(2a) $\mu(B_j)=A_f, \nu(B_j)=A_k$ 且 $\beta_{fj}>\beta_{kj}$；(2b) $\mu(B_j)=A_f, \nu(B_j)=B_j$ 且 $\beta_{fj}>\beta_j=0$；

则称匹配方案 μ 弱占优匹配方案 ν。

定义 5.9（帕累托弱有效匹配） 设 U 为双边匹配方案的集合，$\mu\in U$，若在 U 中不存在匹配方案弱占优 μ，则称匹配方案 μ 为帕累托弱有效匹配。

由定义 5.6—定义 5.9 可知，若一个匹配方案为帕累托有效匹配，则该匹配方案一定是帕累托弱有效匹配，反之未必成立。

5.2.4 双边主体满意度计算

在考虑双边互惠偏好的双边匹配问题中，不仅需要考虑双边主体给出的个体偏好信息，还需要考虑双边主体的互惠偏好。因此，在双边匹配决策过程中需要考虑甲方主体 A_i 的个体满意度、甲方主体 A_i 的互惠满意度、乙方主体 B_j 的个体满意度和乙方主体 B_j 的互惠满意度等四方面的信息。本书给出的 A_i 和 B_j

的个体满意度计算公式、互惠满意度公式以及总体满意度计算公式如下：

(1) 个体满意度

令 $p_1(r_{ij})$ 表示 A_i 把 B_j 排序在第 r_{ij} 个位置时，A_i 对 B_j 的满意度，并称 $p_1(r_{ij})$ 为 A_i 对 B_j 的个体满意度。$q_1(s_{ij})$ 表示 B_j 把 A_i 排序在第 s_{ij} 个位置时，B_j 对 A_i 的满意度，并称 $q_1(s_{ij})$ 为 B_j 对 A_i 的个体满意度。显然，A_i 给出的 B_j 的排序值 r_{ij} 越小，A_i 对 B_j 的个体满意度 $p_1(r_{ij})$ 越大，反之亦然。类似地，B_j 给出的 A_i 的排序值 s_{ij} 越小，B_j 对 A_i 的个体满意度 $q_1(s_{ij})$ 越大，反之亦然。下面给出刻画双边主体个体满意度的计算公式：

$$p_1(r_{ij}) = \begin{cases} \dfrac{1}{r_{ij}}, & 1 \leqslant r_{ij} \leqslant n \\ -M, & r_{ij} = n+1 \end{cases}, i=1,2,\cdots,m; j=1,2,\cdots,n \quad (5.1)$$

$$q_1(s_{ij}) = \begin{cases} \dfrac{1}{s_{ij}}, & 1 \leqslant s_{ij} \leqslant m \\ -M, & s_{ij} = m+1 \end{cases}, i=1,2,\cdots,m; j=1,2,\cdots,n \quad (5.2)$$

其中 M 为足够大的正数。

由式(5.1)和(5.2)可知，个体满意度 $p_1(r_{ij})$ 和 $q_1(s_{ij})$ 分别是关于偏好排序值 r_{ij} 和 s_{ij} 的严格单调递减函数。当 $1 \leqslant r_{ij} \leqslant n$ 时，$0 < p_1(r_{ij}) \leqslant 1$，且 A_i 对最偏好的乙方主体的个体满意度为 1，即对 $r_{ij}=1$ 的乙方主体的个体满意度为 1；当 $r_{ij} = n+1$ 时，$p_1(r_{ij}) = -M$。$q_1(s_{ij})$ 和 s_{ij} 之间的关系具有上述类似的特点。

(2) 互惠满意度

令 $p_2(s_{ij})$ 表示 B_j 把 A_i 排在第 s_{ij} 个位置时，A_i 从 B_j 中获得的满意度，并称 $p_2(s_{ij})$ 为 A_i 对 B_j 的互惠满意度。令 $q_2(r_{ij})$ 表示 A_i 把 B_j 排在第 r_{ij} 个位置时，B_j 从 A_i 中获得的满意度，并称 $q_2(r_{ij})$ 为 B_j 对 A_i 的互惠满意度。若 B_j 给出的 A_i 的排序值 s_{ij} 越小，即 B_j 认为 A_i 越优，则 A_i 对 B_j 的互惠满意度 $p_2(s_{ij})$ 越高，反之亦然。类似地，若 A_i 给出的 B_j 的排序值 r_{ij} 越小，即 A_i 认为 B_j 越优，则 B_j 对 A_i 的互惠满意度 $q(r_{ij})$ 越高。下面给出计算双边主体互惠满意度的公式：

$$p_2(s_{ij}) = \begin{cases} \dfrac{1}{s_{ij}}, & 1 \leqslant s_{ij} \leqslant m \\ -M, & s_{ij} = m+1 \end{cases}, i=1,2,\cdots,m; j=1,2,\cdots,n \quad (5.3)$$

第5章 基于互惠偏好信息的稳定双边匹配方法

$$q_2(r_{ij}) = \begin{cases} \dfrac{1}{r_{ij}}, & 1 \leqslant r_{ij} \leqslant n \\ -M, & r_{ij} = n+1 \end{cases}, i=1,2,\cdots,m; j=1,2,\cdots,n \quad (5.4)$$

由式(5.3)和式(5.4)可知,互惠满意度 $p_2(s_{ij})$ 和 $q_2(r_{ij})$ 分别是关于偏好排序值 s_{ij} 和 r_{ij} 的严格单调递减函数。当 $1 \leqslant s_{ij} \leqslant m$ 时,$0 < p_2(s_{ij}) \leqslant 1$,若 B_j 把 A_i 排在第一位,则 A_i 对 B_j 的互惠满意度 $p_2(s_{ij})$ 最高;若 B_j 把 A_i 排在第 $m+1$ 位,则 A_i 对 B_j 的互惠满意度最低。$q_2(r_{ij})$ 和 r_{ij} 之间的关系具有上述类似的特点。

(3) 总体满意度

为了计算 A_i 对 B_j 的总体满意度 α_{ij} 和 B_j 对 A_i 的满意度 β_{ij},本书给出了如下的计算公式:

$$\alpha_{ij} = (1-\theta_i)p_1(r_{ij}) + \theta_i p_2(s_{ij}), i=1,2,\cdots,m; j=1,2,\cdots,n \quad (5.5)$$

$$\beta_{ij} = (1-\lambda_j)q_1(s_{ij})_{ij} + \lambda_j q_2(r_{ij}), i=1,2,\cdots,m; j=1,2,\cdots,n \quad (5.6)$$

若 $\theta_i=0$,表示 A_i 不考虑对 B_j 的互惠满意度,此时 A_i 对 B_j 的个体满意度 $p_1(r_{ij})$ 就是 A_i 对 B_j 的总体满意度 α_{ij};若 $\theta_i=1$,表示 A_i 不考虑对 B_j 的个体满意度,此时 A_i 对 B_j 的互惠满意度 $p_2(s_{ij})$ 就是 A_i 对 B_j 的总体满意度 α_{ij}。

5.2.5 最优匹配方案的确定

(1) 双边匹配优化模型的构建与求解

依据 A_i 对 B_j 的总体满意度 α_{ij} 和 B_j 对 A_i 的总体满意度 β_{ij},可以构建以双边主体满意度最大为目标的多目标优化模型。设 x_{ij} 为 0-1 型决策变量,$x_{ij}=1$ 表示 A_i 与 B_j 进行匹配;否则 $x_{ij}=0$。

$$\max Z_1 = \sum_{i=1}^{m}\sum_{j=1}^{n} \alpha_{ij} x_{ij} \quad (5.7a)$$

$$\max Z_2 = \sum_{i=1}^{m}\sum_{j=1}^{n} \beta_{ij} x_{ij} \quad (5.7b)$$

$$\text{s.t.} \sum_{j=1}^{n} x_{ij} \leqslant 1, i=1,2,\cdots,m \quad (5.7c)$$

$$\sum_{i=1}^{m} x_{ij} \leqslant 1, j=1,2,\cdots,n \quad (5.7d)$$

$$x_{ij} + \sum_{a_{ih} \geqslant a_{ij}} x_{ih} + \sum_{\beta_{kj} \geqslant \beta_{ij}} x_{kj} + M\sigma_{ij} \geqslant 1, i=1,2,\cdots,m; j=1,2,\cdots,n \quad (5.7e)$$

$$0 \leqslant x_{ij} \leqslant (1-\sigma_{ij}), i=1,2,\cdots,m; j=1,2,\cdots,n \quad (5.7f)$$

$$\sigma_{ij} = \begin{cases} 0, \min\{\alpha_{ij}, \beta_{ij}\} > 0 \\ 1, \min\{\alpha_{ij}, \beta_{ij}\} \leqslant 0 \end{cases}, i=1,2,\cdots,m; j=1,2,\cdots,n \quad (5.7g)$$

$$x_{ij} \in \{0,1\}, i=1,2,\cdots,m; j=1,2,\cdots,n \quad (5.7h)$$

在模型(5.7a)—(5.7h)中,式(5.7a)—(5.7b)是目标函数,式(5.7a)表示使甲方主体的总体满意度最大;式(5.7b)表示使乙方主体的总体满意度最大;式(5.7c)—(5.7h)为约束条件,式(5.7c)表示每个甲方主体最多与一个乙方主体进行匹配,式(5.7d)表示每个乙方主体最多与一个甲方主体进行匹配,式(5.7e)为一对一双边匹配的稳定性约束,其中 M 是一个足够大的正数;式(5.7f)能够保证不可接受对不能实现匹配。

模型(5.7a)—(5.7h)是一个多目标的 0-1 整数规划模型,本书采用基于隶属函数的加权和方法进行求解[141]。首先,采用的两个隶属函数 μ_{Z_1} 和 μ_{Z_2} 如下:

$$\mu_{Z_1} = 1 - \frac{Z_1^{\max} - Z_1}{Z_1^{\max} - Z_1^{\min}} \quad (5.8)$$

$$\mu_{Z_2} = 1 - \frac{Z_2^{\max} - Z_2}{Z_2^{\max} - Z_2^{\min}} \quad (5.9)$$

其中,$Z_1^{\min}$ 和 $Z_1^{\max}$ 为单独考虑目标函数 Z_1 的最小值和最大值;$Z_2^{\min}$ 和 $Z_2^{\max}$ 为单独考虑目标函数 Z_2 的最小值和最大值,$0 \leqslant \mu_{Z_1}, \mu_{Z_2} \leqslant 1$。

然后,将多目标优化模型(5.7a)—(5.7h)转换为如下的单目标优化模型:

$$\max Z = \omega_1 \mu_{Z_1} + \omega_2 \mu_{Z_2} \quad (5.10a)$$

$$\text{s.t.} \ (5.7d) - (5.7h) \quad (5.10b)$$

其中,ω_1 和 ω_2 分别表示目标函数 Z_1 和 Z_2 的重要性,且有 $0 \leqslant \omega_1, \omega_2 \leqslant 1$,$\omega_1 + \omega_2 = 1$,为保证双边主体匹配的公平性,令 $\omega_1 = \omega_2 = 0.5$。

模型(5.10a)—(5.10b)是一个单目标的 0-1 整数规划模型,当双边匹配主体的数量较小时,可采用分支定界算法进行求解;当双边匹配主体的数量较大时,可采用优化软件包(如 Lingo、Cplex 等)或设计智能优化算法(如遗传算法、模拟退火算法等)进行求解。

(2) 贪婪算法设计

由式(5.5)和式(5.6)可知,当 $\theta_i + \lambda_j = 1$ 时,式(5.6)可化简为 $\beta_{ij} = (1-\theta_i)q_2(r_{ij}) + \theta_i q_1(s_{ij})_{ij}$,由式(5.1)、式(5.2)、式(5.3)和式(5.4)可知,此时 α_{ij}

$=\beta_{ij}$。针对 $\theta_i+\lambda_j=1$ 这类问题的特点,设计了一个简单、快速获得稳定匹配的贪婪算法。具体算法的流程如下:

令 μ 为匹配对的集合,$\mu=\varnothing$,$k=0$;

Step 1:构建满意度矩阵 $M_0=[m_{ij}]_{m\times n}$,其中 $m_{ij}=\alpha_{ij}=\beta_{ij}$;

Step 2:将满意度矩阵 M_0 中 $m_{ij}>0$ 的元素进行降序排列,并记排序向量为 T_k;

Step 3:选择排序向量 T_k 中排在第一位的元素 m_{ij},令 $\mu=\mu\cup\{(A_i,B_j)\}$,删除 T_k 中的元素 m_{ig} 和 m_{hj},$g=1,2,\cdots,n$;$h=1,2,\cdots,m$,并令 $k=k+1$;

Step 4:若排序向量 T_k 为空,则算法停止;否则,转到 Step 3。

上述贪婪算法的时间复杂度为 $O(mn\times\log(mn))$,其中 m 和 n 分别表示甲方主体和乙方主体的数量或规模,由此可以看出本书设计的贪婪算法具有很高的求解效率,非常适用于求解大规模的双边匹配问题。

本书设计的贪婪算法不仅具有很高的求解效率,同时通过贪婪算法获得的匹配方案具有一些优良的性质,比如贪婪算法获得的匹配方案是稳定的、帕累托弱有效的等,下面给出具体的证明。

定理 5.1 在考虑互惠偏好的双边匹配问题中,若对于 $\forall A_i\in A$,$\forall B_j\in B$,$\theta_i+\lambda_j=1$,则贪婪算法获得的匹配方案一定是稳定匹配。

证明:设采用贪婪算法获得的匹配方案为 μ。由于贪婪算法中的排序向量元素 $m_{ij}>0$,因此,匹配方案 μ 不可能被个体阻塞,即 μ 一定是个体理性匹配。下面证明在贪婪算法中不可能出现可接受对 (A_i,B_j) 阻塞 μ 的情况,依据阻塞对的定义 5.2 可分为以下几种情况:

(i) $\mu(A_i)=A_i$,$\mu(B_j)=B_j$。$\mu(A_i)=A_i$ 和 $\mu(B_j)=B_j$ 说明算法结束时 A_i 和 B_j 都没有匹配对象,而由于 (A_i,B_j) 是可接受对,即 $\alpha_{ij}=\beta_{ij}=m_{ij}>0$,由此表明在算法结束时 m_{ij} 没有被删除而仍然在排序向量中。这显然与贪婪算法的结束条件矛盾,因此可接受对 A_i 和 B_j 是不会出现同时没有匹配对象的情况的。

(ii) $\mu(A_i)=A_i$,$\mu(B_j)=A_k$ 且 $\beta_{ij}>\beta_{kj}$。由于 $\beta_{ij}=\alpha_{ij}=m_{ij}>\beta_{kj}=\alpha_{kj}=m_{kj}$,因此,在排序向量中 m_{ij} 排在 m_{kj} 之前。由贪婪算法的步骤可知,对于任意的 A_p 和 B_q,只要在算法的第 $t(t\geqslant 3)$ 步中 A_p 和 B_q 进行了匹配,那么在任意的第 $t'>t$ 步中 A_p 和 B_q 仍然是匹配对而不会出现 A_p 和 B_q 放弃对方的情况。$\mu(A_i)=A_i$

说明 A_i 在整个算法过程中一直没有匹配对象，而 $\mu(B_j)=A_k$ 且 m_{ij} 排在 m_{kj} 之前，说明在 m_{ij} 成为排序向量中排在第 1 位的元素时，A_i 和 B_j 都没有匹配对象，那么此时 A_i 和 B_j 一定会进行匹配，而不可能出现 A_k 和 B_j 进行匹配的情况。

同理可证 $\mu(A_i)=B_h, \mu(B_j)=B_j$ 且 $\alpha_{ij}>\alpha_{ih}$ 的情况。

(iii) $\mu(A_i)=B_h, \mu(B_j)=A_k$ 且 $\alpha_{ij}>\alpha_{ih}, \beta_{ij}>\beta_{kj}$。由 $\alpha_{ij}=\beta_{ij}=m_{ij}>\alpha_{ih}=\beta_{ih}=m_{ih}$ 以及 $\beta_{ij}=\alpha_{ij}=m_{ij}>\beta_{kj}=\alpha_{kj}=m_{kj}$ 可知，在排序向量中 m_{ij} 排在 m_{ih} 和 m_{kj} 之前。由贪婪算法的步骤可知，任意的 A_p 和 B_q，只要 A_p 和 B_q 在算法的第 $t(t \geqslant 3)$ 步中进行了匹配，那么在任意的第 $t'>t$ 步 A_p 和 B_q 就不会放弃当前匹配对象与其他匹配主体进行重新匹配。$\mu(A_i)=B_h, \mu(B_j)=A_k$ 且在排序向量中 m_{ij} 排在 m_{ih} 和 m_{kj} 之前，说明在 m_{ij} 成为排序向量中排在第 1 位的元素时，A_i 和 B_j 都没有匹配对象，那么此时 A_i 和 B_j 一定会进行匹配，而不会出现 A_i 和 B_h、A_k 和 B_j 进行匹配的情况。

综上可知，通过贪婪算法获得的匹配方案中一定不会出现阻塞对，即贪婪算法获得的匹配方案一定是稳定匹配。

定理 5.2 贪婪算法获得的匹配方案一定是帕累托弱有效匹配。

证明：设通过贪婪算法获得的匹配方案为 ν，那么由定理 5.1 可知 ν 一定是稳定匹配。假设 ν 不是帕累托弱有效匹配，且存在一个匹配方案 μ 帕累托弱占优 ν。那么由定义 5.8 和定义 5.9 可知，对于 $\forall A_i \in A$ 一定满足条件(1a)或(1b)，对于 $\forall B_j \in B$ 一定满足条件(2a)或(2b)。下面证明满足这样条件的 A_i 和 B_j 并不存在。

(1)假设 $\exists A_i \in A, \mu(A_i)=B_g, \nu(A_i)=B_h$，且 $\alpha_{ig}>\alpha_{ih}$。若 $\nu(B_g)=B_g$，那么由于 $\beta_{ig}=\alpha_{ih}>\alpha_{ig}=\beta_{ih}$，因此是 (A_i,B_g) 匹配方案 ν 的阻塞对，显然这与 ν 是稳定匹配矛盾；若 $\nu(B_g)=A_i$，由于匹配方案 μ 帕累托弱占优 ν，那么，由定义 5.9 可知，B_g 对 μ 中匹配对象 A_i 的满意度大于对 ν 中匹配对象 A_k 的满意度，即 $\beta_{ig}>\beta_{kg}$。又由于 $\alpha_{ig}>\alpha_{ih}$，因此，(A_i,B_g) 是匹配方案 ν 的阻塞对，这与 ν 是稳定匹配矛盾。

(2)假设 $\exists A_i \in A, \nu(A_i)=A_i, \mu(A_i)=B_g$ 且 $\alpha_{ig}>\alpha_{ih}=0$。若 $\nu(B_g)=B_g$，由于 $\beta_{ig}=\alpha_{ig}>0$，显然 (A_i,B_g) 是匹配方案 ν 的阻塞对，这与 ν 是稳定匹配矛盾；若 $\nu(B_g)=A_k$，由于 μ 占优 ν，因此，B_g 对 $\mu(B_j)$ 的满意度大于对 ν 中匹配对象的满

意度，即 $\beta_{ig} > \beta_{kg}$。又由于 $\alpha_{ig} > 0$，那么 (A_i, B_g) 一定是匹配方案 ν 的阻塞对，显然这与 ν 是稳定匹配矛盾。

同理可证不存在 $\forall B_j \in B$ 满足 (2c) 或 (2d)，因此，不存在匹配方案 μ 弱占优匹配方案 ν，所以贪婪算法获得的匹配方案一定是帕累托弱有效匹配。

定理 5.3 贪婪算法获得的匹配方案不一定是帕累托有效匹配。

下面通过一个反例来说明定理 5.3 的正确性。

设双边主体的满意度矩阵为

$$\boldsymbol{M}_0 = \begin{array}{c} \\ A_1 \\ A_2 \\ A_3 \end{array} \begin{array}{ccc} B_1 & B_2 & B_3 \end{array} \left[\begin{array}{ccc} 0.6 & -0.1 & 0.6 \\ 0.6 & 0.6 & -0.2 \\ -0.4 & -0.3 & 0.6 \end{array} \right]$$

满意度矩阵降序排列后的排序向量 $\boldsymbol{T}_0 = (m_{13}, m_{11}, m_{21}, m_{22}, m_{33})$，然后采用贪婪算法获得的稳定匹配为 $\nu = \{(A_1, B_3), (A_2, B_1)\}$。同时存在一个稳定匹配方案 $\mu = \{(A_1, B_1), (A_2, B_2), (A_3, B_3)\}$。显然与匹配方案 ν 相比，在匹配方案 μ 中，在没有降低 A_1、A_2、B_1 和 B_3 的满意度的情况下，A_3 和 B_2 获得了更高的满意度。因此，依据定义 5.7 和定义 5.8 可知，μ 占优 ν，ν 不是帕累托有效匹配。

定理 5.4 若对于 $\forall A_i \in A, \forall B_j \in B, \theta_i + \lambda_j = 1$ 且 $\alpha_{ih} \neq \alpha_{ik}(h \neq k), \beta_{fj} \neq \beta_{gj}$ $(f \neq g)$，则贪婪算法获得的匹配方案一定是帕累托有效匹配。

证明：设通过贪婪算法获得的稳定匹配为 ν，若要证明 ν 是帕累托有效匹配可以证明不存在匹配方案占优 ν。假设存在一个匹配方案 μ 占优 ν，那么依据定义 5.7 可知，至少存在一个 A_i 满足 (1c) 或 (1d) 或至少存在一个 B_j 满足 (2c) 或 (2d)。下面证明满足这样条件的 A_i 或 B_j 并不存在。

(i) 假设存在 $\nu(A_i) = B_h, \mu(A_i) = B_g$ 且 $\alpha_{ig} > \alpha_{ih}$。若 $\nu(B_g) = B_g$，显然 (A_i, B_g) 是匹配方案 ν 的阻塞对，这与 ν 是稳定匹配矛盾；若 $\nu(B_g) = A_k$，由于 μ 占优 ν，因此，B_g 对 μ 中匹配对象 A_i 的满意度不小于对 ν 中匹配对象 A_k 的满意度，即 $\beta_{ig} \geqslant \beta_{kg}$。又由于 $\forall B_j \in B, \beta_{hj} \neq \beta_{kj}, h \neq k$，由此可得 $\beta_{ig} > \beta_{kg}$。此外又由于 $\alpha_{ig} > \alpha_{ih}$，因此，$(A_i, B_g)$ 是匹配方案 ν 的阻塞对，即 ν 不是稳定匹配，显然这与 ν 是稳定匹配矛盾。

(ii) 假设 $\nu(A_i) = A_i, \mu(A_i) = B_g$ 且 $\alpha_{ig} > \alpha_i = 0$。若 $\nu(B_g) = B_g$，显然 (A_i, B_g)

是匹配方案 ν 的阻塞对,这与 ν 是稳定匹配矛盾;若 $\nu(B_g)=A_k$,由于 μ 占优 ν,因此,B_g 对 $\mu(B_j)$ 的满意度不小于对 ν 中匹配对象的满意度,那么一定存在 $\beta_{ig} \geqslant \beta_{kg}$。又由于 $\forall B_j \in B, \beta_{hj} \neq \beta_{kj}, h \neq k$,由此可得 $\beta_{ig} > \beta_{kg}$,并且由于 $\alpha_{ig} > 0$,因此 (A_i, B_g) 是匹配方案 ν 的阻塞对,即 ν 不是稳定匹配,显然这与 ν 是稳定匹配矛盾。

由(i)和(ii)可知满足条件(1c)或(1d)的 A_i 不存在,同理可证满足条件(2c)或(2d)的 B_j 不存在。因此,匹配方案 μ 占优 ν 的假设不成立,所以贪婪算法获得的稳定匹配 ν 一定是帕累托有效匹配。

定理 5.5 若对于 $\forall A_i \in A, \forall B_j \in B, \theta_i + \lambda_j = 1$ 且 $\alpha_{ih} \neq \alpha_{ik}, h \neq k, \beta_{fj} \neq \beta_{gj}, f \neq g$,则考虑互惠偏好的双边匹配问题只有唯一的稳定匹配。

证明:设通过贪婪算法获得的稳定匹配为 $\nu = \{(A_{h_1}, B_{g_1}), (A_{h_2}, B_{g_2}), \cdots, (A_{h_t}, B_{g_t})\}$,其中,$m_{h_1,g_1} \geqslant m_{h_2,g_2} \geqslant \cdots \geqslant m_{h_t,g_t}$,$1 \leqslant h_1 \neq h_2 \neq \cdots \neq h_t \leqslant m$,$1 \leqslant g_1 \neq g_2 \neq \cdots \neq g_t \leqslant n$。

$A^* = A \backslash \{A_{h_1}, A_{h_2}, \cdots, A_{h_t}\}$,$B^* = B \backslash \{B_{g_1}, B_{g_2}, \cdots, B_{g_t}\}$。

由于 $m_{h_1,g_1} \geqslant m_{h_2,g_2} \geqslant \cdots \geqslant m_{h_t,g_t}$,由此可知,$m_{h_1,g_1}$ 是满意度矩阵 $\boldsymbol{M}_0$ 中的最大值,即 $m_{h_1,g_1} > m_{h_t,g_1}, m_{h_1,g_1} > m_{h_1,g_t}$,$1 \leqslant h_t \leqslant m, 1 \leqslant g_t \leqslant n$,且 $h_1 \neq h_t, g_1 \neq g_t$。此外,由于 $\alpha_{ih} \neq \alpha_{ik}, h \neq k, \beta_{fj} \neq \beta_{gj}, f \neq g$,因此,若 A_{h_1} 与集合 B/B_{g_1} 中的元素进行匹配或 B_{g_1} 与集合 A/A_{h_1} 中的元素进行匹配,则 (A_{h_1}, B_{g_1}) 一定是阻塞对。换言之,只要 A_{h_1} 和 B_{g_1} 不进行匹配,则 (A_{h_1}, B_{g_1}) 一定是阻塞对,即在稳定匹配方案中,A_{h_1} 和 B_{g_1} 一定是匹配对。

那么显然若 A_{h_t} 与 $B_{g_1}(h_t \neq h_1)$ 或 B_{g_t} 与 $A_{h_1}(g_t \neq g_1)$ 进行匹配,则 (A_{h_1}, B_{g_1}) 一定会形成阻塞对。此外,由于 m_{h_2,g_2} 是满意度矩阵 $\boldsymbol{M}_0$ 中除 m_{h_t,g_t} 和 m_{h_1,g_t} 之外的最大值,若 A_{h_2} 与集合 $B/\{B_{g_1}, B_{g_2}\}$ 中的元素进行匹配或 B_{g_2} 与集合 $A/\{A_{h_1}, A_{h_2}\}$ 中的元素进行匹配,则 (A_{h_2}, B_{g_2}) 一定是阻塞对。因此,只要 A_{h_2} 和 B_{g_2} 不进行匹配,形成的匹配方案中就一定存在阻塞对,即在稳定匹配方案中,A_{h_2} 和 B_{g_2} 一定是匹配对。以此类推,对于 $\forall (A_{h_r}, B_{g_r}) \in \nu$,只要 A_{h_r} 和 B_{g_r} 不形成匹配对,则形成的匹配方案就不是稳定匹配,即在稳定匹配中,A_{h_r} 和 B_{g_r} 一定是匹配对。

此外,对于 $\forall A_i \in A^*, \forall B_j \in B^*$,$A_i$ 和 B_j 一定是不可接受对,否则,(A_i, B_j) 一定是匹配方案 ν 中的匹配对。因此,除 ν 中的匹配对之外,任意的稳定匹配

方案中不可能再有其他匹配对。

综上可知,双边匹配问题只有唯一的稳定匹配 ν。

(3) 双边匹配决策方法的步骤

综上所述,针对考虑双边互惠偏好的双边匹配问题,本书给出的双边匹配决策方法的步骤如下:

步骤 1:依据 A_i 给出 B_j 的排序值 r_{ij} 和 B_j 给出的 A_i 的排序值 s_{ij},采用式(5.1)和(5.2)计算 A_i 和 B_j 的个体满意度 $p_1(r_{ij})$ 和 $q_1(s_{ij})$;

步骤 2:依据 B_j 给出的 A_i 的排序值 s_{ij} 和 A_i 给出的 B_j 的排序值,采用式(5.3)和(5.4)计算 A_i 和 B_j 的互惠满意度 $p_2(r_{ij})$ 和 $q_2(s_{ij})$;

步骤 3:依据双边主体给出的互惠因子 θ_i 和 λ_j,采用式(5.5)和(5.6)计算 A_i 和 B_j 的总体满意度 α_{ij} 和 β_{ij};

步骤 4:构建多目标优化模型(5.7a)—(5.7h)(若 $\theta_i + \lambda_j = 1$ 也可直接采用 5.2.5 节设计的贪婪算法快速获得一个稳定匹配方案);

步骤 5:求解单独考虑目标函数 Z_1 和 Z_2 的优化模型,获得 $Z_1^{\min}$、$Z_1^{\max}$、$Z_2^{\min}$ 和 $Z_2^{\max}$;

步骤 6:采用式(5.8)和式(5.9)中的隶属函数将多目标优化模型(5.7a)—(5.7h)转换为单目标优化模型(5.10a)—(5.10b);

步骤 7:求解单目标优化模型(5.10a)—(5.10b),获得最优匹配方案。

5.2.6 算例分析

国内某婚恋中介在某段时间内收到 10 位男士($A_1, A_2, \cdots, A_{10}$)和 6 位女士($B_1, B_2, \cdots, B_6$)提交的征婚交友信息。男士和女士在择偶时主要考虑对方的年龄、职业、相貌、身高、学历、性格、家庭背景、个人收入等,男士 A_i 对每个女士的基本情况进行综合评估后给出了 6 个女士的排序,如表 5.1 所示;类似地,女士 B_j 对每个男士的基本情况进行综合评估后给出了 10 个男士的排序,如表 5.2 所示。同时在现实生活中,若男士 A_i 把女士 B_j 排在更靠前的位置,例如男士 A_i 认为在 6 个女士中,女士 B_j 是最好的,由于心理因素的影响,女士 B_j 会由于男士 A_i 对自己更感兴趣而产生互惠偏好,相对于其他男士,女士 B_j 会给予男士 A_i 更高的互惠偏好;类似地,男士也具有互惠偏好。男士 A_i 和女士 B_j 给出的互惠因子分别如表 5.3 和表 5.4 所示。

表 5.1 男士给出的偏好排序

	B_1	B_2	B_3	B_4	B_5	B_6
A_1	5	4	7	2	3	1
A_2	1	6	5	3	4	2
A_3	7	2	1	3	4	5
A_4	4	5	2	1	3	6
A_5	5	6	1	4	2	3
A_6	3	4	1	2	5	6
A_7	5	1	2	6	4	3
A_8	4	7	2	5	1	3
A_9	1	2	3	4	5	6
A_{10}	6	3	5	2	1	4

表 5.2 女士给出的偏好排序

	B_1	B_2	B_3	B_4	B_5	B_6
A_1	3	6	8	1	11	1
A_2	4	4	9	2	7	8
A_3	7	5	1	7	5	9
A_4	5	11	7	8	4	5
A_5	11	1	4	3	3	10
A_6	2	9	10	9	2	6
A_7	6	2	3	4	1	2
A_8	1	7	5	11	8	4
A_9	11	8	6	5	6	3
A_{10}	8	3	2	6	9	7

表 5.3 男士互惠因子

	θ_i		θ_i
A_1	0.4	A_6	0.5
A_2	0.5	A_7	0.7
A_3	0.1	A_8	0.6
A_4	1.0	A_9	0.4
A_5	0.3	A_{10}	0.2

第 5 章 基于互惠偏好信息的稳定双边匹配方法

表 5.4 女士互惠因子

	B_1	B_2	B_3	B_4	B_5	B_6
λ_j	0.6	0.4	0.8	0.4	0.2	0.3

下面采用本书提出的双边匹配决策方法来解决上述男士和女士婚姻匹配问题。

首先,依据表 5.1 和表 5.2 中男士和女士分别给出的对方偏好排序信息,采用式(5.1)和式(5.2)计算男士 A_i 对女士 B_j 的个体满意度 $p_1(r_{ij})$,如表 5.5 所示,以及女士 B_j 对男士 A_i 的个体满意度 $q_1(s_{ij})$,如表 5.6 所示。

表 5.5 男士的个体满意度

	B_1	B_2	B_3	B_4	B_5	B_6
A_1	0.20	0.25	$-M$	0.50	0.33	1.00
A_2	1.00	0.17	0.20	0.33	0.25	0.50
A_3	$-M$	0.50	1.00	0.33	0.25	0.20
A_4	0.25	0.20	0.50	1.00	0.33	0.17
A_5	0.20	0.17	1.00	0.25	0.50	0.33
A_6	0.33	0.25	1.00	0.50	0.20	0.17
A_7	0.20	1.00	0.50	0.17	0.25	0.33
A_8	0.25	$-M$	0.50	0.20	1.00	0.33
A_9	1.00	0.50	0.33	0.25	0.20	0.17
A_{10}	0.17	0.33	0.20	0.50	1.00	0.25

表 5.6 女士的个体满意度

	B_1	B_2	B_3	B_4	B_5	B_6
A_1	0.33	0.17	0.13	1.00	$-M$	1.00
A_2	0.25	0.25	0.11	0.50	0.14	0.13
A_3	0.14	0.20	1.00	0.14	0.20	0.11
A_4	0.20	$-M$	0.14	0.13	0.25	0.20
A_5	$-M$	1.00	0.25	0.33	0.33	0.10
A_6	0.50	0.11	0.10	0.11	0.50	0.17
A_7	0.17	0.50	0.33	0.25	1.00	0.50
A_8	1.00	0.14	0.20	$-M$	0.13	0.25
A_9	$-M$	0.13	0.17	0.20	0.17	0.33
A_{10}	0.13	0.33	0.50	0.17	0.11	0.14

然后,依据表 5.2 中女士给出的男士偏好排序信息以及表 5.1 中男士给出的女士偏好排序信息,分别采用式(5.3)和式(5.4)来计算男士 A_i 对女士 B_j 的互惠满意度 $p_2(s_{ij})$,如表 5.7 所示,以及女士 B_j 对男士 A_i 的互惠满意度 $q_2(r_{ij})$,如表 5.8 所示。

表 5.7 男士的互惠满意度

	B_1	B_2	B_3	B_4	B_5	B_6
A_1	0.33	0.17	0.13	1.00	$-M$	1.00
A_2	0.25	0.25	0.11	0.50	0.14	0.13
A_3	0.14	0.20	1.00	0.14	0.20	0.11
A_4	0.20	$-M$	0.14	0.13	0.25	0.20
A_5	$-M$	1.00	0.25	0.33	0.33	0.10
A_6	0.50	0.11	0.10	0.11	0.50	0.17
A_7	0.17	0.50	0.33	0.25	1.00	0.50
A_8	1.00	0.14	0.20	$-M$	0.13	0.25
A_9	$-M$	0.13	0.17	0.20	0.17	0.33
A_{10}	0.13	0.33	0.50	0.17	0.11	0.14

表 5.8 女士的互惠满意度

	B_1	B_2	B_3	B_4	B_5	B_6
A_1	0.20	0.25	$-M$	0.50	0.33	1.00
A_2	1.00	0.17	0.20	0.33	0.25	0.50
A_3	$-M$	0.50	1.00	0.33	0.25	0.20
A_4	0.25	0.20	0.50	1.00	0.33	0.17
A_5	0.20	0.17	1.00	0.25	0.50	0.33
A_6	0.33	0.25	1.00	0.50	0.20	0.17
A_7	0.20	1.00	0.50	0.17	0.25	0.33
A_8	0.25	$-M$	0.50	0.20	1.00	0.33
A_9	1.00	0.50	0.33	0.25	0.20	0.17
A_{10}	0.17	0.33	0.20	0.50	1.00	0.25

进一步地,依据男士和女士的个体满意度和互惠满意度以及男士和女士给出的互惠因子,采用式(5.5)和(5.6)分别计算男士和女士的总体满意度 α_{ij} 和 β_{ij},如表 5.9 和表 5.10 所示。

表 5.9 男士的总体满意度

	B_1	B_2	B_3	B_4	B_5	B_6
A_1	0.25	0.22	$-M$	0.70	$-M$	1.00
A_2	0.62	0.21	0.16	0.42	0.20	0.32
A_3	$-M$	0.47	1.00	0.31	0.24	0.19
A_4	0.20	$-M$	0.14	0.13	0.25	0.20
A_5	$-M$	0.42	0.77	0.27	0.45	0.26
A_6	0.42	0.18	0.55	0.30	0.35	0.17
A_7	0.18	0.65	0.38	0.23	0.77	0.45
A_8	0.70	$-M$	0.32	$-M$	0.48	0.28
A_9	$-M$	0.35	0.27	0.23	0.19	0.23
A_{10}	0.16	0.33	0.26	0.43	0.82	0.23

表 5.10 女士的总体满意度

	B_1	B_2	B_3	B_4	B_5	B_6
A_1	0.25	0.30	M	0.00	M	1.00
A_2	0.70	0.22	0.18	0.43	0.16	0.24
A_3	$-M$	0.32	1.00	0.22	0.21	0.14
A_4	0.23	$-M$	0.43	0.48	0.27	0.19
A_5	$-M$	0.67	0.85	0.30	0.36	0.17
A_6	0.40	0.17	0.82	0.27	0.44	0.17
A_7	0.19	0.70	0.47	0.22	0.85	0.45
A_8	0.55	$-M$	0.44	$-M$	0.30	0.27
A_9	$-M$	0.28	0.30	0.22	0.18	0.28
A_{10}	0.15	0.33	0.26	0.30	0.29	0.17

在此基础上,可以构建多目标优化模型(5.7a)—(5.7h),并采用本书提出的多目标优化模型求解方法进行求解,获得的最优稳定匹配方案为 $\mu^* = \{(A_1, B_6), (A_2, B_1), (A_3, B_3), (A_4, B_4), (A_5, B_2), (A_7, B_5)\}$,即男士 A_1 与女士 B_6 进行匹配,男士 A_2 与女士 B_1 进行匹配,男士 A_3 与女士 B_3 进行匹配,男士 A_4 与女士 B_4 进行匹配,男士 A_5 与女士 B_2 进行匹配,男士 A_7 与女士 B_5 进行匹配。若不考虑男士和女士双方的互惠偏好,获得的最优稳定匹配方案为 $\mu^* = \{(A_1, B_6), (A_2, B_4), (A_3, B_3), (A_5, B_2), (A_7, B_5), (A_8, B_1)\}$。考虑双边互惠偏好和不考虑双边互惠偏好的对比分析结果,如表 5.11 所示。

表 5.11 对比分析

最优匹配方案		目标函数 Z_1 值	目标函数 Z_2 值
考虑双边互惠偏好	$A_1 \leftrightarrow B_6, A_2 \leftrightarrow B_1, A_3 \leftrightarrow B_3$ $A_4 \leftrightarrow B_4, A_5 \leftrightarrow B_2, A_7 \leftrightarrow B_5$	3.94	4.70
不考虑双边互惠偏好	$A_1 \leftrightarrow B_6, A_2 \leftrightarrow B_4, A_3 \leftrightarrow B_3$ $A_5 \leftrightarrow B_2, A_7 \leftrightarrow B_5, A_8 \leftrightarrow B_1$	3.00	5.50

从表 5.11 可以看出,考虑双边互惠偏好与不考虑双边互惠偏好获得的最优稳定匹配方案是不相同的,目标函数 Z_1 和 Z_2 的值也不相同,由此可以看出,双边主体的互惠偏好对双边匹配决策结果具有重要影响,在双边匹配决策过程中不能忽视这一因素。

本书对 $\theta_i + \lambda_j = 1$ 时不同 θ_i 和 λ_j 的取值对双边匹配结果的影响进行了分析。由于本书算例规模比较小,当 $\theta_i + \lambda_j = 1$ 时通过采用 Lingo 软件包求解优化模型 (5.7a)—(5.7h) 获得的最优匹配方案,如表 5.12 所示。

表 5.12 求解优化模型获得的最优匹配方案

序号	θ_i	λ_j	最优匹配方案	Z_1	Z_2
1	0.0	1.0	$\{(A_1,B_6),(A_4,B_4),(A_6,B_3),(A_7,B_2),(A_9,B_1),(A_{10},B_5)\}$	6.00	6.00
2	0.1	0.9	$\{(A_1,B_6),(A_2,B_1),(A_3,B_3),(A_4,B_4),(A_7,B_2),(A_8,B_5)\}$	5.69	5.69
3	0.2	0.8	$\{(A_1,B_6),(A_2,B_1),(A_3,B_3),(A_4,B_4),(A_7,B_2),(A_8,B_5)\}$	5.41	5.41
4	0.3	0.7	$\{(A_1,B_6),(A_2,B_1),(A_3,B_3),(A_4,B_4),(A_7,B_2),(A_8,B_5)\}$	5.10	5.10
5	0.4	0.6	$\{(A_1,B_6),(A_2,B_1),(A_3,B_3),(A_4,B_4),(A_7,B_2),(A_8,B_5)\}$	4.80	4.80
6	0.5	0.5	$\{(A_1,B_6),(A_2,B_1),(A_3,B_3),(A_4,B_4),(A_7,B_2),(A_8,B_5)\}$	4.49	4.49
7	0.6	0.4	$\{(A_1,B_6),(A_2,B_3),(A_4,B_4),(A_5,B_2),(A_7,B_5),(A_8,B_1)\}$	4.55	4.55
8	0.7	0.3	$\{(A_1,B_6),(A_2,B_4),(A_3,B_3),(A_5,B_2),(A_7,B_5),(A_8,B_1)\}$	4.74	4.74
9	0.8	0.2	$\{(A_1,B_6),(A_2,B_4),(A_3,B_3),(A_5,B_2),(A_7,B_5),(A_8,B_1)\}$	5.00	5.00
10	0.9	0.1	$\{(A_1,B_6),(A_2,B_4),(A_3,B_3),(A_5,B_2),(A_7,B_5),(A_8,B_1)\}$	5.24	5.24
11	1.0	0.0	$\{(A_1,B_6),(A_2,B_4),(A_3,B_3),(A_5,B_2),(A_7,B_5),(A_8,B_1)\}$	5.50	5.50

由表 5.12 可以看出,随着男士互惠因子 θ_i 的不断增加,女士互惠因子 λ_j 不断减小,男士和女士的总体满意度呈现先降低后增加的趋势,并且虽然 θ_i 和 λ_j 不同取

值下获得的最优匹配方案有些是相同的,但是获得的总体满意度却是不同的,由此可以说明男士和女士的互惠因子对双边匹配决策的结果具有直接的影响。

当 $\theta_i + \lambda_j = 1$ 时,采用贪婪算法获得不同 θ_i 和 λ_j 取值下的最优匹配方案,如表 5.13 所示。由表 5.12 和表 5.13 可以看出,在不同 θ_i 和 λ_j 取值下,通过贪婪算法和优化模型获得的匹配方案大部分是相同的,但也有部分是不同的,比如表 5.7 中的方案和表 5.11 中的方案,采用优化模型获得的匹配方案的总体满意度要大于采用贪婪算法获得的匹配方案,但当双边匹配问题规模比较大时,贪婪算法所具有的高计算效率是求解优化模型所不能比拟的,因此,针对 $\theta_i + \lambda_j = 1$ 这种情形,需要决策者依据实际情况进行合理选择求解方法。

表 5.13 贪婪算法获得的最优匹配方案

序号	θ_i	λ_j	最优匹配方案	Z_1	Z_2
1	0.0	1.0	$\{(A_1,B_6),(A_2,B_1),(A_3,B_3),(A_4,B_4),(A_7,B_2),(A_8,B_5)\}$	6.00	6.00
2	0.1	0.9	$\{(A_1,B_6),(A_2,B_1),(A_3,B_3),(A_4,B_4),(A_7,B_2),(A_{10},B_5)\}$	5.69	5.69
3	0.2	0.8	$\{(A_1,B_6),(A_2,B_1),(A_3,B_3),(A_4,B_4),(A_7,B_2),(A_8,B_5)\}$	5.41	5.41
4	0.3	0.7	$\{(A_1,B_6),(A_2,B_1),(A_3,B_3),(A_4,B_4),(A_7,B_2),(A_8,B_5)\}$	5.10	5.10
5	0.4	0.6	$\{(A_1,B_6),(A_2,B_1),(A_3,B_3),(A_4,B_4),(A_7,B_2),(A_8,B_5)\}$	4.80	4.80
6	0.5	0.5	$\{(A_1,B_6),(A_2,B_1),(A_3,B_3),(A_4,B_4),(A_7,B_2),(A_8,B_5)\}$	4.49	4.49
7	0.6	0.4	$\{(A_1,B_6),(A_3,B_3),(A_4,B_4),(A_7,B_2),(A_8,B_1),(A_{10},B_1)\}$	4.35	4.35
8	0.7	0.3	$\{(A_1,B_6),(A_2,B_4),(A_3,B_3),(A_5,B_2),(A_7,B_5),(A_8,B_1)\}$	4.74	4.74
9	0.8	0.2	$\{(A_1,B_6),(A_2,B_4),(A_3,B_3),(A_5,B_2),(A_7,B_5),(A_8,B_1)\}$	5.00	5.00
10	0.9	0.1	$\{(A_1,B_6),(A_2,B_4),(A_3,B_3),(A_5,B_2),(A_7,B_5),(A_8,B_1)\}$	5.24	5.24
11	1.0	0.0	$\{(A_1,B_4),(A_3,B_3),(A_5,B_2),(A_7,B_5),(A_8,B_1),(A_9,B_6)\}$	5.33	5.33

5.3 考虑单边互惠偏好信息的稳定匹配方法

5.3.1 符号说明与问题描述

本书提出的考虑单边互惠偏好信息的稳定双边匹配问题描述如下:在研究的双边匹配问题中,一个甲方主体最多与一个乙方主体进行匹配,一个乙方主体最多与一个甲方主体进行匹配。甲方主体给出关于乙方主体的个体偏好序信息,乙方主体根据甲方主体给出的偏好序信息给出关于甲方主体的互惠偏好序信息，双边匹配优化的目标是在考虑双边主体稳定性的情况下，获得双边主体总体满意度最大的匹配方案。上述双边匹配问题的研究目标是：依据甲方主体对乙方主体的个体偏好序信息以及乙方主体的互惠偏好序信息，提出一个有效的双边匹配方法，获得双边主体稳定和满意的匹配方案。

设甲方主体集合为 $A=\{A_1,A_2,\cdots,A_m\}$，其中 A_i 表示第 i 个甲方主体，$i=1,2,\cdots,m$；乙方主体集合为 $B=\{B_1,B_2,\cdots,B_n\}$，其中 B_j 表示第 j 个乙方主体，$j=1,2,\cdots,n$，且 $m\leqslant n$。本书考虑的是一对一双边匹配问题，即一个甲方主体 A_i 最多与一个乙方主体进行匹配，而一个乙方主体 B_j 也最多与一个甲方主体进行匹配。

为便于叙述，本书将甲方主体 A_i 对乙方主体 B_j 的偏好称为 A_i 的个体偏好；将 B_j 对于自己在 A_i 偏好列表中的排序位置所产生的偏好称为 B_j 的互惠偏好。本书要解决的是这样一类双边匹配问题，甲方主体对乙方主体具有严格的个体偏好信息，乙方主体对甲方主体具有无差异偏好信息，即乙方主体无法通过对甲方主体的个体偏好来选择最优的甲方主体，由此，乙方主体需要考虑对甲方主体的互惠偏好信息，如图 5.2 所示。其中，'⟶' 表示 A_i 对 B_j 的个体偏好，'⟵' 表示 B_j 对 A_i 的互惠偏好，'———' 表示 A_i 和 B_j 进行匹配，形成匹配对 (A_i,B_j)，所有的 '———' 连接的匹配对 (A_i,B_j) 构成一个匹配方案。

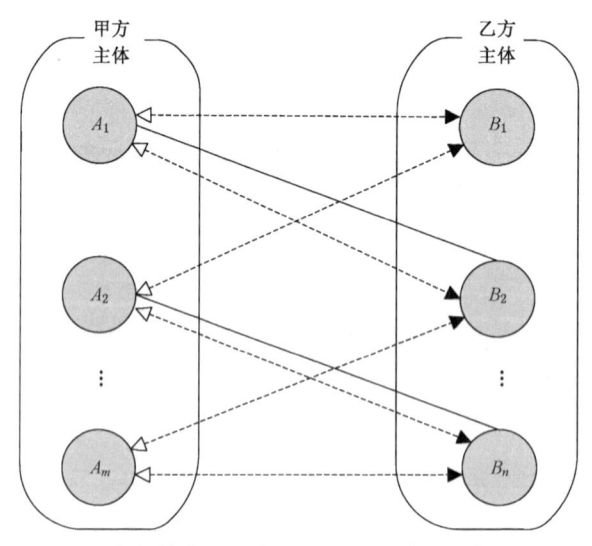

图 5.2　考虑单边互惠偏好信息的一对一双边匹配问题

下面给出考虑单边互惠偏好信息的双边匹配问题的数学描述。

令 $\boldsymbol{R}=[r_{ij}]_{m\times n}$ 为甲方主体给出的关于乙方主体的个体偏好排序矩阵,$i=1,2,\cdots,m;j=1,2,\cdots,n$。其中 r_{ij} 是 A_i 给出的关于 B_j 的个体偏好排序值,具体表示在 n 个乙方主体中,A_i 把 B_j 排在第 r_{ij} 个位置,$1\leqslant r_{ij}\leqslant n$,且 r_{ij} 越小,表示 A_i 认为 B_j 越优,反之亦然。不失一般性,$r_{ij}=1$ 表示 A_i 认为 B_j 是所有乙方主体中最优的;$r_{ij}=n$ 表示 A_i 认为 B_j 是所有可接受的乙方主体中最差的。

设 $\boldsymbol{T}=[t_{ij}]_{m\times n}$ 为乙方主体的互惠偏好排序矩阵,其中 t_{ij} 表示乙方主体 B_j 对甲方主体 A_i 产生的互惠偏好排序值,$i=1,2,\cdots,m;j=1,2,\cdots,n$。在本书乙方主体 B_j 考虑互惠偏好的双边匹配问题中,甲方主体 A_i 给出的 B_j 的偏好排序值 r_{ij} 越小,即 B_j 在 A_i 偏好排序列表中的位置越靠前,B_j 认为 A_i 越优,那么,B_j 给出的 A_i 的偏好排序值越小,反之亦然。不失一般性,若 $r_{ij}=1$,则 B_j 认为 A_i 是所有甲方主体中最优的;若 $r_{ij}=n$,则 B_j 认为 A_i 是所有可接受的甲方主体中最差的。

本书要解决的问题是:依据甲方主体给出的个体偏好信息以及在此基础上乙方主体产生的互惠偏好,采用某种双边匹配决策方法,获得双边主体都尽可能满意的稳定匹配方案。

5.3.2 研究框架及框架说明

本节针对考虑单边互惠偏好信息的一对一双边匹配问题,具体的决策思路如下:

第一阶段为双边匹配的准备阶段。首先,依据基于单边互惠偏好信息的一对一双边匹配问题的研究背景,采用数据收集和预处理方法,确定双边匹配问题的双边主体;其次,双边主体通过主观评价法,提供关于对方的个体偏好信息和互惠偏好信息。

第二阶段为决策分析阶段。决策分析阶段是本节所完成的主要工作,具体地,首先,采用优化建模方法,在考虑稳定性的情况下,构建了以双边主体满意度最大为目标的多目标优化模型,证明了模型的有效解是甲方主体帕累托有效匹配,也是乙方主体帕累托有效匹配;其次,分析了所建立的模型等价于一个单目标优化模型,进而运用 Lingo、Cplex 等优化软件包或采用智能优化算法进行求解,并将求解模型获得的最优解对应的匹配方案作为最优的双边匹配方案。

5.3.3 相关概念界定

(1) 单边互惠稳定匹配

在考虑单边互惠偏好的双边匹配方案中，没有形成匹配对的甲方和乙方两个匹配主体，如果甲方主体认为乙方主体要优于当前的匹配对象，而乙方主体认为与当前匹配对象给出的排序位置相比，甲方主体把自己排在更靠前的排序位置上，由此将造成匹配方案的不稳定性[19-20]。为防止获得的匹配方案中出现这种情况，本节首先给出了单边互惠阻塞对的概念，并进一步地给出了单边互惠稳定匹配的概念。

定义 5.10（单边互惠阻塞对） 设一对一双边匹配 $\mu: A \bigcup B \to A \bigcup B$，对任意的 $A_i, A_k \in A, B_j, B_h \in B, i \neq k, h \neq j$，若可接受对 (A_i, B_j) 满足以下条件之一：(1) $\mu(A_i) = A_i, \mu(B_j) = B_j$；(2) $\mu(A_i) = A_i, \mu(B_j) = A_k$ 且 $r_{ij} < r_{kj}$；(3) $\mu(A_i) = B_h, \mu(B_j) = B_j$ 且 $r_{ij} < r_{ih}$；(4) $\mu(A_i) = B_h, \mu(B_j) = A_k$ 且 $r_{ij} < r_{ih}$，$r_{ij} < r_{kj}$ 则称匹配方案 μ 被可接受对 (A_i, B_j) 阻塞，并称 (A_i, B_j) 为匹配方案 μ 的一个单边互惠阻塞对。

定义 5.11（单边互惠稳定匹配） 设一对一双边匹配 $\mu: A \bigcup B \to A \bigcup B$，若匹配方案 μ 中不存在个单边互惠阻塞对，则称 μ 为单边互惠稳定匹配。

定理 5.6（单边互惠稳定匹配的存在性） 具有单边互惠偏好的双边匹配问题的单边互惠稳定匹配集合是非空的。

证明：为了证明考虑单边互惠偏好的双边匹配问题的单边互惠稳定匹配存在性，本书首先给出了一个扩展的 G-S 算法。扩展 G-S 算法的具体流程如下：

Step 1：每个甲方主体都向偏好列表中可接受的且排序位置为第 1 位的乙方主体发出申请。收到申请的每个乙方主体选择把自己排在偏好列表中最靠前的甲方主体，拒绝其他甲方主体。若向乙方主体发出申请的甲方主体中，同时存在多个甲方主体都把乙方主体排在最靠前位置，即存在多个乙方主体最偏好的甲方主体，则乙方主体随机选择一个甲方主体，拒绝其他甲方主体。

Step $t > 1$：在 $t-1$ 步中被拒绝的甲方主体，向其偏好列表中下一个可接受的且最偏好的乙方主体发出申请。每个乙方主体从最新收到的申请和 $t-1$ 步中暂时接受的甲方主体中，选择把自己排在最靠前位置的甲方主体，拒绝其他甲方主体。若把乙方主体排在最靠前位置的甲方主体同时有多个,则乙方主体随机选择一个甲方主体,拒绝其他甲方主体。

Stop:每个甲方主体要么发出的申请被乙方主体接受,要么已经被偏好列表中的所有乙方主体拒绝。

假设通过扩展 G-S 算法获得的匹配方案为 μ,可以证明 μ 一定是稳定匹配。假设在匹配方案 μ 中,相互可接受的 A_i 和 B_j 没有形成匹配,且 A_i 认为 B_j 优于 $\mu(A_i)$,那说明在算法过程中 A_i 曾经向 B_j 发出过申请,但由于 $\mu(B_j)$ 给出的 B_j 的排序位置比 A_i 给出的 B_j 的排序位置更靠前,因而 B_j 拒绝了 A_i,或者 A_i 和 $\mu(B_j)$ 给出的 B_j 的排序位置是相同的,但算法随机选择了 $\mu(B_j)$ 而拒绝了 A_i。由此可知,对 B_j 而言 $\mu(B_j)$ 不劣于 A_i,那么由定义 5.10 可知,可接受对 (A_i,B_j) 不会阻塞 μ,因此,μ 一定是稳定匹配。

综上可知,具有单边互惠偏好的双边匹配问题的单边互惠稳定匹配集合一定是非空的。 证毕

(2) 帕累托有效匹配

在双边匹配中,帕累托有效性是另外一个度量双边匹配方案优劣的重要准则。依据帕累托有效性针对的匹配主体不同,可以分为甲方主体帕累托有效性和乙方主体帕累托有效性。下面首先给出甲方主体帕累托占优和甲方主体帕累托有效匹配的概念。

对于某个匹配方案,若不存在一个甲方主体在不损害其他甲方主体利益的情况下,可以获得更好的匹配对象,则称该匹配方案为甲方主体帕累托有效匹配。在给出甲方主体帕累托有效匹配的具体定义之前,下面首先给出甲方主体帕累托占优的定义。

定义 5.12(甲方主体帕累托占优) 设 U 为双边匹配方案的集合,$\mu,\nu \in U$,对于 $\forall A_i \in A$ 满足以下条件之一:(a)$\mu(A_i) = A_i, \nu(A_i) = A_i$;(b)$\mu(A_i) = B_g$,$\nu(A_i) = B_h$,且 $r_{ig} = r_{ih}$;(c)$\mu(A_i) = B_g, \nu(A_i) = B_h$,且 $r_{ig} < r_{ih}$;(d)$\mu(A_i) = B_g$,$\nu(A_i) = A_i$,且 $1 \leqslant r_{ig} \leqslant n$,并且至少存在一个 A_i 满足(c)或(d),则称对甲方主体而言,匹配方案 μ 占优匹配方案 ν。

定义 5.13(甲方主体帕累托有效匹配) 设 U 为双边匹配方案的集合,$\mu \in U$,对于甲方主体而言,若在 U 中不存在匹配方案占优 μ,则称匹配方案 μ 为甲方

主体帕累托有效匹配。

类似地,可以给出乙方主体帕累托占优和乙方主体帕累托有效匹配的定义。对于某个匹配方案,若不存在一个乙方主体在不损害其他乙方主体利益的情况下,可以获得更好的匹配对象,则称该匹配方案为乙方主体帕累托有效匹配。

定义 5.14(乙方主体帕累托占优) 设 U 为双边匹配方案的集合,$\mu,\nu \in U$,对于 $\forall B_j \in B$ 满足以下条件之一:(a)$\mu(B_j) = B_j$,$\nu(B_j) = B_j$;(b)$\mu(B_j) = A_f$,$\nu(B_j) = A_k$,且 $r_{fj} = r_{kj}$;(c)$\mu(B_j) = A_f$,$\nu(B_j) = A_k$,且 $r_{fj} < r_{kj}$;(d)$\mu(B_j) = A_f$,$\nu(B_j) = B_j$,且 $1 \leqslant r_{fj} \leqslant n$,并且至少存在一个 B_j 满足(c)或(d),则称对乙方主体而言,匹配方案 μ 占优匹配方案 ν。

定义 5.15(乙方主体帕累托有效匹配) 设 U 为双边匹配方案的集合,$\mu \in U$,对于乙方主体而言,若在 U 中不存在匹配方案占优 μ,则称匹配方案 μ 为乙方主体帕累托有效匹配。

5.3.4 双边匹配决策方法

设 x_{ij} 为 0-1 型决策变量,$x_{ij} = 1$ 表示 A_i 与 B_j 进行匹配;否则,$x_{ij} = 0$。为了获得甲方主体和乙方主体都尽可能满意的稳定匹配方案,依据 A_i 给出的 B_j 的个体偏好排序 x_{ij} 以及在此基础上 B_j 产生的互惠偏好排序 t_{ij},可以构建考虑双边主体稳定性和满意性的双边匹配优化模型。

$$\min Z_1 = \sum_{i=1}^{m}\sum_{j=1}^{n} r_{ij}x_{ij} \tag{5.11a}$$

$$\min Z_2 = \sum_{i=1}^{m}\sum_{j=1}^{n} t_{ij}x_{ij} \tag{5.11b}$$

$$\text{s.t.} \sum_{j=1}^{n} x_{ij} = 1, i = 1,2,\cdots,m \tag{5.11c}$$

$$\sum_{i=1}^{m} x_{ij} \leqslant 1, j = 1,2,\cdots,n \tag{5.11d}$$

$$\sum_{r_{ih}>r_{ij}} x_{ih} - \sum_{r_{kj}>r_{ij}} x_{kj} \leqslant 0, i=1,2,\cdots,m; j=1,2,\cdots,n \tag{5.11e}$$

$$x_{ij} \in \{0,1\}, i=1,2,\cdots,m; j=1,2,\cdots,n \tag{5.11f}$$

在模型(5.11a)—(5.11f)中,式(5.11a)和(5.11b)是目标函数,其中,式(5.11a)是最大化甲方主体的满意度,式(5.11b)是最大化乙方主体的满意度;

式(5.11c)—(5.11f)为约束条件,式(5.11c)表示每个甲方主体与一个乙方主体进行匹配,式(5.11d)表示每个乙方主体最多与一个甲方主体进行匹配,式(5.11e)为单边互惠稳定匹配约束。

下面简要说明式(5.11e)能够保证获得单边互惠稳定匹配方案。若 $\sum_{r_{ih}>r_{ij}} x_{ih} = 1$,即 $\mu(A_i) = B_h$,且 $r_{ih} > r_{ij}$,则根据单边互惠稳定匹配约束(5.11e)一定有 $\sum_{r_{kj}>r_{ij}} x_{kj} = 1$;否则,有 $\sum_{r_{kj}>r_{ij}} x_{kj} = 0$,即 $\mu(B_j) = B_j$,或 $\mu(B_j) = A_k$,且 $r_{kj} > r_{ij}$,那么由定义5.10可知,此时 (A_i,B_j) 为单边互惠阻塞对;若 $\sum_{r_{ih}>r_{ij}} x_{ih} = 0$,即 $\mu(A_i) = B_h$,且 $r_{ih} < r_{ij}$,那么由定义5.10可知,无论 $\sum_{r_{kj}<r_{ij}} x_{kj} = 0$ 还是 $\sum_{r_{kj}<r_{ij}} x_{kj} = 1$,都能保证 (A_i,B_j) 不是单边互惠阻塞对,因此,式(5.11e)能够保证匹配方案中不存在单边互惠阻塞对。

甲方主体 A_i 给出的乙方主体 B_j 的偏好排序值 r_{ij} 越小,则 B_j 给出的 A_i 互惠偏好排序值也越小,由此可知,当目标函数 Z_1 获得最大值时,目标函数 Z_2 同时也取得最大值。因此,双目标优化模型(5.11a)—(5.11f)可化简为以式(5.11a)作为目标函数、式(5.11c)—(5.11f)作为约束条件的单目标优化模型(5.12a)—(5.12b)。

$$\min Z_1 = \sum_{i=1}^{m}\sum_{j=1}^{n} r_{ij} x_{ij} \qquad (5.12a)$$

$$\text{s. t. } (5.11c)—(5.11f) \qquad (5.12b)$$

单目标优化模型(5.12a)—(5.12b)是0-1整数规划模型,当双边匹配问题为规模比较小时,采用分支界定算法进行求解;当双边匹配问题规模比较大时,可采用 Cplex、Lingo 等优化软件或设计遗传算法、粒子群算法等智能优化算法进行求解。

定理5.7 在单边互惠稳定匹配方案中,模型(5.12a)—(5.12b)的有效解对应的匹配方案不仅是一个甲方主体帕累托有效匹配,也是一个乙方主体帕累托有效匹配。

证明:令模型(5.12a)—(5.12b)的最优解为 $\boldsymbol{X}^* = [x_{ij}]_{m \times n}$,目标函数的最优值为 Z^*,最优解对应的匹配方案为 μ。

假设匹配方案 μ 不是甲方主体帕累托最优匹配方案,并存在一个匹配方案 ν_1 占优 μ,设匹配方案 ν_1 对应的模型解为 $\boldsymbol{X}_1 = [x_{ij}]_{m \times n}$,$\boldsymbol{X}_1$ 对应的目标函数值为 Z_1。设 $\forall A_i \in A, \mu(A_i) = B_j, \nu_1(A_i) = B_h$,由于对甲方主体而言,$\nu_1$ 占优 μ,那么 A_i 在 ν_1 中的匹配对象 B_h 不劣于在 μ 中的匹配对象 B_j,即 $r_{ih} \leqslant r_{ij}$,且 $\exists A_g \in A$,设 $\mu(A_g) = B_f, \nu_1(A_g) = B_k$,$A_g$ 在 ν_1 中的匹配对象 B_k 优于在 μ 中的匹配对象 B_f,即 $r_{gf} < r_{gk}$。由此可知,模型(5.12a)—(5.12b)的解 $\boldsymbol{X}_1$ 对应的目标函数值 $Z_1 < Z^*$,显然,这与 Z^* 是模型(5.12a)—(5.12b)的最优目标函数值矛盾,因此,匹配方案 μ 一定是甲方主体帕累托有效匹配。

假设匹配方案 μ 不是乙方主体帕累托最优匹配方案,并存在一个匹配方案 ν_2 占优 μ。设匹配方案 ν_2 对应的模型解为 $\boldsymbol{X}_2 = [x_{ij}]_{m \times n}$,$\boldsymbol{X}_2$ 对应的目标函数值为 Z_2。

设 $\forall B_j \in B, \mu(B_j) = A_i, \nu_2(B_j) = A_h$,由于对乙方主体而言,$\nu_2$ 占优 μ,那么 B_j 在 ν_2 中的匹配对象 A_h 不劣于在 μ 中的匹配对象 A_i,即 $r_{hj} \leqslant r_{ij}$,且 $\exists B_f \in B$,设 $\mu(B_f) = A_g, \nu_2(B_f) = A_k$,$B_f$ 在 ν_2 中的匹配对象 A_g 优于在 μ 中的匹配对象 A_k,即 $r_{gf} < r_{kf}$。由此可知,$Z_2 < Z^*$,显然,这与 Z^* 是模型(5.12a)—(5.12b)的最优值矛盾,因此,匹配方案 μ 一定是乙方主体帕累托有效匹配。 证毕

综上所述,针对考虑单边互惠偏好的双边匹配问题,本书给出的双边匹配决策方法的步骤如下:

步骤 1 依据甲方主体给出的关于乙方主体的个体偏好排序矩阵 $\boldsymbol{R} = [r_{ij}]_{m \times n}$,乙方主体获得其互惠偏好信息矩阵 $\boldsymbol{T} = [t_{ij}]_{m \times n}$;

步骤 2 依据甲方主体的个体偏好排序 $\boldsymbol{R} = [r_{ij}]_{m \times n}$ 和乙方互惠偏好排序 $\boldsymbol{T} = [t_{ij}]_{m \times n}$,构建考虑稳定性和满意性的双目标优化模型(5.11a)—(5.11f);

步骤 3 根据模型特点,将双目标优化模型(5.11a)—(5.11f)转化为单目标优化模型(5.12a)—(5.12b);

步骤 4 求解单目标优化模型(5.12a)—(5.12b),获得最优匹配方案。

5.3.5 算例分析

国内某在线婚恋公司是一家通过互联网平台和线下会员见面进行交友和婚恋的服务商,为单身人士搭建沟通交流并撮合双方进行婚恋匹配的平台。在某

个时间段内该网站收到若干男士和若干女士提交的个人基本信息,通过系统对个人基本信息的初步筛选有 6 名男士 $A_1,A_2,\cdots,A_6$ 和 8 名女士 $B_1,B_2,\cdots,B_8$ 满足基本匹配条件。6 名男士根据 8 名女士的基本信息,如年龄、相貌、身高、职业、受教育程度、家庭经济条件等对 8 名女士进行综合评价,在此基础上给出 8 名女士的偏好排序,如表 5.14 所示。

表 5.14 6 名男士给出的 8 名女士偏好排序信息

男士	偏好排序
A_1	$B_2,B_1,B_8,B_7,B_5,B_6,B_3,B_4$
A_2	$B_3,B_8,B_1,B_6,B_4,B_7,B_5,B_2$
A_3	$B_6,B_4,B_2,B_5,B_8,B_1,B_7,B_3$
A_4	$B_4,B_5,B_6,B_1,B_2,B_3,B_8,B_7$
A_5	$B_1,B_2,B_3,B_4,B_7,B_5,B_6,B_8$
A_6	$B_5,B_6,B_7,B_8,B_3,B_2,B_4,B_1$

依据 6 名男士给出的偏好排序,8 名女士给出 6 名男士的互惠偏好排序信息,如表 5.15 所示。

表 5.15 8 名女士的互惠偏好信息

女士	互惠偏好排序
B_1	A_5,A_1,A_2,A_4,A_3,A_6
B_2	A_1,A_5,A_3,A_4,A_6,A_2
B_3	A_2,A_5,A_6,A_4,A_1,A_3
B_4	A_4,A_3,A_5,A_2,A_6,A_1
B_5	A_6,A_4,A_3,A_1,A_5,A_2
B_6	A_3,A_6,A_4,A_2,A_1,A_5
B_7	A_6,A_1,A_5,A_2,A_3,A_4
B_8	A_2,A_1,A_6,A_3,A_4,A_5

在此基础上,可以构建考虑互惠偏好的双边匹配优化模型(5.11a)—(5.11f),依据模型的特点可将其转化为单目标优化模型,并采用 Lingo 优化软件进行求解获得最优解为:

$$\boldsymbol{X}^* = \begin{bmatrix} 0 & 1 & 0 & 0 & 0 & 0 & 0 & 0 \\ 0 & 0 & 1 & 0 & 0 & 0 & 0 & 0 \\ 0 & 0 & 0 & 0 & 0 & 0 & 0 & 1 \\ 0 & 0 & 0 & 1 & 0 & 0 & 0 & 0 \\ 1 & 0 & 0 & 0 & 0 & 0 & 0 & 0 \\ 0 & 0 & 0 & 0 & 1 & 0 & 0 & 0 \end{bmatrix}$$

因此,通过求解本书构建的双边匹配优化模型获得男士和女士最优单边互惠稳定匹配为:$\mu^* = \{(A_1, B_1), (A_2, B_3), (A_3, B_6), (A_4, B_4), (A_5, B_1), (A_6, B_5)\}$,即推荐男士 A_1 和女士 B_2 进行约会,男士 A_2 和女士 B_3 进行约会,男士 A_3 和女士 B_6 进行约会,男士 A_4 和女士 B_4 进行约会,男士 A_5 和女士 B_1 进行约会,男士 A_6 和女士 B_5 进行约会。

5.4 本章小结

(1) 针对考虑个体偏好和双边互惠偏好的一对一双边匹配问题,本章提出了一种考虑匹配稳定性和满意性的双边匹配决策方法,主要研究内容及贡献总结如下:

针对现实双边匹配问题中,一方匹配主体往往对对方主体不仅具有个体偏好,往往还存在互惠偏好的情形,给出了基于满意度的可接受对和个体理性匹配概念,以及帕累托有效匹配和帕累托弱有效匹配的概念,提出了个体满意度、互惠满意度的计算方法和总体满意度的集成方法,建立了以双边主体满意度最大为目标的双边匹配优化模型,并针对特殊互惠因子,设计了快速求解稳定匹配的贪婪算法,证明了算法获得匹配方案一定是稳定匹配和帕累托弱有效匹配。与已有方法相比,本方法在双边匹配决策过程中,不仅考虑了个体偏好,同时考虑了双边主体的互惠偏好,弥补了已有研究未考虑双边主体互惠偏好的不足。本书的研究一方面丰富了双边匹配决策方法,另一方面更加符合现实决策需求。未来需要针对个体偏好信息不完全、不确定等条件下的双边匹配问题,给出考虑互惠偏好的双边匹配决策方法。

(2) 本章针对甲方主体给出关于乙方主体的偏好序信息,乙方主体对甲方主体具有互惠偏好信息的双边匹配问题,提出了一种获得单边互惠稳定匹配方案的决策方法。主要研究内容及贡献总结如下：

给出了单边互惠稳定匹配、甲方主体帕累托有效匹配、乙方主体帕累托有效匹配等相关概念，并采用扩展 G-S 算法证明了单边互惠稳定匹配的存在性。为了获得甲乙双方最优的单边互惠稳定匹配，本书构建了考虑满意性和稳定性的双目标匹配优化模型，并证明了模型的最优解对应的匹配方案是甲方主体帕累托有效匹配和乙方主体帕累托有效匹配。本书提出的匹配决策方法弥补了已有研究中未考虑一方给出偏好序信息，另外一方具有互惠偏好的不足。此外，本书考虑互惠偏好的决策方法也为解决具有无差异偏好信息的双边匹配问题提供了一种新的研究思路。

第6章 家政服务人员与雇主的稳定双边匹配方法

在现实生活中家政服务人员与雇主的双向选择问题是一类典型的双边匹配问题,如何实现家政服务人员与雇主之间的稳定匹配,降低家政服务人员的离职率和雇主的辞退率是家政服务行业需要研究的一个重要课题。本章针对基于偏好序信息的家政服务人员和雇主双边匹配问题以及考虑服务技能约束的家政服务人员和雇主双边匹配问题,分别提出相应的稳定匹配决策方法。

6.1 研究问题的实际背景

一方面随着经济社会的发展、城市生活和工作节奏的逐步加快以及伴随人口老龄化进程的不断加剧,人们对家政服务需求的种类和数量在逐步增多;另一方面,由于日益严峻的就业压力和人们就业观念的不断变化,从事家政服务的人员规模在不断扩大,从业人员的构成也呈现多元化的发展趋势,由此促进了当前中国家政服务行业的蓬勃发展[384-385]。家政服务行业的出现对于满足现代家庭的生活需求和缓解社会的就业压力方面具有重要意义,然而目前在家政服务行业快速发展过程中出现了这样一个重要问题:雇主很难挑选到合适的家政服务人员,家政服务人员也难以找到自己满意的工作,具体体现在雇主的高解雇率和家政服务人员的高辞职率。由于雇主和家政服务人员无法实现一种相对稳定的匹配状态,这也是造成当前家政服务市场混乱无序的一个重要因素。究其原因是无论传统的中介机构还是电子中介平台主要是一个为双方提供信息交流的平台,无法实现双方优化匹配的功能[25],更不具备为家政服务市场提供稳定匹配机制的能力。虽然有些中介机构和电子中介平台可以为雇主推荐家政服务人员和为家政服务人员推荐工作,但往往都只考虑了雇主或家政服务人员单方面的需求,而没有同时考虑双方的需求,由此导致花费了大量的时间和财力,雇主仍然没有找到满意的家政服务人员,家政服务人员也没有找到合适的工作。因此,考虑雇主和家政服务人员的需求信息获得双方的稳定匹配,降低双方的搜寻成本,提高双方的匹配满意度,对于维护家政服务市场秩序,促进家政服务行业的健康发展具有重要的现实意义。

双边匹配是指依据双边匹配主体给出的需求信息,通过某种决策分析方法获得有效匹配方案的过程。而稳定匹配是实现一种稳定状态,在这种状态下,双边市场中不存在两个没有实现匹配的匹配主体,与当前的匹配对象相比,他们更偏好对方。Gale 和 Shapley 在研究婚姻匹配和大学录取问题时首次对双边匹配的稳定性进行了研究,并提出了获得稳定匹配的著名延迟接受算法(Deferred Acceptance Algorithm,DAA)[38]。Roth 对英国国民健康服务 NHS 在各地区采用的医院与实习生匹配机制进行了实证研究,研究发现那些不稳定的机制大部分都失败并被放弃了,而稳定匹配机制都存活了下来[37,43]。此后,Roth 将稳定匹配理论成功应用到美国、英国、加拿大等国家的医院与实习生匹配市场[40,44]。为了表彰 Shapley 和 Roth 在稳定匹配理论和市场机制设计方面做出的突出贡献,他们在 2012 年被授予了诺贝尔经济学奖。近年来,关于稳定匹配理论的研究和应用已经从婚姻匹配、大学录取、医院和实习生匹配市场扩展到了许多其他服务行业[42,48,88,105,385]。Mongell 和 Roth 对美国女大学生联谊会成员招募流程的历史和组织进行了研究,类似于医院与实习生匹配市场,女大学生联谊会的成员招募机制曾经也经历过失败,而依据申请者和联谊会提交的偏好列表,采用称为优先竞标系统算法获得双方的稳定匹配的机制获得了成功。同时,研究表明不稳定匹配过程会激发匹配主体采取策略行为[386]。Barron 和 Várdy 分析了国际货币基金组织(International Monetary Fund,IMF)人力资源部门当前用于匹配年轻经济学家与 IMF 部门的分散式匹配机制的缺陷,提出采用基于 Gale-Shapley 的延迟接受算法 DAA 的集中化稳定匹配机制,并开发了基于 Excel 的计算机程序来实施 DAA[148]。Korkmaz 研究了军事人员与岗位的双边匹配问题,提出了一种基于 AHP 和双边匹配理论的决策支持系统,用于辅助军事人员分配,该系统采用 AHP 方法获得岗位需求偏好和人员能力信息,然后采用双边匹配方法实现岗位与人员的稳定匹配[134]。张振华等针对电子中介中的买卖交易匹配问题,考虑商品的多属性,给出了交易者按综合满意度对满足约束的对方排序计算方法,将 Gale-Shapley 算法和 H-R 算法从理论上扩展到"p-k"情况,用来解决电子中介中多对多的双边匹配问题,并证明了扩展算法所得结果的稳定性[287]。梁海明和姜艳萍针对二手房组合交易匹配决策问题,给出了二手房组合交易匹配、个体理性、不浪费、公平、帕累托占优和帕累托有效匹配方案的定义,在考虑匹配方案稳定性的基础上,设计了确定最优匹配方案的扩展 H-R 算法[290]。Gharote 等研究了实习生与软件项目需求之间的匹配问题,采用效用理论来预测实习生和软件项目需求之间的偏好,采用稳定匹配理论去除不稳定对,计算实验表明与以往分配方法相比,虽然稳定匹配方法产生了少量的额外分配成本,但实习生和项目需求具有了更高的满意度[323]。

稳定匹配理论已经在上述服务行业取得了一些理论研究成果,有些甚至已经应用到了现实生活中。然而,目前关于双边匹配在家政服务行业的研究成果所见甚少,而尚未看到关于家政服务人员和雇主的稳定匹配研究。因此,关于家政服务人员和雇主的稳定匹配研究不仅具有重要的理论意义,更具有重要的实际应用价值。

6.2 基于偏好序信息的稳定匹配方法

6.2.1 符号说明与问题描述

本书提出的基于偏好序信息的家政服务人员与雇主的稳定双边匹配问题的描述如下:在所研究的家政服务人员与雇主双边匹配问题中,一个家政服务人员最多服务一个雇主,一个雇主最多雇佣一个家政服务人员。家政服务人员与雇主采用偏好序信息表达对对方的偏好,家政服务人员给出关于雇主的偏好序信息,雇主给出关于家政服务人员的偏好序信息。双边匹配优化的目标是实现家政服务人员与雇主的最优稳定匹配。上述家政服务人员与雇主双边匹配问题的研究目标是:依据家政服务人员给出的关于雇主的偏好序信息,雇主给出的关于家政服务人员的偏好序信息,在考虑家政服务人员和雇主匹配稳定性的情形下,获得家政服务人员与雇主都尽可能满意的匹配方案。

本书考虑的是家政服务人员与雇主的一对一双边匹配问题,假设每个家政服务人员最多只能干一份家政服务工作,而一个雇主也最多只能雇佣一个家政服务人员。每个家政服务人员依据雇主提供的工资待遇、工作环境、工作时间等对雇主进行综合评价,给出关于雇主的严格偏好序信息;每个雇主依据家政服务人员的受教育水平、年龄、资质、工作经验等对家政服务人员进行综合评价,给出关于家政服务人员的严格偏好序信息。

下面给出基于偏好序信息的家政服务人员与雇主双边匹配问题的数学描述。

设 $S=\{S_1,S_2,\cdots,S_m\}$ 为 m 个家政服务人员组成的集合,其中 S_i 代表第 i 个家政服务人员,$i=1,2,\cdots,m$;$E=\{E_1,E_2,\cdots,E_n\}$ 为 n 个需要家政服务的雇主组成的集合,其中 E_j 代表第 j 个雇主,$j=1,2,\cdots,n$。

令 $\boldsymbol{R}_i=(r_{i1},r_{i2},\cdots,r_{in})$ 为家政服务人员 S_i 给出的关于雇主的序值向量,其中 r_{ij} 是家政服务人员 S_i 给出的关于 E_j 的排序值,具体表示在 n 个雇主中,家政服务人员 S_i 把雇主 E_j 排在第 r_{ij} 个位置,$1 \leqslant r_{ij} \leqslant n$。令 $\boldsymbol{P}_j=(p_{1j},p_{2j},\cdots,p_{mj})$ 为雇主 E_j 给出的家政服务人员的序值向量,其中 p_{ij} 表示雇主 E_j 把家政服务人员 S_i 排在第 p_{ij} 个位置,$1 \leqslant p_{ij} \leqslant m$。在上述的符号描述中,$r_{ij}$ 越小,表示家政服务人员 S_i 认为雇主 E_j 越好,即 S_i 对 E_j 越满意,反之亦然。不失一般性,$r_{ij}=1$ 表示家政服务人员 S_i 认为 E_j 是 n 个雇主中最优的,$r_{ij}=n$ 表示家政服务人员 S_i 认为 E_j 是所有候选雇主中最差的。类似地,p_{ij} 越小,表示雇主 E_j 认为家政服务人员 S_i 越好,即 E_j 对 S_i 越满意,反之亦然。不失一般性,$p_{ij}=1$ 表示雇主 E_j 家政服务人员 S_i 是 m 个家政服务人员中最好的,$p_{ij}=m$ 表示雇主 E_j 认为 S_i 是所有候选家政服务人员中最差的。

本书要解决的问题是:依据家政服务人员 S_i 给出的偏好序向量 $\boldsymbol{R}_i$,雇主 E_j 给出的偏好序向量 $\boldsymbol{P}_j$,通过某种决策方法,在考虑双边匹配稳定性的情况下,获得家政服务人员和雇主的最优稳定匹配方案。

6.2.2 决策思路

本节针对基于偏好序信息的家政服务人员与雇主的双边匹配问题,决策的具体思路如下:

第一阶段为双边匹配的准备阶段。首先,依据基于偏好序信息的家政服务人员与雇主的双边匹配问题的研究背景,采用数据收集和预处理方法,确定家政服务人员与雇主;其次,家政服务人员与雇主通过主观评价法,提供关于对方的偏好序信息。

第二阶段为决策分析阶段。决策分析阶段是本节所完成的主要工作,具体地,首先,采用优化建模方法,在考虑稳定性的情况下,构建了以双边主体满意度最大为目标的多目标优化模型;进一步地,采用基于隶属函数的加权和方法将多目标优化模型转化为单目标优化模型,进而运用 Lingo、Cplex 等优化软件包进行求解,并将求解模型获得的最优解对应的匹配方案作为最优的双边匹配方案。

6.2.3 概念界定

在文献[38]和文献[371]的基础上,下面首先给出家政服务人员和雇主的一对一双边匹配概念。

定义 6.1(家政服务人员和雇主的一对一双边匹配) 家政服务人员和雇主的一对一双边匹配可以定义为一一映射:$\mu: S \cup E \to S \cup E$,且 $\forall S_i \in S, \forall E_j \in E$,满足以下条件:

(i) 若 $\mu(S_i) \notin E$,则 $\mu(S_i) = S_i$;

(ii) 若 $\mu(E_j) \notin S$,则 $\mu(E_j) = E_j$;

(iii) $\mu(S_i) = E_j$ 当且仅当 $\mu(E_j) = S_i$。

其中,$\mu(S_i) = E_j$ 或 $\mu(E_j) = S_i$ 表示 S_i 与 E_j 匹配,并称 (S_i, E_j) 为 S_i 与 E_j 在匹配方案 μ 中形成的匹配对。特别地,在匹配 μ 中,$\mu(S_i) = S_i$ 表示 S_i 没有匹配对象;同样 $\mu(E_j) = E_j$ 表示 E_j 没有匹配对象。根据 μ 确定的所有匹配对集合称为匹配方案 μ。

在家政服务人员与雇主的双边匹配中,没有形成匹配对的家政服务人员和雇主,如果双方都认为对方均优于当前匹配对象,则这样的家政服务人员和雇主能会放弃已有匹配对象而与对方重新匹配,并称这样的家政服务人员和雇主形成的匹配对为稳定阻塞对。下面给出家政服务人员和雇主稳定阻塞对的数学描述。

定义 6.2(稳定阻塞对) 设家政服务人员与雇主的一对一双边匹配 μ: $S \cup E \to S \cup E$,对任意的 $S_i, S_k \in S, E_j, E_h \in E, i \neq k, h \neq j$,若 S_i 和 E_j 满足如下条件之一:

(i) $\mu(S_i) = S, \mu(E_j) = E_j$;

(ii) $\mu(S_i) = E_h, \mu(E_j) = E_j$,且 $r_{ij} < r_{ih}$;

(iii) $\mu(S_i) = S_i, \mu(E_j) = S_k$,且 $p_{ij} < p_{kj}$;

(iv) $\mu(S_i) = E_h, \mu(E_j) = S_k$,且 $r_{ij} < r_{ih}, p_{ij} < p_{kj}$。

则称匹配方案 μ 被 (S_i, E_j) 阻塞,并称 (S_i, E_j) 为稳定阻塞对。

定义 6.3(家政服务人员和雇主的稳定匹配) 在家政服务人员与雇主的一对一双边匹配 μ 中,若不存在稳定阻塞对,则称匹配方案 μ 为稳定匹配。

6.2.4 模型构建与求解

在具有偏好序信息的家政服务人员与雇主双边匹配问题中,为了获得家政服务人员与雇主的稳定匹配方案,在考虑双边匹配稳定性的条件下,以家政服务人员和雇主的满意度最大为目标建立双目标优化模型,并采用模糊优化算法求解双目标优化模型来获得最优稳定匹配方案。

为了获得家政服务人员和雇主的最优稳定匹配方案,依据偏好排序 r_{ij} 和 p_{ij} 可以构建获得稳定匹配的双目标优化模型。设 x_{ij} 为 0-1 型决策变量,$x_{ij} = 1$ 表示家政服务人员 S_i 与 E_j 进行匹配;否则 $x_{ij} = 0$。

$$\min Z_1 = \sum_{i=1}^{m} \sum_{j=1}^{n} r_{ij} x_{ij} \tag{6.1a}$$

$$\min Z_2 = \sum_{i=1}^{m} \sum_{j=1}^{n} p_{ij} x_{ij} \tag{6.1b}$$

$$\text{s.t.} \sum_{j=1}^{n} x_{ij} \leqslant 1, i = 1, 2, \cdots, m \tag{6.1c}$$

$$\sum_{i=1}^{m} x_{ij} \leqslant 1, j = 1, 2, \cdots, n \tag{6.1d}$$

$$\sum_{r_{ih} < r_{ij}} x_{ih} + \sum_{p_{kj} < p_{ij}} x_{kj} + x_{ij} \geqslant 1, i = 1, 2, \cdots, m; j = 1, 2, \cdots, n \tag{6.1e}$$

$$x_{ij} \in \{0, 1\}, i = 1, 2, \cdots, m; j = 1, 2, \cdots, n \tag{6.1f}$$

在模型(6.1a)—(6.1f)中,式(6.1a)—(6.1b)是目标函数,式(6.1a)表示使家政服务人员的满意度最大;式(6.1b)表示使雇主的满意度最大;式(6.1c)—(6.1f)为约束条件,式(6.1c)和式(6.1d)为匹配数量约束,式(6.1c)表示每个家政服务人员最多与一个雇主进行匹配,式(6.1d)表示每个雇主最多与一个家政服务人员进行匹配;式(6.1e)为家政服务人员与雇主的稳定匹配约束。

模型(6.1a)—(6.1f)是一个双目标的 0-1 整数规划模型,本书采用 Zimmermann 提出的求解多目标规划的模糊优化方法[387,393]进行求解。模糊优化方法的基本思想是将一个多目标线性规划问题转换为一个等价的具有单一目标的模糊线性规划问题。首先给出如下两个隶属函数的定义:

$$u_1(Z_1) = \frac{Z_1^{\max} - Z_1}{Z_1^{\max} - Z_1^{\min}} \tag{6.2}$$

$$u_2(Z_2) = \frac{Z_2^{\max} - Z_2}{Z_2^{\max} - Z_2^{\min}} \tag{6.3}$$

其中,$Z_1^{\max}$ 和 $Z_1^{\min}$ 为单独考虑目标函数 Z_1 的最大值和最小值,$Z_2^{\max}$ 和 $Z_2^{\min}$ 为单独考虑目标函数 Z_2 的最大值和最小值。

根据双边匹配理论中稳定匹配性质可知,采用 Gale-Shapley 算法可以获得家政服务人员的最优稳定匹配 μ_S^* 和雇主最优稳定匹配 μ_E^*,并且 $Z_1^{\min} = \sum_{(S_i,E_j) \in \mu_S^*} r_{ij}$,$Z_1^{\max} = \sum_{(S_i,E_j) \in \mu_E^*} r_{ij}$,$Z_2^{\min} = \sum_{(S_i,E_j) \in \mu_E^*} p_{ij}$,$Z_2^{\max} = \sum_{(S_i,E_j) \in \mu_S^*} p_{ij}$。因此,通过 Gale-Shapley 算法可以计算 Z_1 和 Z_2 的最值,从而方便的构造隶属函数 $u_1(Z_1)$ 和 $u_2(Z_2)$。

通过式(6.2)和(6.3)中的两个隶属函数,可以将双目标的优化模型(6.1a)—(6.1f)转换为如下单目标的模糊目标规划模型(6.4a)—(6.4g)。

$$\max Z = \lambda \tag{6.4a}$$

$$\text{s.t.} \ \lambda \leqslant u_1(Z_1) \tag{6.4b}$$

$$\lambda \leqslant u_2(Z_2) \tag{6.4c}$$

$$\sum_{j=1}^n x_{ij} \leqslant 1, i = 1,2,\cdots,m \tag{6.4d}$$

$$\sum_{i=1}^m x_{ij} \leqslant 1, j = 1,2,\cdots,n \tag{6.4e}$$

$$\sum_{r_{ih} < r_{ij}} x_{ih} + \sum_{p_{kj} < p_{ij}} x_{kj} + x_{ij} \geqslant 1, i = 1,2,\cdots,m; j = 1,2,\cdots,n \tag{6.4f}$$

$$x_{ij} \in \{0,1\}, i = 1,2,\cdots,m; j = 1,2,\cdots,n \tag{6.4g}$$

其中 λ 为满意度水平。

模型(6.4a)—(6.4g)是一个混合型的整数规划模型,可采用分支定界算法或使用一些优化软件如 Lingo 14.0、Cplex 12.1 等求解。

综上所述,针对基于偏好序信息的家政服务人员与雇主双边匹配问题,本节给出的双边匹配方法的步骤如下:

步骤 1 获得家政服务人员 S_i 给出的关于雇主的偏好序值向量 $\boldsymbol{R}_i$,获得雇主 E_j 给出的关于家政服务人员的序值向量 $\boldsymbol{P}_j$;

步骤 2 依据家政服务人员的偏好序值向量 $\boldsymbol{R}_i$ 和雇主 E_j 的偏好序值向量 $\boldsymbol{P}_j$,构建考虑匹配稳定性的优化模型(6.1a)—(6.1f);

步骤 3 采用 Gale-Shapley 算法分别获得家政服务人员的最优稳定匹配方案 μ_S^* 和 μ_E^*;

步骤 4 依据 μ_S^* 和 μ_E^*,构建隶属函数(6.2)和(6.3);

步骤 5 采用模糊优化方法将多目标优化模型(6.1a)—(6.1f)转换为(6.4a)—(6.4g);

步骤 6 可采用分支定界算法或使用一些优化软件如 Lingo、Cplex 等求解单目标优化模型(6.4a)—(6.4g),获得最优稳定匹配方案。

6.2.5 算例说明

某家政服务中介公司在某段时间内收到家政服务人员 $S = \{S_1, S_2, \cdots, S_8\}$ 的个人基本信息和 8 个雇主 $E = \{E_1, E_2, \cdots, E_8\}$ 需要的服务信息。家政服务人员依据雇主提供的工资待遇、食宿条件、工作环境、服务内容等指标对每个雇主进行综合评价,每个家政服务人员给出的关于雇主的严格偏好序信息,如表 6.1 所示。雇主依据家政服务人员的年龄、受教育程度、工作经验、服务技能、资格证书等指标对每个家政服务人员进行综合评价,每个雇主给出的关于家政服务人员的严格偏好序信息,如表 6.1 所示。家政服务中介公司依据家政服务人员和雇主给出的偏好信息对双方进行优化匹配。

表 6.1 家政服务人员和雇主给出的偏好序信息

S_i	R_i 偏好排序	E_j	P_j 偏好排序
S_1	$(E_5, E_7, E_3, E_1, E_6, E_8, E_2, E_4)$	E_1	$(S_3, S_5, S_2, S_4, S_1, S_6, S_8, S_7)$
S_2	$(E_5, E_4, E_2, E_3, E_1, E_7, E_8, E_6)$	E_2	$(S_7, S_2, S_5, S_3, S_4, S_8, S_6, S_1)$
S_3	$(E_8, E_3, E_5, E_4, E_7, E_1, E_6, E_2)$	E_3	$(S_3, S_5, S_6, S_4, S_1, S_7, S_8, S_2)$
S_4	$(E_7, E_8, E_4, E_5, E_1, E_2, E_6, E_3)$	E_4	$(S_7, S_4, S_3, S_2, S_5, S_6, S_8, S_1)$
S_5	$(E_1, E_4, E_2, E_7, E_3, E_6, E_8, E_5)$	E_5	$(S_5, S_7, S_8, S_3, S_2, S_1, S_6, S_4)$
S_6	$(E_5, E_3, E_8, E_7, E_4, E_2, E_6, E_1)$	E_6	$(S_7, S_3, S_8, S_2, S_4, S_5, S_1, S_6)$
S_7	$(E_8, E_1, E_4, E_6, E_2, E_5, E_7, E_3)$	E_7	$(S_7, S_6, S_4, S_8, S_2, S_3, S_5, S_1)$
S_8	$(E_4, E_6, E_8, E_3, E_2, E_5, E_1, E_7)$	E_8	$(S_3, S_7, S_4, S_1, S_5, S_8, S_2, S_6)$

根据家政服务人员和雇主提供的偏好序信息,可以构建多目标稳定匹配模型(6.1a)—(6.1f),采用 Gale-Shapley 算法计算得到家政服务人员最优稳定匹配 μ_S^* 和雇主最优稳定匹配 μ_E^*,如表 6.2 所示。

表 6.2 最优稳定匹配

匹配方案	匹配对
μ_S^*	$S_1 \leftrightarrow E_4, S_2 \leftrightarrow E_3, S_3 \leftrightarrow E_6, S_4 \leftrightarrow E_5, S_5 \leftrightarrow E_1, S_6 \leftrightarrow E_8, S_7 \leftrightarrow E_2$
μ_E^*	$E_1 \leftrightarrow S_5, E_2 \leftrightarrow S_2, E_3 \leftrightarrow S_1, E_4 \leftrightarrow S_3, E_5 \leftrightarrow S_6, E_6 \leftrightarrow S_7, E_7 \leftrightarrow S_8$

*注:$S_1 \leftrightarrow E_4$ 表示家政服务人员 S_1 与雇主 E_4 进行匹配。

在此基础上,可以计算得到 $Z_1^{\max} = 22, Z_1^{\min} = 9, Z_2^{\max} = 39, Z_2^{\min} = 13$,进而构建两个隶属函数分别为 $u_1(Z_1) = \dfrac{22 - Z_1}{13}$ 和 $u_2(Z_2) = \dfrac{39 - Z_2}{26}$。然后,依据这两个隶属函数将多目标稳定匹配模型(6.1a)—(6.1f)转换为单目标模型(6.4a)—(6.4g),并采用 Cplex 求解模型获得最优稳定匹配方案为

$S_1 \leftrightarrow E_4, S_2 \leftrightarrow E_3, S_3 \leftrightarrow E_8, S_4 \leftrightarrow E_6, S_5 \leftrightarrow E_1, S_6 \leftrightarrow E_5, S_7 \leftrightarrow E_2, S_8 \leftrightarrow E_7$。

6.3 考虑服务技能约束的稳定匹配方法

6.3.1 符号说明与问题描述

本书提出的考虑服务技能约束的家政服务人员与雇主的稳定双边匹配问题

的描述如下:在研究的考虑服务技能约束的家政服务人员与雇主双边匹配问题中,一个家政服务人员最多服务一个雇主进行匹配,一个雇主最多雇佣一个家政服务人员进行匹配。家政服务人员与雇主采用偏好序信息表达对对方的偏好,家政服务人员给出关于雇主的偏好序信息,雇主给出关于家政服务人员的偏好序信息,家政服务人员具备一项或若干项的服务技能,雇主需要雇佣的家政服务人员具备一项或若干项服务技能。双边匹配优化的目标是实现家政服务人员与雇主的最优稳定匹配。上述家政服务人员与雇主双边匹配问题的研究目标是:依据家政服务人员给出的关于雇主的偏好序信息,雇主给出的关于家政服务人员的偏好序信息,家政服务人员拥有的技能和雇主需要的技能,在考虑家政服务人员和雇主匹配稳定性的情形下,获得家政服务人员与雇主都尽可能满意的匹配方案。

家政服务人员与雇主的双边匹配问题可以用 $HSM(a,b,c,d)$ 来表示,其中 a 表示一个家政服务人员可以匹配的雇主最大数量;b 表示雇主需要的家政服务人员最大数量;c 表示家政服务人员拥有的家政服务技能数量;d 表示雇主需要的家政服务技能数量。本书研究的家政服务人员与雇主匹配问题是 $HSM(1,1,n,1)$,即一个家政服务人员最多可以为一个雇主服务,而一个雇主只雇佣一个家政服务人员,家政服务人员拥有多项服务技能而每个雇主只需要一种服务技能。由此可以看出,$HSM(1,1,n,1)$ 是一个考虑技能匹配约束的家政服务人员与雇主的一对一双边匹配问题。

下面给出 $IISM(1,1,n,1)$ 问题的详细数学描述。

设 $W=\{W_1,W_2,\cdots,W_m\}$ 为 m 个家政服务人员组成的集合,其中 W_i 代表第 i 个家政服务人员,$i=1,2,\cdots,m$;$E=\{E_1,E_2,\cdots,E_n\}$ 为 n 个需要家政服务的雇主组成的集合,其中 E_j 代表第 j 个雇主,$j=1,2,\cdots,n$。

在家政服务人员与雇主的双边匹配过程中,只有家政服务人员具备的服务技能满足雇主的技能需求时,雇主才可能雇佣家政服务人员,因此,需要考虑家政服务人员和雇主的技能匹配约束。设 $S=\{S^1,S^2,\cdots,S^l\}$ 为家政服务技能集合,其中 S^k 代表第 k 种服务技能,$k=1,2,\cdots,l$。家政服务人员 W_i 所具备的技能用向量 $\boldsymbol{P}_i=(p_i^1,p_i^2,\cdots,p_i^l)$ 表示,其中 $p_i^k=0$ 或 1,$p_i^k=0$ 表示家政服务人员 A_i 不具备第 k 项技能;$p_i^k=1$ 表示家政服务人员 W_i 具备第 k 项技能;$i=1,2,\cdots,m$,

$k=1,2,\cdots,l$。由于本书研究的 $HSM(1,1,n,1)$ 问题中家政服务人员是多技能的,故 $\sum_{k=1}^{l} p_i^k \geqslant 1$。雇主 E_j 需要的服务技能用向量 $\bm{Q}_j=(q_j^1,q_j^2,\cdots,q_j^l)$ 表示,$q_j^k=0$ 或 1,其中 $q_j^k=0$ 表示雇主 E_j 不需要第 k 项服务技能;$q_j^k=1$ 表示雇主 E_j 需要第 k 项服务技能,$j=1,2,\cdots,n;k=1,2,\cdots,l$。由于本书研究的 $HSM(1,1,n,1)$ 问题中雇主需要单项服务技能,故 $\sum_{k=1}^{l} q_j^k = 1$。

在家政服务人员与雇主的双边匹配问题中,雇主在选择家政服务人员时除了服务技能方面的要求外,还会依据家政服务人员的性别、年龄、工作经验等对家政服务人员进行总体评价。同样地,家政服务人员在选择雇主时也会考虑工资待遇、工作环境、工作地点等。本书假设雇主和家政服务人员在对对方进行总体评价时均给出严格偏好序值信息。设 r_{ij} 为家政服务人员 W_i 给出的雇主 E_j 的偏好序值,$r_{ij} \in \{1,2,\cdots,n+1\}$,若 $r_{ij} \in \{1,2,\cdots,n\}$ 表示家政服务人员 W_i 把 E_j 排在第 r_{ij} 位;若 $r_{ij}=n+1$ 表示对家政服务人员 W_i 而言,雇主 E_j 是不可接受的。类似地,设 t_{ij} 为雇主 E_j 给出的家政服务人员 W_i 的偏好序值,$t_{ij} \in \{1,2,\cdots,m+1\}$,$t_{ij} \in \{1,2,\cdots,m\}$ 表示雇主 E_j 把家服务人员 W_i 排在第 t_{ij} 位;$t_{ij}=m+1$ 表示对雇主 E_j 而言,家政服务人员 W_i 是不可接受的。本书假设家政服务人员 W_i 给出的雇主 E_j 的序值 r_{ij} 越小,则 W_i 对 E_j 越满意,反之亦然;类似地,雇主 E_j 给出的家政服务人员 W_i 的序值 t_{ij} 越小,则 E_j 对 W_i 越满意,反之亦然。

6.3.2 决策思路

本节针对考虑服务技能约束的家政服务人员与雇主双边匹配问题,决策的总体思路如下:

第一阶段为双边匹配的准备阶段。首先,依据考虑服务技能约束的家政服务人员与雇主双边匹配问题的研究背景,采用数据收集和预处理方法,确定参与匹配的家政服务人员和雇主;其次,家政服务人员与雇主通过主观评价法,提供关于对方的偏好序信息。

第二阶段为决策分析阶段。决策分析阶段是本节所完成的主要工作,具体地,首先,采用函数构建、数据规范化处理方法等信息转换方法,给出家政服务人员和雇主的满意度计算方法;其次,采用优化建模方法,在考虑稳定性的情况下,构建了以双边主体满意度最大为目标的多目标优化模型,并证明本书给出的线性约束条件能够保证获得技能约束稳定匹配;进一步地,采用 ε-约束算法将多目标优化模型转化为单目标优化模型,进而运用 Lingo、Cplex 等优化软件包进行求解,并将求解模型获得的最优解对应的匹配方案作为最优稳定匹配方案。

6.3.3 相关概念界定

本书研究的 $HSM(1,1,n,1)$ 问题是家政服务人员与雇主的一对一双边匹配问题,与以往双边匹配问题不同的是家政服务人员与雇主的双边匹配需要考虑技能约束。下面给出偏好可接受对、技能可接受对以及可行技能约束匹配的定义。

在家政服务人员和雇主给出的偏好排序中,若家政服务人员认为雇主是可接受的,且该雇主认为家政服务人员也是可接受的,则称家政服务人员和雇主是偏好可接受对;否则,称为偏好不可接受对。

定义 6.4(偏好可接受对) 在 $HSM(1,1,n,1)$ 问题中,对于 $\forall W_i \in W$,$\forall E_j \in E$,若 $(W_i, E_j) \in W \times M$ 满足 $r_{ij} \neq n+1$ 且 $t_{ij} \neq m+1$,则称 (W_i, E_j) 为偏好可接受对;否则,称为偏好不可接受对。

在 $HSM(1,1,n,1)$ 问题中,若家政服务人员所具备的技能能够满足雇主的服务技能需求,则称家政服务人员和雇主为技能可接受对;否则,为技能不可接受对。

定义 6.5(技能可接受对) 在 $HSM(1,1,n,1)$ 问题中,对于 $\forall W_i \in W$,$\forall E_j \in E$,若 $(W_i, E_j) \in W \times M$ 满足 $\sum_{k=1}^{l} p_i^k q_j^k = 1$,则称 (W_i, E_j) 为技能可接受对;否则,称为技能不可接受对。

定义 6.6(可行技能约束匹配) 设 μ 是 $HSM(1,1,n,1)$ 问题的一个一对一双边匹配,若对于 $\forall (W_i, E_j) \in \mu$ 都是偏好可接受对,并且也都是技能可接受对,则称匹配方案 μ 为可行技能约束匹配。

在家政服务人员与雇主的双边匹配问题 $HSM(1,1,n,1)$ 中,若家政服务人员 W_i 的服务技能满足雇主 E_j 的技能需求,并且 W_i 认为 E_j 要优于当前服务的雇主,E_j 也认为 W_i 要优于当前雇佣的家政服务人员,那么 W_i 将存在动机从当前雇主处辞职,E_j 也会有动机解雇当前雇佣的家政服务人员,而 W_i 和 E_j 将私下进行匹配。显然这种情形会扰乱正常的家政服务市场秩序,为避免这种现象出现,本书给出技能约束稳定匹配的概念。

下面首先给出技能约束阻塞对的定义。

在匹配方案 μ 中,若家政服务人员 W_i 和雇主 E_j 都认为对方优于他们在匹配方案 μ 中的匹配对象,并且 W_i 满足 E_j 的服务技能需求,则称 (W_i,E_j) 是一个技能约束阻塞对。

定义 6.7(技能约束阻塞对) 在 $HSM(1,1,n,1)$ 问题中,设家政服务人员与雇主的一对一双边匹配 $\mu:W\bigcup E\to W\bigcup E$,在匹配方案 μ 中,对于 $\forall W_i\in W$,$\forall E_j\in E$,若偏好可接受对 (W_i,E_j) 同时满足以下条件:

(i) $\mu(W_i)=W_i$ 或 $\mu(W_i)=E_h$,且 $r_{ij}<r_{ih}$;

(ii) $\mu(E_j)=E_j$ 或 $\mu(E_j)=W_k$,且 $t_{ij}<t_{kj}$;

(iii) $\sum_{k=1}^{l}p_i^k q_j^k=1$。

则称 (W_i,E_j) 是匹配方案 μ 的技能约束阻塞对。

定义 6.8(技能约束稳定匹配) 在 $HSM(1,1,n,1)$ 问题中,设家政服务人员与雇主的一对一双边匹配 $\mu:W\bigcup E\to W\bigcup E$,若匹配方案 μ 是可行技能约束匹配,并且 μ 中不存在技能约束阻塞对,则称匹配方案 μ 为技能约束稳定匹配。

由定义 6.4—定义 6.7 容易获得以下性质:

性质 6.1 在 $HSM(1,1,n,1)$ 问题中,若 (W_i,E_j) 是匹配方案 μ 的技能约束阻塞对,则 μ 一定是技能可接受对。

性质 6.2 在 $HSM(1,1,n,1)$ 问题中,若匹配方案 μ 是技能约束稳定匹配,则 μ 中的任意一个匹配对都是偏好可接受对,同时也是技能可接受对。

定理 6.1(技能约束稳定匹配存在性) $HSM(1,1,n,1)$ 问题的技能约束稳定匹配集合是非空的。

证明:设家政服务人员 W_i 和雇主 E_j 给出的偏好序值列表分别为 $P(W_i)$ 和 $P(E_j)$,$i=1,2,\cdots,m$;$j=1,2,\cdots,n$。把 $HSM(1,1,n,1)$ 问题进行如下处理:对于 $\forall W_i\in W$,$\forall E_j\in E$,若 (W_i,E_j) 不是技能可接受对,则将 E_j 从 W_i 的偏好序值列表 $P(W_i)$ 中删除,同时把 W_i 从 E_j 的偏好序值列表 $P(E_j)$ 中删除。记处理后的 $HSM(1,1,n,1)$ 问题为 $HSM'(1,1,n,1)$,那么显然在 $HSM'(1,1,n,1)$ 问题

中,家政人员的技能都能满足偏好列表中雇主的服务技能需求。因此,可将 $HSM'(1,1,n,1)$ 视为具有不完全偏好列表的婚姻匹配问题。在婚姻匹配问题中,若匹配方案不存在同时满足定义 6.7 中条件(i)和(ii)的匹配对,则称匹配方案为稳定匹配。由此可知,若 $HSM'(1,1,n,1)$ 存在稳定匹配方案,则原问题 $HSM(1,1,n,1)$ 也必定存在技能约束稳定匹配。而 Gale 和 Shapley 通过构造的延迟接受算法 DAA 已经证明婚姻匹配问题至少存在一个稳定匹配。因此,$HSM(1,1,n,1)$ 中的技能约束稳定匹配集合也一定是非空的。   证毕

本书要解决的问题是:依据家政服务人员 W_i 的服务技能向量 P_i、雇主 E_j 需要的服务技能向量 Q_j 以及 W_i 给出的 E_j 的偏好序值 r_{ij}、E_j 给出的 W_i 的偏好序值 t_{ij},通过某种决策分析方法,获得家政服务人员与雇主满意度都尽可能高的技能约束稳定匹配。

6.3.4 优化模型构建与求解

在家政服务人员与雇主的双边匹配过程中,满意度是衡量匹配方案优劣的一个重要准则。家政服务人员对雇主越满意,则家政服务人员越愿意为雇主提供家政服务;类似地,雇主对家政服务人员越满意,雇主越愿意雇佣家政服务人员。为了获得家政服务人员与雇主满意度尽可能高的技能约束稳定匹配,首先给出家政服务人员 W_i 对雇主 E_j 的满意度 α_{ij} 和雇主 E_j 对家政服务人员 W_i 的满意度 β_{ij} 的计算公式;然后构建以家政服务人员与雇主总体满意度最大为目标的优化模型,并证明模型中线性约束条件构成的解空间对应的匹配方案与 $HSM(1,1,n,1)$ 问题的技能约束稳定匹配是一一对应的;最后采用 ε-constraint 算法对双目标优化模型进行求解。

(1)满意度计算

在现实的家政服务人员与雇主双边匹配过程中,家政服务人员由于个人心理行为的影响,使得对雇主的满意度与偏好排序值之间往往呈现非线性的关系,例如,对排在第 1 位的雇主满意度可能为 1,对第 2 位的雇主满意度为 0.95,对第 3 位的雇主满意度为 0.82,等等。类似地,雇主对家政服务人员的满意度与偏好排序值之间也存在这种非线性关系。因此,为了更准确地刻画家政服务人员和雇主的满意度,本书采用如下公式(6.5)来计算家政服务人员对雇主的满意度。

$$\alpha_{ij} = \begin{cases} 1 - \dfrac{r_{ij}}{n}, & r_{ij} \in \{1, 2, \cdots, n\} \\ -M, & r_{ij} = n+1 \end{cases} \quad (6.5)$$

其中,M 为足够大的正数。

本书采用如下公式(6.6)来计算雇主对家政服务人员的满意度。

$$\beta_{ij} = \begin{cases} 1 - \dfrac{t_{ij}}{m}, & t_{ij} \in \{1, 2, \cdots, n\} \\ -M, & t_{ij} = m+1 \end{cases} \quad (6.6)$$

在式(6.5)和(6.6)中,家政服务人员和雇主的满意度是关于序值的严格单调递减函数。当家政服务人员 W_i 认为雇主 E_j 是可接受的时,$0 \leqslant \alpha_{ij} < 1$。特别地,当 W_i 认为 n 个雇主都是可接受的,并且 W_i 把 E_j 排在最后一位,即 $r_{ij} = n$ 时,$\alpha_{ij} = 0$;当家政服务人员 W_i 认为雇主 E_j 是不可接受的时,$\alpha_{ij} = -M$。雇主对家政服务人员的满意度也具有上述类似的性质。

(2) 模型构建

依据上述得到的家政服务人员满意度 α_{ij} 和雇主满意度 β_{ij},可以建立家政服务人员和雇主总体满意度最大为目标的优化模型。设 x_{ij} 为 0-1 型决策变量,$x_{ij} = 1$ 表示家政服务人员 W_i 与雇主 E_j 形成匹配对;否则,$x_{ij} = 0$。进一步地,可构建如下的 0-1 型双目标整数规划模型(6.7a)—(6.7i)。

$$\max Z_1 = \sum_{i=1}^{m} \sum_{j=1}^{n} \alpha_{ij} x_{ij} \quad (6.7a)$$

$$\max Z_2 = \sum_{i=1}^{m} \sum_{j=1}^{n} \beta_{ij} x_{ij} \quad (6.7b)$$

$$\text{s.t.} \sum_{i=1}^{m} x_{ij} \leqslant 1, j = 1, 2, \cdots, n \quad (6.7c)$$

$$\sum_{j=1}^{n} x_{ij} \leqslant 1, i = 1, 2, \cdots, m \quad (6.7d)$$

$$0 \leqslant x_{ij} \leqslant \min\{n+1-r_{ij}, m+1-t_{ij}\},$$
$$i = 1, 2, \cdots, m; j = 1, 2, \cdots, n \quad (6.7e)$$

$$x_{ij} - \sum_{k=1}^{l} p_i^k q_j^k \leqslant 0, i = 1, 2, \cdots, m; j = 1, 2, \cdots, n \quad (6.7f)$$

$$\sum_{k=1}^{l} p_i^k q_j^k - x_{ij} - \sum_{r_{ih} < r_{ij}} x_{ih} - \sum_{t_{kj} < t_{ij}} x_{kj} - M\sigma_{ij} \leqslant 0,$$

$$i=1,2,\cdots,m;j=1,2,\cdots,n \tag{6.7g}$$

$$\sigma_{ij}=\begin{cases}0,\min\{n+1-r_{ij},m+1-t_{ij}\}>0\\1,\min\{n+1-r_{ij},m+1-t_{ij}\}=0\end{cases},$$

$$i=1,2,\cdots,m;j=1,2,\cdots,n \tag{6.7h}$$

$$x_{ij}=0\text{ 或 }1,i=1,2,\cdots,m;j=1,2,\cdots,n \tag{6.7i}$$

在模型(6.7a)—(6.7i)中,式(6.7a)和(6.7b)为目标函数,式(6.7a)表示最大化家政服务人员的满意度,式(6.7b)表示最大化雇主的满意度。式(6.7c)—(6.7i)为约束条件,其中,式(6.7c)和(6.7d)为匹配数量约束,式(6.7c)表示一个雇主最多需要一个家政服务人员,式(6.7d)表示一个家政服务人员最多为一个雇主提供服务;式(6.7e)为偏好可接受对约束,能够保证进行匹配的家政服务人员与雇主是偏好可接受的;式(6.7e)为技能可接受对约束,能够保证家政服务人员与雇主进行匹配时需要满足服务技能约束;式(6.7g)为技能约束稳定匹配的约束条件,其中 M 是一个足够大的正数。

对于任意的 $HSM(1,1,n,1)$ 问题,设由模型(6.7a)—(6.7i)的可行解构成的稳定匹配集合为 Ω,$HSM(1,1,n,1)$ 的所有稳定匹配构成的集合为 U。

引理 6.1 模型(6.7a)—(6.7i)的任意一个可行解对应的匹配方案都是 $HSM(1,1,n,1)$ 问题的一个技能约束稳定匹配,$\Omega=U$。

证明:设模型(6.7a)—(6.7i)的任意一个可行解为 $\boldsymbol{X}=[x_{ij}]_{m\times n}$,$i\in\{1,2,\cdots,m\}$,$j\in\{1,2,\cdots,n\}$,与可行解 $\boldsymbol{X}$ 对应的匹配方案为 μ。约束条件(6.7c)和(6.7d)作为匹配数量约束,保证了家政服务人员与雇主的一对一双边匹配,即家政服务人员最多与一个雇主匹配,一个雇主最多与一个家政服务人员匹配。因此,μ 是 $HSM(1,1,n,1)$ 问题的一个一对一双边匹配。(6.7e)和(6.7f)分别是偏好可接受对约束和技能可接受对约束,保证了 μ 是可行技能约束匹配。

为了证明式(6.7g)能够保证可行技能约束匹配 μ 是技能约束稳定匹配,可以证明满足式(6.7g)的 $\forall W_i\in W$ 和 $\forall E_j\in E$ 组成的 (W_i,E_j) 不是技能约束阻塞对。若 (W_i,E_j) 是一个偏好不可接受对,即 $\sigma_{ij}=1$ 时,式(6.7g)一定成立,显然此时 (W_i,E_j) 不是技能约束阻塞对。若 (W_i,E_j) 是技能不可接受对,即 $\sum_{k=1}^{l}p_i^k q_j^k=0$,则式(6.7g)一定成立,显然此时 (W_i,E_j) 不是技能约束阻塞对。下面证明若

(W_i, E_j)是偏好可接受对和技能可接受对,则约束条件(6.7g)能够保证(W_i, E_j)不是一个技能约束阻塞对。

若(W_i, E_j)是偏好可接受对,即$\sigma_{ij} = 0$,则(6.7g)化简为式(6.8)。

$$\sum_{k=1}^{l} p_i^k q_j^k - x_{ij} - \sum_{r_{ih} < r_{ij}} x_{ih} - \sum_{t_{kj} < t_{ij}} x_{kj} \leqslant 0 \tag{6.8}$$

而又由于(W_i, E_j)是技能可接受对,即$\sum_{k=1}^{l} p_i^k q_j^k = 1$,因此,式(6.8)可化简为

$$1 - x_{ij} - \sum_{r_{ih} < r_{ij}} x_{ih} - \sum_{t_{kj} < t_{ij}} x_{kj} \leqslant 0 \tag{6.9}$$

为了证明满足式(6.9)的偏好可接受对和技能可接受对(W_i, E_j)不是技能约束阻塞对,可证明若(W_i, E_j)满足式(6.10),则(W_i, E_j)一定是技能约束阻塞对。

$$1 - x_{ij} - \sum_{r_{ih} < r_{ij}} x_{ih} - \sum_{t_{kj} < t_{ij}} x_{kj} > 0 \tag{6.10}$$

式(6.10)可进一步化简为

$$x_{ij} + \sum_{r_{ih} < r_{ij}} x_{ih} + \sum_{t_{kj} < t_{ij}} x_{kj} < 1 \tag{6.11}$$

由于$x_{ij} \in \{0,1\}$,所以由式(6.11)可得$x_{ij} = \sum_{r_{ih} < r_{ij}} x_{ih} = \sum_{t_{kj} < t_{ij}} x_{kj} = 0$。由此可知,对于$W_i$有$\mu(W_i) = W_i$或$\mu(W_i) = E_h, r_{ij} < r_{ih}$;而对于$E_j$有$\mu(E_j) = E_j$或$\mu(E_j) = W_k, t_{ij} < t_{kj}$。那么由技能约束稳定匹配的定义6.8可知,偏好可接受对和技能可接受对(W_i, E_j)一定是技能约束阻塞对。因此,约束条件(6.7g)能够保证获得的可行技能约束匹配是技能约束稳定匹配。由此可证,模型(6.7a)—(6.7i)的任意一个可行解都是$HSM(1,1,n,1)$问题的一个技能约束稳定匹配,即$\Omega \subseteq U$。

证毕

引理 6.2 $HSM(1,1,n,1)$问题的任意一个技能约束稳定匹配都是模型(6.7a)—(6.7i)的一个可行解,即$U \subseteq \Omega$。

证明:设μ是$HSM(1,1,n,1)$问题的一个技能约束稳定匹配方案。对于$\forall W_i \in W, \forall E_j \in E$,若$(W_i, E_j) \in \mu$,则令$x_{ij} = 1$;否则,$x_{ij} = 0$。由于$\mu$是一个一对一双边匹配,$W_i$和$E_j$没有匹配对象或最多有一个匹配对象,因此,匹配数量约束(6.7c)和(6.7d)成立。此外,由定义6.5和引理6.2可知,μ中的匹配对都是偏好可接受对和技能可接受对,因此,约束条件(6.7e)和(6.7f)一定成立。下面

证明技能约束稳定匹配 μ 对应的模型解满足约束条件(6.7g)。

在技能约束稳定匹配 μ 中,若 W_i 和 E_j 形成了匹配对,即 $x_{ij}=1$ 时,由于 $x_{ij} \in \{0,1\}$, $\sum_{k=1}^{l} p_i^k q_j^k \in \{0,1\}$, $\sigma_{ij} \in \{0,1\}$ 且 M 是一个足够大的正数,那么显然约束条件(6.7g)是成立的。在 W_i 和 E_j 没有形成匹配对,即 $x_{ij}=0$ 的情形下,若 (W_i,E_j) 是偏好不可接受对,此时 $\sigma_{ij}=1$,那么显然约束条件(6.7g)是成立的;若 (W_i,E_j) 是技能不可接受对,即 $\sum_{k=1}^{l} p_i^k q_j^k=0$ 时,此时约束条件(6.7g)是成立的。在 $x_{ij}=0$ 且 (W_i,E_j) 是偏好可接受对和技能可接受对的情形下,为了证明当 (W_i,E_j) 不是匹配方案 μ 的技能约束阻塞对时,约束条件(6.7g)一定成立,可证若 (W_i,E_j) 是技能约束阻塞对,则约束条件(6.7g)一定不成立。由于 (W_i,E_j) 是偏好可接受对,则有 $M=0$;由于 (W_i,E_j) 是技能可接受对,则 $\sum_{k=1}^{l} p_i^k q_j^k=1$,此外由于 $x_{ij}=0$,因此,此时约束条件(6.7g)化简为

$$1 - \sum_{r_{ih}<r_{ij}} x_{ih} - \sum_{t_{kj}<t_{ij}} x_{kj} \leqslant 0 \tag{6.12}$$

依据定义 6.7,分以下几种情况进行讨论:

(i) $\mu(W_i)=E_h, r_{ij}<r_{ih}, \mu(E_j)=W_k, t_{ij}<t_{kj}$。由于 $\mu(W_i)=E_h, r_{ij}<r_{ih}$,则 $\sum_{r_{ih}<r_{ij}} x_{ih}=0$;由于 $\mu(E_j)=W_k, t_{ij}<t_{kj}$,则 $\sum_{t_{kj}<t_{ij}} x_{kj}=0$。显然,此时式(6.12)不成立。

(ii) $\mu(W_i)=E_h, r_{ij}<r_{ih}, \mu(E_j)=E_j$。由于 $\mu(W_i)=E_h, r_{ij}<r_{ih}$,则 $\sum_{r_{ih}<r_{ij}} x_{ih}=0$;由于 $\mu(E_j)=E_j$,即 E_j 没有实现匹配,则 $\sum_{t_{kj}<t_{ij}} x_{kj}=0$。显然,此时式(6.12)不成立。

(iii) $\mu(W_i)=W_i, \mu(E_j)=W_k, t_{ij}<t_{kj}$。由于 $\mu(W_i)=W_i$,即 W_i 没有实现匹配,则 $\sum_{r_{ih}<r_{ij}} x_{ih}=0$;由于 $\mu(E_j)=W_k, t_{ij}<t_{kj}$,则 $\sum_{t_{kj}<t_{ij}} x_{kj}=0$。显然,此时式(6.12)不成立。

(iv) $\mu(W_i)=W_i, \mu(E_j)=E_j$。由于 $\mu(W_i)=W_i, \mu(E_j)=E_j$,则 $\sum_{r_{ih}<r_{ij}} x_{ih}=\sum_{t_{kj}<t_{ij}} x_{kj}=0$。显然,此时式(6.12)不成立。

由此可知,在 $x_{ij}=0$ 且 (W_i,E_j) 是偏好可接受对和技能可接受对情形下,若 (W_i,E_j) 不是匹配方案 μ 的技能约束阻塞对,约束条件(6.7g)一定成立。由此可

证,在技能约束匹配方案 μ 中,$\forall W_i \in W$,$\forall E_j \in E$ 都能使得约束条件(6.7g)成立。

综上可知,任意一个技能约束稳定匹配都是模型(6.7a)—(6.7i)的一个可行解,即 $U \subseteq \Omega$。 证毕

依据引理 6.1 和引理 6.2 容易获得如下定理。

定理 6.2 对于任意给定的 $HSM(1,1,n,1)$ 问题,都有 $\Omega \subseteq U$。

(3) 模型求解

模型(6.7a)—(6.7i)是一个双目标的 0-1 整数规划模型,本书采用 ε-constraint 方法进行求解[388,389]。ε-constraint 方法解决双目标优化模型的基本思想是将其中一个目标函数转换为约束条件,从而将双目标优化模型转换为单目标优化模型进行求解。下面以目标函数 Z_2 作为约束条件为例来说明 ε-constraint 算法的具体流程。

令 S 表示目标函数值集合,迭代步长为 θ。

步骤 1 计算模型的理想点(ideal point)$Z^I = (Z_1^I, Z_2^I)$ 和最差点(nadir point)$Z^N = (Z_1^N, Z_2^N)$。其中,Z_1^I 和 Z_2^I 分别表示单独考虑目标函数 Z_1 和 Z_2 时的最大值,而 Z_1^N 和 Z_2^N 分别表示当目标函数 Z_2 和 Z_1 取得最大值时,目标函数 Z_1 和 Z_2 的函数值。

步骤 2 $S = S \cup \{(Z_1^I, Z_2^N)\} \cup \{(Z_1^N, Z_2^I)\}$,且 $\lambda = Z_2^N + \theta$。

步骤 3 若 $\lambda \leqslant Z_2^I$,则转向步骤 4;否则,转向步骤 5。

步骤 4 采用分支定界算法或优化软件包 Lingo、Cplex 等求解如下的单目标优化模型(6.13a)—(6.13i),获得最优解的函数值 (Z_1^*, Z_2^*),且 $S = S \cup \{(Z_1^*, Z_2^*)\}$,$\lambda = Z_2^* + \theta$,转向步骤 3。

$$\max Z_1 = \sum_{i=1}^{m}\sum_{j=1}^{n} \alpha_{ij} x_{ij} \quad (6.13a)$$

$$\text{s. t.} \ Z_2 \geqslant \lambda \quad (6.13b)$$

$$\sum_{i=1}^{m} x_{ij} \leqslant 1, j = 1,2,\cdots,n \quad (6.13c)$$

$$\sum_{j=1}^{n} x_{ij} \leqslant 1, i = 1,2,\cdots,m \quad (6.13d)$$

$$0 \leqslant x_{ij} \leqslant \min\{n+1-r_{ij}, m+1-t_{ij}\},$$

$$i=1,2,\cdots,m;j=1,2,\cdots,n \qquad (6.13\text{e})$$

$$x_{ij}-\sum_{k=1}^{l}p_i^k q_j^k \leqslant 0, i=1,2,\cdots,m;j=1,2,\cdots,n \qquad (6.13\text{f})$$

$$\sum_{k=1}^{l}p_i^k q_j^k - x_{ij} - \sum_{r_{ih}<r_{ij}} x_{ih} - \sum_{t_{kj}<t_{ij}} x_{kj} - M\sigma_{ij} \leqslant 0,$$
$$i=1,2,\cdots,m;j=1,2,\cdots,n \qquad (6.13\text{g})$$

$$\sigma_{ij}=\begin{cases}0, \min\{n+1-r_{ij},m+1-t_{ij}\}>0\\ 1, \min\{n+1-r_{ij},m+1-t_{ij}\}=0\end{cases},$$
$$i=1,2,\cdots,m;j=1,2,\cdots,n \qquad (6.13\text{h})$$

$$x_{ij}=0 \text{ 或 } 1, i=1,2,\cdots,m;j=1,2,\cdots,n \qquad (6.13\text{i})$$

步骤5 删除 S 中被占优的点,获得帕累托前沿,算法结束。

依据 ε-constraint 的理论可知,模型(6.13a)—(6.13i)的每个最优解都是双目标优化模型(6.7a)—(6.7i)的帕累托解,因此,通过上述算法的不断迭代,可以获得双目标优化模型(6.7a)—(6.7i)的帕累托前沿。

综上所述,针对考虑服务技能约束的家政服务人员和雇主多双边匹配问题,本节给出的双边匹配方法的步骤如下:

步骤1 获得家政服务人员 W_i 给出的关于雇主 E_j 的偏好序 r_{ij}、雇主 E_j 给出的关于家政服务人员 W_i 的偏好序 t_{ij} 以及家政服务人员 W_i 所具备的服务技能向量 P_i、雇主 E_j 需要的服务技能向量 Q_j;

步骤2 通过式(6.5)和(6.6)分别计算家政服务人员 W_i 对雇主 E_j 的满意度 α_{ij} 和雇主 E_j 对家政服务人员 W_i 的满意度 β_{ij};

步骤3 依据家政服务人员满意度 α_{ij} 和雇主满意度 β_{ij},构建家政服务人员和雇主满意度最大为目标的双目标优化模型(6.7a)—(6.7i);

步骤4 采用 ε-约束算法将双目标优化模型(6.7a)—(6.7i)转换为单目标优化模型(6.13a)—(6.13i);

步骤5 通过逐步迭代获得双目标优化模型(6.7a)—(6.7i)的帕累托前沿;

步骤6 决策中介根据实际需求从帕累托签约中选择最优稳定匹配方案。

6.3.5 算例分析

某家政服务中介机构是一家专业、正规和服务管理体系完善的家政服务机构,可以提供保姆、医疗陪护、月嫂、育婴师、钟点工、管家等家政服务。该中介机构的服务宗旨是解除现代家庭生活的后顾之忧,为家庭提供高品质的生活服务,为家政服务人员推荐满意的工作。为了适应家政服务市场的发展需求,该中介机构开通了基于互联网的电子中介平台,方便家政服务人员通过网络平台提交工作需求信息,也为雇主通过互联网提交家政服务需求信息提供了便利。针对部分家政服务人员和雇主由于年龄、受教育程度等因素影响可能不方便或不习惯采用互联网来寻求中介服务,该中介机构仍保留了传统的中介门店方便家政服务人员和雇主实地填写供需信息。

在一段时间内有 8 个家政服务人员 $\{W_1, W_2, \cdots, W_8\}$ 通过网络平台或中介门店寻找家政服务工作,每个家政服务人员都希望寻找一份合适的工作;有 8 个雇主 $\{E_1, E_2, \cdots, E_8\}$ 通过网络平台或中介门店寻求雇佣家政服务人员,每个雇主只雇佣一个家政服务人员。8 个家政服务人员掌握的技能包括做饭保洁、医疗陪护、月嫂、家庭护理、育婴护理 5 种,分别用 S^1, S^2, S^3, S^4, S^5 表示,每个家政服务人员掌握其中的一种或几种技能,8 个家政服务人员掌握的具体技能情况和 8 个雇主需要的服务技能,如表 6.3 所示。家政服务人员依据雇主提供的工资待遇、食宿条件、工作环境等指标对 8 个雇主进行总体评价后给出的偏好排序值,如表 6.4 所示。雇主依据家政服务人员的工作经验、年龄、技能水平等指标对 8 个家政服务人员进行总体评价后给出的偏好排序值,如表 6.5 所示。

表 6.3 家政服务人员具备的技能和雇主需求的技能

	S^1, S^2, S^3, S^4, S^5		S^1, S^2, S^3, S^4, S^5
W_1	(0,0,1,0,0)	E_1	(0,1,0,0,0)
W_2	(1,1,0,1,0)	E_2	(1,0,0,0,0)
W_3	(1,1,0,0,0)	E_3	(0,0,0,1,0)
W_4	(1,1,0,1,0)	E_4	(0,0,0,0,1)
W_5	(1,0,0,0,1)	E_5	(0,0,1,0,0)
W_6	(1,1,0,1,1)	E_6	(1,0,0,0,0)
W_7	(0,0,1,0,0)	E_7	(0,1,0,0,0)
W_8	(1,1,0,1,1)	E_8	(0,0,1,0,0)

第6章 家政服务人员与雇主的稳定双边匹配方法

表6.4 家政服务人员给出的雇主偏好排序值

	E_1	E_2	E_3	E_4	E_5	E_6	E_7	E_8
W_1	5	6	3	9	1	4	2	9
W_2	9	2	5	1	3	9	6	4
W_3	3	5	4	6	2	9	9	1
W_4	7	4	3	1	2	6	9	5
W_5	2	9	4	3	6	1	7	5
W_6	7	6	8	2	3	5	1	4
W_7	2	9	6	5	9	4	3	1
W_8	3	7	4	1	5	8	2	6

表6.5 雇主给出的家政服务人员偏好排序值

	W_1	W_2	W_3	W_4	W_5	W_6	W_7	W_8
E_1	5	9	3	1	6	2	9	4
E_2	8	4	2	3	9	1	6	5
E_3	5	3	6	4	7	1	8	2
E_4	4	7	8	6	1	2	5	3
E_5	1	5	2	6	9	3	9	4
E_6	3	9	5	6	4	2	9	1
E_7	6	1	9	2	4	5	9	3
E_8	2	5	9	3	9	9	1	4

通过满意度计算公式(6.5)和(6.6)分别得到家政服务人员和雇主的满意度,如表6.6和表6.7所示。

表6.6 家政服务人员的满意度

	E_1	E_2	E_3	E_4	E_5	E_6	E_7	E_8
W_1	0.38	0.25	0.62	$-M$	0.88	0.75	0.50	$-M$
W_2	$-M$	0.75	0.38	0.88	0.62	$-M$	0.25	0.50
W_3	0.62	0.38	0.50	0.25	0.75	$-M$	$-M$	0.88
W_4	0.12	0.50	0.62	0.88	0.75	0.25	$-M$	0.38
W_5	0.75	$-M$	0.50	0.62	0.25	0.88	$-M$	0.38
W_6	0.12	0.25	0.00	0.75	0.62	0.38	0.88	0.50
W_7	0.75	$-M$	0.25	0.38	$-M$	0.50	0.62	0.88
W_8	0.62	0.12	0.50	0.88	0.38	0.00	0.75	0.25

表 6.7 雇主的满意度

	W_1	W_2	W_3	W_4	W_5	W_6	W_7	W_8
E_1	0.38	$-M$	0.62	0.88	0.25	0.75	$-M$	0.50
E_2	$-M$	0.50	0.75	0.62	$-M$	0.88	0.25	0.38
E_3	0.38	0.62	0.25	0.50	0.12	0.88	0.00	0.75
E_4	0.50	0.12	0.00	0.25	0.88	0.75	0.38	0.62
E_5	0.88	0.38	0.75	0.25	$-M$	0.62	$-M$	0.50
E_6	0.62	$-M$	0.38	0.25	0.50	0.75	$-M$	0.88
E_7	0.25	0.88	$-M$	0.75	0.50	0.38	$-M$	0.62
E_8	0.75	0.38	$-M$	0.62	-0.12	$-M$	0.88	0.50

依据表 6.6 中的家政服务人员满意度和表 6.7 中的雇主满意度,可以建立模型(6.7a)—(6.7i)所示的双目标优化模型,并采用 ε-constraint 算法对模型进行求解。本书取迭代步长 $\theta=0.1$,以目标函数 Z_2 为约束条件的算法求解步骤为:首先,采用优化软件 Lingo 11.0 计算单独考虑目标函数 Z_1 和 Z_2 时的最优解 $X_1^* = (x_{15}, x_{22}, x_{31}, x_{43}, x_{56}, x_{67}, x_{78}, x_{84})$ 和 $X_2^* = (x_{15}, x_{27}, x_{32}, x_{41}, x_{54}, x_{63}, x_{78}, x_{86})$,并获得目标函数 Z_2 和 Z_1 的最优值 $Z_1^I = 6.39$ 和 $Z_2^I = 6.91$;在此基础上,计算得到最优解 X_1^* 和 X_2^* 对应的 Z_2 和 Z_1 的目标函数值 $Z_2^N = 4.88$ 和 $Z_2^N = 3.13$;然后,对模型进行迭代求解,最终获得的帕累托最优解和对应的目标函数值如表 6.8 所示。

表 6.8 算法求解结果

迭代次数	λ	帕累托解	Z_1	Z_2	对应的匹配方案
		$(x_{15}, x_{22}, x_{31}, x_{43}, x_{56}, x_{67}, x_{78}, x_{84})$	6.39	4.88	μ_1
1	4.98	$(x_{15}, x_{22}, x_{31}, x_{43}, x_{56}, x_{64}, x_{78}, x_{87})$	6.13	5.25	μ_2
2	5.35	$(x_{15}, x_{23}, x_{31}, x_{42}, x_{56}, x_{64}, x_{78}, x_{87})$	5.64	5.49	μ_3
3	5.59	$(x_{15}, x_{22}, x_{31}, x_{43}, x_{56}, x_{66}, x_{78}, x_{87})$	5.50	5.63	μ_4
4	5.73	$(x_{15}, x_{27}, x_{31}, x_{42}, x_{56}, x_{64}, x_{78}, x_{83})$	5.26	5.88	μ_5
5	5.98	$(x_{15}, x_{27}, x_{32}, x_{41}, x_{56}, x_{64}, x_{78}, x_{83})$	4.64	6.27	μ_6
6	6.37	$(x_{15}, x_{27}, x_{32}, x_{41}, x_{54}, x_{66}, x_{78}, x_{83})$	4.01	6.65	μ_7
7	6.75	$(x_{15}, x_{27}, x_{32}, x_{41}, x_{54}, x_{63}, x_{78}, x_{86})$	3.13	6.91	μ_8

依据表 6.8 中的帕累托解绘制的帕累托前沿如图 6.1 所示。

第 6 章 家政服务人员与雇主的稳定双边匹配方法

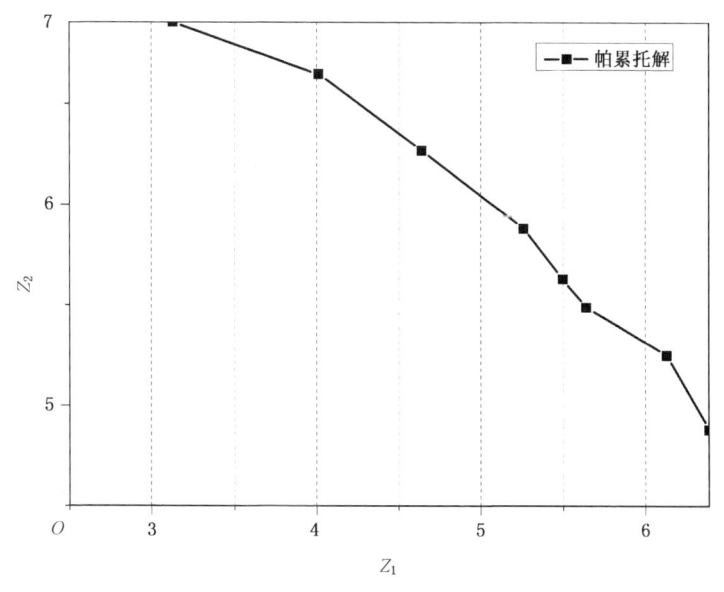

图 6.1 帕累托解的分布

从图 6.1 可以看出,本算例采用 ε-constraint 算法获得的帕累托前沿分布比较均匀,家政服务中介机构可以根据实际情况从中选择最优的稳定匹配结果,例如,若选择家政服务人员最满意的稳定匹配,则为 $\mu_1 = \{(W_1, E_5), (W_2, E_2), (W_3, E_1), (W_4, E_3), (W_5, E_6), (W_6, E_7), (W_7, E_8), (W_8, E_4)\}$,即家政服务人员 W_1 为雇主 E_5 提供家政服务,W_2 为 E_2 提供家政服务,W_3 为 E_1 提供家政服务,W_4 为 E_3 提供家政服务,W_5 为 E_6 提供家政服务,W_6 为 E_7 提供家政服务,W_7 为 E_8 提供家政服务,W_8 为 E_4 提供家政服务;若选择雇主最满意的稳定匹配,则为匹配方案 μ_8;若选择双方都尽量满意的稳定匹配,则为匹配方案 μ_4。

6.4 本章小结

本章围绕家政服务行业中家政服务人员与雇主的双边匹配问题,研究了基于偏好序信息的家政服务人员与雇主稳定双边匹配问题和考虑服务技能约束的家政服务人员与雇主稳定双边匹配问题,主要研究内容和贡献总结如下:

(1)针对基于偏好序信息的家政服务人员与雇主稳定双边匹配问题,提出了一种获得双方稳定匹配关系的决策方法。该方法提炼了家政服务市场中具有偏好序信息的家政服务人员与雇主双边匹配问题,并给出了相应的数学描述;给出了基于偏好序信息的家政服务人员与雇主稳定匹配的概念；构建了考虑家政服务人员和雇主匹配稳定性和满意性的双目标优化模型，采用模糊优化方法获得的稳定匹配方案兼顾了家政服务人员和雇主双方的满意性。

本章所提出的决策方法弥补了已有研究尚未考虑家政服务人员和雇主匹配稳定性的不足，为解决家政服务业中家政服务人员和雇主雇佣关系不稳定的问题提供了一种新的解决方案。算例分析表明本书所提方法步骤清晰，易操作，在解决现实家政服务问题方面是切实可行的。针对现实生活中家政服务人员往往给出多指标信息的情形，未来需要给出考虑多指标评价信息的稳定匹配方法。

（2）针对考虑服务技能约束的家政服务人员与雇主稳定双边匹配问题，提出了一种基于稳定匹配理论的双边匹配决策方法，该方法提炼了家政服务市场中具有技能匹配约束的家政服务人员与雇主一对一双边匹配问题，并给出了相应的数学描述；给出了偏好可接受对、技能可接受对、可行技能约束匹配、技能约束阻塞对、技能约束稳定匹配等定义，证明了技能约束稳定匹配的存在性；考虑到家政服务人员与雇主的心理行为因素，给出了序值与满意度的非线性计算公式，在此基础上，构建了考虑稳定性和满意性的技能约束匹配优化模型，并证明了模型的合理性。

本章提出的决策方法弥补了已有家政服务人员与雇主双边匹配方法只考虑一方需求信息或未考虑双边匹配稳定性的不足，为解决现实家政服务行业中雇主的高解雇率和家政服务人员的高辞职率提供了一种新的方法和途径，为保障家政服务市场的正常运行秩序提供了一种新的匹配机制。算例分析表明该方法具有简单、易操作的特点，对于解决现实问题是可行的和实用的。

第7章 基于偏好序信息的大规模一对多稳定双边匹配方法

现实双边匹配问题的规模往往都比较大,如何在保证双边主体匹配稳定性的基础上,降低双边匹配问题的规模,提高双边匹配问题的求解效率是一个值得研究的课题。本章针对双边主体给出偏好序信息的大规模的一对多双边匹配问题,设计了一种降低双边匹配问题规模的偏好列表简化规则,构建了获得一对多稳定匹配方案的优化模型。

7.1 研究问题的现实背景

一对多双边匹配是指匹配决策者依据双边匹配主体提供的需求信息,为一方匹配主体寻求一个匹配对象而为另一方匹配主体需求多个匹配对象的过程。关于一对多双边匹配问题的研究最早可以追溯到 1962 年 Gale 和 Shapley 对大学录取问题的研究[38]。随后,许多学者围绕一对多双边匹配问题进行了研究,并取得了大量的理论和实际应用成果。近年来,随着经济和社会的发展,一对多双边匹配的研究也已经从传统的大学录取、医院和实习生匹配等领域扩展到了一些新兴领域,如商品买卖交易匹配、IT 服务中的供给方与需求方匹配、人力资源管理中的人员与岗位匹配、无线通信网络中的网络用户与通信资源的匹配等。

在一对多双边匹配问题研究中,针对双边主体给出偏好序信息的双边匹配问题,一直是国内外学者研究的重点。Gusfield 和 Irving 研究了采用扩展的 G-S 算法,即 H-R 算法,来解决医院与实习生匹配问题且认为婚姻匹配问题是医院与实习生匹配问题的一个特例[3]。Roth 分析了婚姻匹配和大学录取问题之间的关系,研究表明虽然可以通过 H-R 算法获得大学和学生最优稳定匹配,但婚姻匹配问题的许多性质并不能简单地推广到大学录取问题[117]。Balinski 和 Sönmez 研究了土耳其的大学录取机制,指出土耳其当前采用的多类别序列独裁机制存在许多严重缺陷,该机制既不是帕累托有效的,也不是防操纵的,研究认为 Gale-Shapley 学生最优机制对土耳其大学录取而言是可以采用的最好机制[119]。Irving 等研究了具有无差异偏好信息的医院与实习生匹配问题,研究表明采用 H-R 算法总是可以获得一个弱稳定匹配[15]。Roth 对美国医院与实习生匹配项目 NRMP 进行了研究,研究表明在 1952 年 NRMP 采用的 NIMP 算法等同于由医院提出的 H-R 算法,二者产生的都是医院最优稳定匹配[104]。Jorswieck 认为在无线通信网络资源分配中,基于得分、最大吞吐量和比例公平调度的资源分配方式不能保证得到稳定匹配,而采用一对多双边匹配理论中用户和资源提出的延迟接受算法可以获得稳定匹配结果[390]。Korkmaz 等针对军队人员与岗位的双边匹配问题,提出了一种基于 AHP 方法和双边匹配的决策支持系统,用于辅助军事人员的分配,在决策支持系统中,通过 AHP 方法产生岗位需求偏好和人员能力信息,采用扩展的 H-R 算法实现岗位与人员的最优匹配[134]。

需要指出的是,在已有的一对多双边匹配问题研究中,大多采用 H-R 算法或扩展的 H-R 算法来获得双边主体的稳定匹配结果。但由于基于 H-R 算法获得的稳定匹配结果对一方主体是最优的稳定匹配,同时对另外一方主体而言也是最差的稳定匹配,因而不能获得双边主体满意度都尽可能高的匹配方案。若单纯考虑匹配的满意性而忽视了匹配的稳定性,则可能会出现有些匹配主体放弃已有匹配对象,绕过原有匹配机制而私下进行匹配,从而导致原有匹配机制失效的现象。因此,在考虑双边匹配的稳定性条件下,如何获得双方主体满意度尽可能大的匹配方案是一个值得研究的问题。此外,在现实的一对多双边匹配问题中,问题的规模往往都比较大,例如,美国的医院与实习生匹配项目 NRMP 中,每年都有几百家医院和 20 000 多名实习生参与匹配项目[391],在中国的大学录取中,每年都有几百万学生和上千所高校参与,在 58 同城二手房交易网站中每天有多达几十万甚至上百万条房源信息。因此,在不改变一对多双边匹配问题的稳定匹配集合的情形下,有效地降低问题的规模,提高问题的求解效率,显得非常必要。基于此,本书针对一对多双边匹配问题的特点,设计了一种用于降低一对多双边匹配问题规模的偏好列表简化规则,在此基础上,提出了一种同时考虑稳定性和满意性的双边匹配方法。

7.2 问题描述及其研究框架

7.2.1 符号说明与问题描述

本书提出的基于偏好序信息的大规模一对多双边匹配问题的描述如下：在研究的双边匹配问题中，一个甲方主体最多与一个乙方主体进行匹配，一个乙方主体最多可以与多个甲方主体进行匹配。双边主体采用偏好序信息表达对对方的偏好，甲方主体给出关于乙方主体的偏好序信息，乙方主体给出关于甲方主体的偏好序信息。双边匹配优化的目标是在考虑一对多稳定匹配的基础上，获得双边主体尽可能满意的匹配方案。上述双边匹配问题的研究目标是：依据甲方主体给出的关于乙方主体的偏好序信息，乙方主体给出的关于甲方主体的偏好序信息，如何降低匹配主体的规模，提高匹配的效率，并获得双边主体稳定和满意的匹配方案。

在本章研究的具有偏好序信息的一对多双边匹配问题中，设 $M=\{1,2,\cdots,m\}$，$N=\{1,2,\cdots,n\}$，甲方主体集合为 $A=\{A_1,A_2,\cdots,A_m\}$，其中 A_i 表示第 i 个甲方主体，$i\in M$；乙方主体集合 $B=\{B_1,B_2,\cdots,B_n\}$，其中 B_j 表示第 j 个乙方主体，$j\in N$。在本章考虑的一对多双边匹配问题中，每个甲方主体 A_i 最多只能与一个乙方主体进行匹配，而一个乙方主体 B_j 最多可以与 q_j 个甲方主体进行匹配，$q_j\in \mathbf{N}_+$，其中 $\mathbf{N}_+$ 为正整数集。下面给出具有偏好序信息的一对多双边匹配问题的数学描述。

假设双边主体均给出严格偏好序信息。每个甲方主体 $A_i\in A$ 针对乙方主体集合 B 的一个子集给出偏好列表 $P(A_i)=B_b,B_g,B_h,\cdots,B_p$，$\{B_b,B_g,B_h,\cdots,B_p\}\subseteq B$，$b\neq g\neq h\neq\cdots\neq p\in N$，其中 $P(A_i)=B_b,B_g,B_h,\cdots,B_p$ 表示甲方主体 A_i 认为乙方主体 B_b 优于 B_g，B_g 优于 B_h，以此类推，即 B_j 在 A_i 偏好列表 $P(A_i)$ 中的位置越靠前，则 A_i 认为 B_j 越优；否则，A_i 认为 B_j 越差。此外，若 B_j 在 A_i 的偏好列表 $P(A_i)$ 中，则表示 A_i 愿意与 B_j 进行匹配，即 A_i 认为 B_j 是可接受的；否则，A_i 宁愿没有匹配对象也不愿意与 B_j 进行匹配，即 A_i 认为 B_j 是不可接受的。

每个乙方主体 $B_j\in B$ 针对甲方主体集合 A 的一个子集给出偏好列表 $P(B_j)=A_d,A_s,A_t,\cdots,A_q$，$d\neq s\neq t\neq\cdots\neq q\in M$，其中 $P(B_j)=A_d,A_s,A_t,\cdots,A_q$ 表示

乙方主体 B_j 认为甲方主体 A_d 优于 A_s，A_s 优于 A_t，以此类推，即 A_i 在 B_j 偏好列表 $P(B_j)$ 中的位置越靠前，则 B_j 认为 A_i 越优；否则，B_j 认为 A_i 越差。此外，若 A_i 在 B_j 的偏好列表 $P(B_j)$ 中，则表示 B_j 愿意与 A_i 进行匹配，即 B_j 认为 A_i 是可接受的；否则，B_j 宁愿没有匹配对象也不愿意与 A_i 进行匹配，即 B_j 认为 A_i 是不可接受的。$P=\{P(A_1),\cdots,P(A_m),P(B_1),\cdots,P(B_n)\}$ 表示所有匹配主体给出的偏好列表构成的集合。在双边匹配中，集合 A 和集合 B 以及偏好列表集合 P 构成的三元组 $(A,B;P)$ 称为一个偏好结构 (preference structure)。

为便于对双边主体的偏好关系进行表述，下面对以下符号进行说明。

$B_j\succ_{A_i}B_g$ 表示 A_i 认为乙方主体 B_j 优于 B_g；类似地，$A_i\succ_{B_j}A_k$ 表示 B_j 认为甲方主体 A_i 优于 A_k。

$B_j\succeq_{A_i}B_g$ 表示 A_i 认为乙方主体 B_j 不劣于 B_g；类似地，$A_i\succeq_{B_j}A_k$ 表示 B_j 表示认为甲方主体 A_i 不劣于 A_k。

$B_j\succ_{A_i}A_i$ 表示 A_i 认为与乙方主体 B_j 匹配要优于没有匹配对象，即 B_j 是可接受的；类似地，$A_i\succ_{B_j}B_j$ 表示 B_j 认为与甲方主体 A_i 匹配要优于没有匹配对象，即 A_i 是可接受的。

$A_i\succ_{A_i}B_j$ 表示 A_i 认为宁愿没有匹配对象也优于与 B_j 匹配，即 A_i 认为 B_j 是不可接受的；类似地，$B_j\succ_{B_j}A_i$ 表示 B_j 认为宁愿没有匹配对象也优于与 A_i 匹配，即 B_j 认为 A_i 是不可接受的。

在本章研究的一对多双边匹配问题中，若 B_j 在 A_i 的偏好列表 $P(A_i)$ 中，则令 $r_A(i,j)$ 表示 B_j 在 A_i 的偏好列表 $P(A_i)$ 中的排序位置（简称序值），$r_A(i,j)\in N,i\in M,j\in N$；若 A_i 在 B_j 的偏好列表 $P(B_j)$ 中，则令 $r_B(i,j)$ 表示 A_i 在 B_j 的偏好列表 $P(B_j)$ 中的排序位置（简称序值），$r_B(i,j)\in M,i\in M,j\in N$。显然，$r_A(i,j)$ 和 $r_B(i,j)$ 越小，则 A_i 对 B_j 和 B_j 对 A_i 的满意度越高，反之亦然。

7.2.2 决策思路

针对基于偏好序信息的大规模一对多双边匹配问题，本章的具体决策思路如下：

第一阶段为双边匹配的准备阶段。首先，需要依据基于偏好序信息的大规模一对多双边匹配问题的研究背景，采用数据收集和预处理方法，确定双边匹配问题的双边主体;其次,双边主体通过主观评价法,提供关于对方的偏好序信息。

第二阶段为决策分析阶段。决策分析阶段是本章所完成的主要工作,具体地,首先,针对一对多稳定匹配方案的特点,给出了降低一对多双边匹配问题规模的偏好列表简化规则;其次,采用数学建模方法、稳定匹配理论等,构建了以双边主体满意度最大为目标的双目标优化模型,证明了所构建的模型能够保证获得一对多稳定匹配方案;最后,采用模糊优化方法,将多目标转换为单目标优化模型,并采用优化软件包求解模型,从而获得最优稳定匹配方案。

7.3 相关概念

在文献[2]的基础上,本章对基于偏好序信息的一对多双边匹配问题中的可接受对、个体阻塞、成对阻塞、稳定匹配等概念进行界定。

定义 7.1(可接受对) 在一对多双边匹配问题中,对于 $\forall A_i \in A, \forall B_j \in B$,若 $B_j \in P(A_i)$ 且 $A_i \in P(B_j)$,则称 (A_i,B_j) 为可接受对;否则,称为不可接受对。

在匹配方案 μ 中,若存在一个匹配主体的匹配对象对该匹配主体而言是不可接受的,则称匹配方案 μ 被该匹配主体个体阻塞。

定义 7.2(个体阻塞) 设一对多双边匹配 $\mu:A\bigcup B \rightarrow 2^{A\cup B}$,若存在 $A_i \in A$,$B_j \in B$,满足以下两种情况之一:

(1) $\mu(A_i) \neq A_i$,且 $A_i \succ_{A_i} \mu(A_i)$;

(2) $A_i \in \mu(B_j)$,且 $B_j \succ_{B_j} A_i$,

则称一对多双边匹配 μ 被个体阻塞。

定义 7.3(成对阻塞) 设一对多双边匹配 $\mu:A\bigcup B \rightarrow 2^{A\cup B}$,对于 $\forall A_i \in A$,$\forall B_j \in B$,若可接受对 (A_i,B_j) 满足以下条件之一:

(1) $\mu(A_i)=A_i$,$|\mu(B_j)|<q_j$;

(2) $\mu(A_i)=A_i$,且 $\exists A_g \in \mu(B_j)q_j, A_i \succ_{B_j} A_g$;

(3) $\mu(A_i)=B_h$,$|\mu(B_j)|<q_j$,且 $B_j \succ_{A_i} B_h$;

(4) $\mu(A_i)=B_h$,$\exists A_g \in \mu(B_j)$,且 $B_j \succ_{A_i} B_h$,$A_i \succ_{B_j} A_g$。

则称一对多双边匹配 μ 被 (A_i,B_j) 成对阻塞,并称 (A_i,B_j) 为匹配方案 μ 的一个阻塞对。

定义 7.4(一对多稳定匹配) 设一对多双边匹配 $\mu:A\bigcup B \rightarrow 2^{A\cup B}$,若匹配方

案 μ 既不被任何个体阻塞,并且也不被任何可接受对成对阻塞,则称 μ 为稳定匹配;否则,称 μ 为不稳定匹配。

由定义 7.1—定义 7.4 容易获得以下性质:

性质 7.1 若匹配方案 μ 的所有匹配对都是可接受对,则匹配方案 μ 不会被个体阻塞。

性质 7.2 在匹配方案 μ 中,若不可接受对 (A_i,B_j) 是匹配方案 μ 的一个匹配对,则 μ 一定是不稳定匹配,即稳定匹配中的所有匹配对都是可接受对。

性质 7.3 不可接受对一定不是匹配方案的阻塞对。

依据文献[2]和文献[325],下面分别给出甲方主体最优稳定匹配和乙方主体最优稳定匹配的数学定义。

定义 7.5(甲方主体最优稳定匹配) 在一对多双边匹配问题 $(A,B;P)$ 中,设 U_s 表示由匹配主体集合 A、B 以及偏好列表集合 P 确定的所有一对多稳定匹配的集合,记 $c_A(\mu) = \sum\limits_{\substack{\mu(A_i)=B_j \\ i \in M}} r_A(i,j)$,$\mu_A^* = \arg\min\limits_{\mu \in U_s}(c_A(\mu))$,则称 μ_A^* 为甲方主体最优稳定匹配。

定义 7.6(乙方主体最优稳定匹配) 在一对多双边匹配问题 $(A,B;P)$ 中,设 U_s 表示由匹配主体集合 A、B 以及偏好列表集合 P 确定的所有一对多稳定匹配的集合,记 $c_B(\mu) = \sum\limits_{\substack{A_i \in \mu(B_j) \\ j \in N}} r_B(i,j)$,$\mu_B^* = \arg\min\limits_{\mu \in U_s}(c_B(\mu))$,则称 μ_B^* 为乙方主体最优稳定匹配。

依据文献[2]和定义 7.5、定义 7.6,可以获得如下性质:

性质 7.4 在一对多双边匹配问题 $(A,B;P)$ 中,设 U_s 表示由匹配主体集合 A、B 以及偏好列表集合 P 确定的所有一对多稳定匹配的集合,对于 $\forall \mu \in U_s$,令 $A_g = \arg\max\{r_B(i,j) | A_i \in \mu_A^*(B_j)\}$,$A_h = \arg\min\{r_B(i,j) | A_i \in \mu_B^*(B_j)\}$,$A_d = \arg\min\{r_B(i,j) | A_i \in \mu(B_j)\}$,$A_e = \arg\max\{r_B(i,j) | A_i \in \mu(B_j)\}$,则有 $\mu_A^*(A_i) \geq_{A_i} \mu(A_i)$,$A_e \geq_{B_j} A_g$;类似地,有 $\mu(A_i) \geq_{A_i} \mu_B^*(A_i)$,$A_h \geq_{B_j} A_d$。

由性质 7.4 可知,在甲方主体最优稳定匹配 μ_A^* 中,甲方主体的匹配对象是所有稳定匹配中最优的,而乙方主体获得的最差匹配对象也是所有稳定匹配中最差的;类似地,在乙方主体最优稳定匹配 μ_B^* 中,甲方主体的匹配对象是所有稳定匹配中最差的,而乙方主体获得的最好匹配对象也是所有稳定匹配中最好的。

本章要解决的问题是:依据甲方主体 A_i 给出的偏好列表 $P(A_i)$ 与乙方主体 B_j 给出的偏好列表 $P(B_j)$,通过有效的双边匹配方法,获得双边匹配主体满意度尽可能大的一对多双边稳定匹配方案。

7.4 一对多稳定匹配方法

为了获得大规模一对多双边匹配问题中双边主体尽可能满意的稳定匹配方案,首先,设计了一个偏好列表简化规则来降低双边匹配问题的规模;然后,在考虑稳定性条件下,构建了以双边主体满意度最大为目标的多目标优化模型,并证明了优化模型中的稳定约束条件能够保证获得一对多双边稳定匹配;最后,采用模糊优化方法将多目标优化模型转换为单目标优化模型进行求解。

7.4.1 偏好列表简化规则设计

在不改变一对多双边匹配问题的稳定匹配集合的基础上,为了降低具有严格偏好序信息的一对多双边匹配问题的规模,本章设计了如下的偏好列表简化规则:

设 A_i 的偏好列表 $P(A_i)$ 中所有乙方主体的集合为 $G(A_i)$,B_j 的偏好列表 $P(B_j)$ 中所有甲方主体的集合为 $G(B_j)$,并设集合 $G'(A_i)=G(A_i)$,$G'(B_j)=G(B_j)$,$i \in M, j \in N$。

步骤 1 采用 H-R 算法获得甲方主体最优稳定匹配 μ_A^* 和乙方主体最优稳定匹配 μ_B^*;

步骤 2 依据性质 7.4,对于 $\forall B_j \in G(A_i)$,若 $B_j \succ_{A_i} \mu_A^*(A_i)$,则将 B_j 从 A_i 的偏好列表 $P(A_i)$ 中删除,$G'(A_i)=G'(A_i)\setminus\{B_j\}$;若 $\forall A_i \in G(B_j)$,$A_g = \arg\min\{r_B(k,j)|A_k \in \mu_B^*(B_j)\}$,$A_i \succ_{B_j} A_g$,则将 A_i 从 B_j 的偏好列表 $P(B_j)$ 中删除,$G'(B_j)=G'(B_j)\setminus\{A_i\}$;

步骤 3 依据性质 7.4,若 $\forall B_j \in G(A_i)$,$\mu_B^*(A_i) \succ_{A_i} B_j$,则将 B_j 从 A_i 的偏好列表 $P(A_i)$ 中删除,$G'(A_i)=G'(A_i)\setminus\{B_j\}$;若 $\forall A_i \in G(B_j)$,$A_h = \arg\max\{r_B(k,j)|A_k \in \mu_A^*(B_j)\}$,$A_h \succ_{B_j} A_i$,则将 A_i 从 B_j 的偏好列表 $P(B_j)$ 中删除,$G'(B_j)=G'(B_j)\setminus\{A_i\}$;

步骤 4 若 $\forall B_j \in G'(A_i), A_i \notin G'(B_j)$,则将 B_j 从 A_i 的偏好列表 $P(A_i)$ 中删除,$G'(A_i) = G'(A_i) \setminus \{B_j\}$;类似地,若 $\forall A_i \in G'(B_j), B_j \notin G'(A_i)$,则将 A_i 从 B_j 的偏好列表 $P(B_j)$ 中删除,$G'(B_j) = G'(B_j) \setminus \{A_i\}$。

7.4.2 一对多稳定匹配模型构建

依据简化后的偏好列表 $G'(A_i)$ 和 $G'(B_j)$,以及 B_j 在偏好列表 $P(A_i)$ 中的序值 $r_A(i,j)$ 和 A_i 在偏好列表 $P(B_j)$ 中的序值 $r_B(i,j)$,在考虑匹配稳定性的条件下,可以构建以甲方主体满意度最大和乙方主体满意度最大为目标的双目标优化模型。设 x_{ij} 为 0-1 型决策变量,$x_{ij}=1$ 表示第 i 个甲方主体与第 j 个乙方主体匹配;否则 $x_{ij}=0$。本章构建的双目标优化模型(7.1a)—(7.1f)如下:

$$\min Z_1 = \sum_{i=1}^{m} \sum_{B_j \in G'(A_i)} r_A(i,j) x_{ij} \tag{7.1a}$$

$$\min Z_2 = \sum_{j=1}^{n} \sum_{A_i \in G'(B_j)} r_B(i,j) x_{ij} \tag{7.1b}$$

$$\text{s. t.} \sum_{B_j \in G'(A_i)} x_{ij} \leqslant 1, \quad i \in M \tag{7.1c}$$

$$\sum_{A_i \in G'(B_j)} x_{ij} \leqslant q_j, \quad j \in N \tag{7.1d}$$

$$q_j(1 - \sum_{B_h >_{A_i} B_j} x_{ih} - x_{ij}) - \sum_{A_g >_{B_j} A_i} x_{gj} \leqslant 0, \quad i \in M, B_j \in G'(A_i) \tag{7.1e}$$

$$x_{ij} = 0 \text{ 或 } 1, \quad i \in M, B_j \in G'(A_i) \tag{7.1f}$$

在模型(7.1a)—(7.1f)中,式(7.1a)和(7.1b)为目标函数,其中,式(7.1a)表示最小化甲方主体的序值之和,式(7.1b)表示最小化乙方主体的序值之和;式(7.1c)—(7.1f)为约束条件,其中,式(7.1c)为匹配数量约束条件,表示每个甲方主体最多与一个乙方主体进行匹配;式(7.1d)为匹配数量约束条件,表示每个乙方主体 B_j 最多可以与 q_j 个甲方主体进行匹配;式(7.1e)为根据文献[392]的思想确定的一对多双边匹配的稳定性约束条件。

为了说明所建立模型(7.1a)—(7.1f)的合理性,下面对如下的定理 7.1 进行证明。

定理 7.1 在一对多双边匹配问题中,满足约束条件(7.1e)的匹配方案是一个稳定匹配,该条件称为一对多双边匹配的稳定性约束条件。

证明:为了证明约束条件(7.1e)能够保证获得的匹配方案是一对多双边匹配的稳定匹配,可以证明 $G'(A_i)$ 和 $G'(B_j)$ 中的 A_i 和 B_j 不会个体阻塞匹配方案,同时 (A_i,B_j) 不会成对阻塞匹配方案。通过偏好列表简化规则步骤4可知,$G'(A_i)$ 和 $G'(B_j)$ 中的 (A_i,B_j) 都是可接受对,因此由性质7.1可知,对于 $G'(A_i)$ 和 $G'(B_j)$ 中的 A_i 和 B_j 不会个体阻塞匹配方案。为了证明满足约束条件(7.1e)的可接受对 (A_i,B_j) 不会成对阻塞匹配方案,可以证明若 (A_i,B_j) 满足式(7.2),则 (A_i,B_j) 一定是阻塞对。

$$q_j(1 - \sum_{B_h \succ_{A_i} B_j} x_{ih} - x_{ij}) - \sum_{A_g \succ_{B_j} A_i} x_{gj} > 0, \quad i \in M, B_j \in G'(A_i) \quad (7.2)$$

由于 $x_{ij} \in \{0,1\}$,若保证式(7.2)成立,则一定有 $\sum_{B_h \succ_{A_i} B_j} x_{ih} = x_{ij} = 0$,且 $\sum_{A_g \succ_{B_j} A_i} x_{gj} < q_j$。由 $\sum_{B_h \succ_{A_i} B_j} x_{ih} = 0$ 可知,对于 A_i 有 $\mu(A_i) = A_i$ 或者 $\mu(A_i) = B_h$,$B_j \succ_{A_i} B_h$;而由 $\sum_{A_g \succ_{B_j} A_i} x_{gj} < q_j$ 可知,对于 B_j 有 $|\mu(B_j)| < q_j$ 或 $\exists A_g \in \mu(B_j)$,$A_i \succ_{B_j} A_g$。此外,由于 $x_{ij} = 0$,那么由成对阻塞的定义7.3可知,此时 (A_i,B_j) 一定是阻塞对。因此,若可接受对 (A_i,B_j) 满足约束条件(7.1e),则 (A_i,B_j) 一定不是阻塞对。

综上可知,式(7.1e)能够保证获得的匹配方案是一对多双边匹配的一个稳定匹配方案。

7.4.3 模型求解

模型(7.1a)—(7.1f)是一个双目标的0-1整数规划模型,本章采用Zimmermann提出的求解多目标规划的模糊优化方法[387,393]进行求解。模糊优化方法的基本思想是将一个多目标线性规划问题转换为一个等价的具有单一目标的模糊线性规划问题。首先给出如下两个隶属函数的定义:

$$\mu_1(Z_1) = \frac{Z_1^{\max} - Z_1}{Z_1^{\max} - Z_1^{\min}} \quad (7.3)$$

$$\mu_2(Z_2) = \frac{Z_2^{\max} - Z_2}{Z_2^{\max} - Z_2^{\min}} \quad (7.4)$$

其中,$Z_1^{\max}$ 和 $Z_1^{\min}$ 为单独考虑目标函数 Z_1 的最大值和最小值,$Z_2^{\max}$ 和 $Z_2^{\min}$ 为单独考虑目标函数 Z_2 的最大值和最小值。

由文献[1]和文献[16]可知,采用甲方主体发起的 H-R 算法可以获得甲方主体最优稳定匹配 μ_A^*;而采用乙方主体发起的 H-R 算法可以获得乙方主体最优稳定匹配 μ_B^*。并且由性质 7.1 可知 $Z_1^{\max} = c_A(\mu_A^*)$, $Z_1^{\min} = c_A(\mu_B^*)$, $Z_2^{\max} = c_B(\mu_B^*)$, $Z_2^{\min} = c_B(\mu_A^*)$。因此,通过 H-R 算法可以很容易地计算 Z_1 和 Z_2 的最值,从而方便地构造隶属函数 $u_1(Z_1)$ 和 $u_2(Z_2)$。

通过式(7.3)和(7.4)中的两个隶属函数,可以将双目标的优化模型(7.1a)—(7.1f)转换为如下单目标的模糊目标规划模型(7.5a)—(7.5g)。

$$\max \lambda \quad (7.5a)$$

$$\text{s.t.} \lambda \leqslant u_1(Z_1) \quad (7.5b)$$

$$\lambda \leqslant u_2(Z_2) \quad (7.5c)$$

$$\sum_{B_j \in G'(A_i)} x_{ij} \leqslant 1, \quad i \in M \quad (7.5d)$$

$$\sum_{A_i \in G'(B_j)} x_{ij} \leqslant q_j, \quad j \in N \quad (7.5e)$$

$$q_j \Big(1 - \sum_{B_h >_{A_i} B_j} x_{ih} - x_{ij}\Big) - \sum_{A_g >_{B_j} A_i} x_{gj} \leqslant 0, \quad i \in M, B_j \in G'(A_i) \quad (7.5f)$$

$$x_{ij} = 0 \text{ 或 } 1, \quad i \in M, B_j \in G'(A_i) \quad (7.5g)$$

其中 λ 为满意度水平。

模型(7.5a)—(7.5g)是一个混合型的整数规划模型,可采用分支定界算法或使用一些优化软件如 Lingo 14.0、Cplex 12.1 等求解。

综上,具有偏好序信息的一对多双边匹配问题的求解步骤如下:

步骤 1 依据 A_i 的偏好列表 $P(A_i)$ 和 B_j 偏好列表 $P(B_j)$,采用 H-R 算法获得甲方主体最优稳定匹配 μ_A^* 和乙方主体最优稳定匹配 μ_B^*;

步骤 2 采用本章设计的偏好列表简化规则对 $P(A_i)$ 和 $P(B_j)$ 进行简化,获得简化后的 $G'(A_i)$ 和 $G'(B_j)$;

步骤 3 依据 $G'(A_i)$ 和 $G'(B_j)$ 以及 $r_A(i,j)$ 和 $r_B(i,j)$,建立双目标优化模型(7.1a)—(7.1f);

步骤 4 依据定理 7.1 和最优稳定匹配 μ_A^* 和 μ_B^*,计算 $Z_1^{\max}$、$Z_1^{\min}$、$Z_2^{\max}$ 和 $Z_2^{\min}$,并构建隶属函数(7.3)和(7.4);

步骤 5 依据隶属函数(7.3)和(7.4),将双目标优化模型(7.1a)—(7.1f)转

换为单目标优化模型(7.5a)—(7.5g);

步骤 6 求解单目标优化模型(7.5a)—(7.5g),获得最优匹配结果。

7.5 算例分析

为了验证本章所提模型的合理性与有效性,以高等院校中教师与课程双边匹配为例,采用实验仿真的方法进行详细分析。首先,以 5 名教学人员和 11 门课程进行匹配展示双边匹配方法的决策流程,然后,对不同数据规模的教学人员与课程匹配进行实验仿真,并通过与 H-R 算法的对比分析验证模型的有效性。

在高等院校中,学生知识获取的主要途径是通过教学人员课堂知识的传授,因此,安排合适的教学人员教授合适的课程已经成为高校教务管理部门的一项重要工作。某高校信息科学与工程学院根据教学计划本学期共有 11 门通信工程专业的课程($A_1, A_2, \cdots, A_{11}$)需要安排,经过学院初步筛选有 5 名教学人员适合这些课程的教学,其中教学人员 B_1, B_2, B_3, B_4, B_5 依次最多可以教授的课程数量为 $q_1=4, q_2=1, q_3=3, q_4=2, q_5=1$。

为了提高教学人员的教学积极性,提高教学质量,学校教务管理部门决定采用双向选择的机制来实现教学人员与课程的最优匹配。教务管理部门依据教学人员的教学经验、学科领域的专业性、教学态度、教学效果等方面对教学人员(B_1, B_2, B_3, B_4, B_5)进行综合评价,并给出相应的偏好序信息,如表 7.1 所示。教学人员则依据课程的上课时间、对课程兴趣、对课程的熟悉程度等方面对课程进行评价,并给出相应的偏好序信息,如表 7.2 所示。

表 7.1 教务管理部门给出的偏好序信息

	偏好列表 $P(A_i)$		偏好列表 $P(A_i)$
A_1	B_3, B_1, B_5, B_4	A_7	B_2, B_5, B_1, B_3
A_2	B_1, B_3, B_4, B_2, B_5	A_8	B_1, B_3, B_2, B_5, B_4
A_3	B_4, B_3, B_5, B_1, B_2	A_9	B_4, B_1, B_5
A_4	B_3, B_4, B_1, B_5	A_{10}	B_3, B_1, B_5, B_2, B_4
A_5	B_1, B_4, B_2	A_{11}	B_5, B_4, B_1, B_3, B_2
A_6	B_4, B_3, B_2, B_1, B_5		

表 7.2　教学人员给出的偏好序信息

	偏好列表 $P(B_j)$
B_1	$A_3, A_7, A_9, A_{11}, A_5, A_4, A_{10}, A_8, A_6, A_1, A_2$
B_2	$A_5, A_7, A_{10}, A_6, A_8, A_2, A_3, A_{11}$
B_3	$A_{11}, A_6, A_8, A_3, A_2, A_4, A_7, A_1, A_{10}$
B_4	$A_{10}, A_1, A_2, A_{11}, A_4, A_9, A_5, A_3, A_6, A_8$
B_5	$A_2, A_4, A_{10}, A_7, A_6, A_1, A_8, A_3, A_{11}, A_9$

为了获得教学人员与课程的最优匹配结果,下面简要介绍本章提出的决策方法的计算过程。

步骤 1:采用 H-R 算法获得课程最优稳定匹配 μ_A^* 和教学人员最优稳定匹配 μ_B^*,如表 7.3 所示。

表 7.3　最优稳定匹配

最优稳定	匹配对
μ_A^*	$\{(A_1,B_3),(A_2,B_1),(A_3,B_4),(A_4,B_3),(A_5,B_1),(A_6,B_3),(A_7,B_2),$ $(A_8,B_1),(A_9,B_4),(A_{10},B_1),(A_{11},B_5)\}$
μ_B^*	$\{(A_1,B_4),(A_2,B_4),(A_3,B_3),(A_4,B_1),(A_5,B_1),(A_6,B_3),(A_7,B_2),$ $(A_8,B_3),(A_9,B_1),(A_{10},B_5),(A_{11},B_1)\}$

步骤 2:采用本章提出的偏好列表简化规则对表 7.1 教学管理部门和表 7.2 教学人员的偏好序进行简化,获得简化后的偏好列表如表 7.4 和表 7.5 所示。

表 7.4　简化后的教务管理部门偏好序信息

	偏好列表		偏好列表
A_1	B_3, B_1, B_5, B_4	A_7	B_2
A_2	B_1, B_3, B_4	A_8	B_1, B_3
A_3	B_4, B_5, B_3	A_9	B_4, B_1
A_4	B_3, B_4, B_1	A_{10}	B_1, B_5
A_5	B_1	A_{11}	B_5, B_4, B_1
A_6	B_3		

表 7.5　简化后的教学人员偏好序信息

	偏好列表
B_1	$A_9, A_{11}, A_5, A_4, A_{10}, A_8, A_1, A_2$
B_2	A_7
B_3	$A_6, A_8, A_3, A_2, A_4, A_1$
B_4	$A_1, A_2, A_{11}, A_4, A_9, A_3$
B_5	A_{10}, A_1, A_3, A_{11}

通过表 7.1、表 7.2 与表 7.4、表 7.5 的对比发现,偏好列表简化规则极大地降低了问题的规模,同时由表 7.4 和表 7.5 可以获得 $G'(A_i)$ 和 $G'(B_j)$。

步骤 3:依据简化后的偏好列表 $G'(A_i)$ 和 $G'(B_j)$ 以及偏好序信息 $r_A(i,j)$ 和 $r_B(i,j)$,可以建立双目标优化模型(7.1a)—(7.1f)。

步骤 4:依据 H-R 算法获得得到的 μ_A^* 和 μ_B^*,可以计算得到 $Z_1^{\max}=27, Z_1^{\min}=13$,$Z_2^{\max}=62, Z_2^{\min}=37$,由此可以获得隶属函数(7.6)和(7.7)。

$$u_1(Z_1)=\frac{27-Z_1}{14} \quad (7.6)$$

$$u_2(Z_2)=\frac{62-Z_2}{25} \quad (7.7)$$

步骤 5:依据隶属函数(7.6)和(7.7),从而将双目标优化模型(7.1a)—(7.1f)转换为单目标模型(7.5a)—(7.5g)。

步骤 6:采用 Lingo 14.0 软件求解模型(7.5a)—(7.5g),获得的最优稳定匹配结果为:

$\mu^*\{(A_1,B_5),(A_2,B_4),(A_3,B_3),(A_4,B_1),(A_5,B_1),(A_6,B_3),(A_7,B_2),(A_8,B_3),(A_9,B_1),(A_{10},B_1),(A_{11},B_4)\}$,即安排给教学人员 B_1 的课程为 A_4, A_5, A_9, A_{10},安排给教学人员 B_2 的课程为 A_7,安排给教学人员 B_3 的课程为 A_3, A_6, A_8,安排给教学人员 B_4 的课程为 A_3, A_{11},安排给教学人员 B_5 的课程为 A_1。

7.6　本章小结

本章对基于偏好序信息的大规模一对多双边匹配问题进行了研究,提出了一种双边稳定匹配决策,主要研究内容及贡献总结如下:

针对现实双边匹配问题规模比较大的特点,设计了一对多双边稳定匹配的偏好列表简化规则,进而在考虑匹配稳定性的约束下,构建了以每方序值之和最小为目标的双目标优化模型,并采用模糊优化方法将双目标优化模型转换为单目标优化模型,通过求解单目标优化模型来获得最优稳定匹配方案。与已有方法相比,本章提出的方法不仅考虑了匹配的稳定性,而且考虑了匹配双方的满意性,降低了匹配双方之间的利益冲突,增强了匹配的鲁棒性,同时本章提出的简化规则降低了一对多双边匹配问题的求解规模,提高了求解效率,对解决实际的大规模双边匹配问题具有一定的指导价值。

第8章 结论与展望

本章将围绕本书的主要研究成果及结论、主要贡献、研究的局限以及未来研究工作展望四个方面进行阐述。

8.1 本书的主要研究成果及结论

本书的主要研究成果主要包括以下几个方面：

（1）深入分析了双边匹配偏好信息和优化目标的多样性和复杂性，提炼了本书重点关注的几类双边匹配问题，并给出了问题的一般性描述。这方面的研究成果包括：

通过对双边匹配已有相关研究成果的综述，从双边主体偏好信息的复杂性和双边匹配目标的多样性两个方面分析了双边匹配问题研究所考虑的因素，较为系统地分析了双边匹配研究的方向。

通过对现实生活中大量双边匹配问题的归纳以及对双边匹配已有研究不足的分析，提炼了本书重点关注的五类双边匹配问题，并给出了这五类双边匹配问题的一般性描述。这五类双边匹配问题分别是：考虑匹配主体公平性的双边匹配问题、基于序区间偏好信息的稳定双边匹配问题、基于互惠偏好信息的稳定双边匹配问题、家政服务人员与雇主的稳定双边匹配方法和基于偏好序信息的大规模一对多稳定双边匹配问题。

（2）针对考虑匹配主体公平性的双边匹配这类问题，具体研究了基于多指标评价信息的公平稳定匹配问题和基于不完全偏好序信息最大最小公平匹配问题。

针对基于多指标评价信息且考虑双边主体公平性的双边匹配问题，提出了基于多指标评价信息的公平稳定匹配方法。这方面的研究成果包括：

针对基于多指标评价信息且考虑双边主体公平性的双边匹配问题，介绍了研究问题的实际背景，给出了研究问题的数学描述和决策思路，提出了一种度量双边主体公平性的准则并给出了相应的数学定义，提出了一种考虑双边主体公平性和稳定性的双边匹配方法。该方法给出了双边主体满意度的计算方法,在考虑稳定性的条件下,构建了以双边主体公平为目标的优化模型,证明了给出的约束条件能够保证获得稳定匹配,针对模型的特点,设计了一种求解大规模双边匹配问题的遗传算法,通过软件开发项目与候选人员之间的双边匹配算例说明了决策方法的决策步骤,算例结果表明所提出的公平度量准备是有效的。

(3) 针对基于序区间偏好信息的一对多稳定双边匹配问题,提出稳定双边匹配方法。这方面的研究成果包括:

针对基于序区间偏好信息的一对多双边匹配问题,介绍了基于序区间偏好信息的双边匹配问题的研究背景,给出了基于序区间偏好信息的双边匹配问题的数学描述,给出了基于序区间偏好信息的一对多可接受对、一对多个体理性匹配、一对多 α 稳定匹配的定义,给出了双方相对贴近度的计算方法,构建了获得一对多 α 稳定匹配的多目标优化模型,证明了所建立模型的合理性,并采用 ε-约束算法求解模型,通过一个算例说明所提决策方法的流程,并对迭代步长进行了灵敏度分析。

(4) 针对基于互惠偏好信息的稳定双边匹配问题,给出了研究问题的实际背景,具体研究了考虑双边互惠偏好信息的稳定双边匹配问题和考虑单边互惠偏好信息的稳定双边匹配问题。这方面的研究成果包括:

针对考虑双边互惠偏好信息的稳定双边匹配问题,给出了考虑双边互惠偏好信息的双边匹配问题的数学描述和研究框架,对个体理性匹配、稳定匹配、帕累托占优、帕累托有效匹配等概念进行了界定,给出了双边主体个体满意度、互惠满意度和总体满意度的计算方法,构建了以双边主体满意度最大为目标的优化模型,设计了特殊互惠因子下的贪婪算法,证明了算法一定能获得稳定匹配且匹配方案是帕累托弱有效匹配等性质,通过一个算例说明了所提方法的决策步骤,并对不同互惠因子进行了灵敏度分析。

针对考虑单边互惠偏好信息的稳定双边匹配问题,给出了考虑单边互惠偏好信息的双边匹配问题的数学描述和研究框架,给出了单边互惠阻塞对、单边互惠稳定匹配、双方帕累托有效匹配等定义,构建了考虑稳定性和满意性的双目标优化模型,并对模型特点进行了分析,证明了获得最优解对应的匹配方案是甲方和乙方帕累托有效匹配,通过一个算例对所提方法的步骤进行了说明。

(5) 针对家政服务人员与雇主的双边匹配问题,研究了基于偏好序信息的家政服务人员与雇主的双边匹配问题和考虑服务技能约束的家政服务人员与雇主的双边匹配问题,介绍了家政服务行业中家政服务人员与雇主双边匹配问题的实际背景,提出了相应的稳定双边匹配方法。这方面的研究成果包括:

针对基于偏好序信息的家政服务人员与雇主的双边匹配问题,给出了基于偏好序信息的家政服务人员与雇主的双边匹配问题的数学描述与决策思路,给出了基于偏好序信息的家政服务人员与雇主稳定匹配的定义,构建了考虑家政服务人员和雇主匹配稳定性和满意性的双目标优化模型,采用Gale-Shapley算法分别获得家政服务人员的最优稳定匹配方案,并构建相应的隶属函数,采用模糊优化方法将多目标优化模型转换为单目标优化模型,通过现实生活中的一个说明性例子说明所提算法的具体运行流程和实用性。

针对考虑服务技能约束的家政服务人员与雇主的双边匹配问题,给出了考虑服务技能约束的家政服务人员与雇主的双边匹配问题的数学描述与决策思路,给出了偏好可接受对、技能可接受对、可行技能约束匹配、技能约束阻塞对、技能约束稳定匹配等定义,证明了技能约束稳定匹配的存在性,给出了家政服务人员和雇主满意度的非线性计算方法,构建了以家政服务人员和雇主满意度最大为目标的双目标优化模型,证明了模型的任意一个可行解对应的匹配方案都是双边匹配问题的一个技能约束稳定匹配以及双边匹配问题的任意一个技能约束稳定匹配都是模型的一个可行解,即考虑服务技能约束的家政服务人员与雇主双边匹配问题的稳定匹配方案与模型的可行解是一一对应的。

(6) 基于偏好序信息的大规模一对多稳定双边匹配问题,提出了一种简化问题规模且能够获得稳定和满意匹配的方法。这方面的研究成果包括:

针对基于偏好序信息的大规模一对多稳定双边匹配问题,介绍了研究问题的现实背景,给出了基于偏好序信息的一对多双边匹配问题的数学描述和研究框架,对一对多稳定匹配中的相关概念如可接受对、个体阻塞、成对阻塞、一对多稳定匹配等概念进行了界定,设计了一对多双边匹配问题的偏好列表简化规则,构建了考虑双边主体满意性和稳定性的双目标优化模型,证明了所建模型的合理性,给出了求解双目标优化模型的方法,通过一个算例说明了所提方法的决策步骤。

本书的主要结论如下：

（1）在基于多指标评价信息且考虑双边主体公平性的双边匹配问题中，研究表明采用本书提出的公平性准则获得的公平匹配方案能够使双边主体的满意度更加均衡，从而降低双边主体的利益冲突。而本书基于不完全偏好序信息提出的最大最小公平匹配方法，能够使获得匹配对象比较差的匹配主体的满意度尽可能地高，避免了匹配主体由于对匹配对象不满意而放弃已有匹配对象，导致双边匹配机制失效的问题。

（2）在基于序区间偏好信息的一对多双边匹配问题中，研究结果表明匹配方案稳定性和满意性是双边匹配中需要考虑的重要因素，稳定性可以维系双边主体的稳定匹配关系，而满意性可以提高匹配主体对匹配方案的接受度，与已有文献方法的对比结果表明，本书方法获得的双方满意度分布是比较均匀的；此外，研究结果表明 α 的取值与稳定性的强度呈现反比例关系，而 α 的取值与 α-稳定匹配数量总体呈现正比例关系，并且 ε-算法中迭代步长 θ 值越小，获得的帕累托有效匹配越多，迭代次数也越多。

（3）在考虑互惠偏好信息的稳定双边匹配方法中，通过现实真实算例研究表明互惠偏好对双边主体的匹配结果确实有影响，在双边匹配中不能忽视互惠偏好信息的存在。同时通过对互惠因子的灵敏度进行分析表明双边主体对互惠偏好的敏感程度不同，则双边匹配结果往往不同。

（4）在家政服务人员与雇主的双边匹配问题中，研究表明本书考虑家政服务人员和雇主匹配稳定性和满意性的双边匹配方法，弥补了已有家政服务人员与雇主双边匹配方法只考虑一方需求信息或未考虑双边匹配稳定性的不足，为解决现实家政服务行业中雇主的高解雇率和家政服务人员的高辞职率提供了一种新方法和途径，可以在一定程度上解决家政服务人员和雇主匹配不稳定的问题。

（5）在基于偏好序信息的大规模一对多稳定双边匹配问题中，研究表明本书所提出的偏好列表简化规则，在不改变双边主体稳定匹配的情形下，能够大大降低双边主体匹配的规模，提高匹配的效率。

8.2 本书的主要贡献

本书研究了现实生活中存在的几类双边匹配问题,从问题、方法和应用层面进行了探讨,主要贡献如下:

(1) 从稳定性视角提出了考虑双边主体公平性的双边匹配方法

针对基于多指标评价信息的公平双边满意匹配问题,提出了一种新的度量双边主体公平性的准则,在考虑稳定性的情形下,构建了考虑双边主体公平性的优化模型,证明了所建模型的合理性,针对模型的特点设计了求解大规模双边匹配问题的遗传算法,通过算例表明了本书模型和算法的可行性和有效性,该方法弥补了以往基于多指标评价信息的双边匹配仅仅考虑稳定性的不足。

(2) 从稳定性视角提出了基于序区间偏好信息的双边匹配方法

针对基于序区间偏好信息的一对多双边匹配问题,给出了基于序区间偏好序信息的一对多 α 稳定匹配的定义,给出了双边主体贴近度的计算方法,构建了基于贴近度的双目标优化模型,证明了所建模型的合理性。给出的决策方法弥补了以往基于序区间偏好信息的双边匹配研究没有考虑双边主体稳定性的不足。

(3) 从稳定性视角提出了考虑个体偏好信息和互惠偏好信息的双边匹配方法

针对考虑互惠偏好信息的双边匹配问题,分别研究了考虑双边互惠偏好信息的稳定双边匹配问题和考虑单边互惠偏好信息的稳定双边匹配问题,给出了个体满意度、互惠满意度和总体满意度的计算方法,通过构建多目标优化模型或设计贪婪算法获得最优稳定匹配方法,所研究的方法弥补了已有研究未考虑互惠偏好信息的不足。

(4) 从稳定性视角提出了家政服务人员与雇主的双边匹配方法

针对基于偏好序信息的家政服务人员与雇主双边匹配问题,给出了家政服务人员与雇主双边匹配问题中基于偏好序信息的稳定匹配定义,构建了以家政服务人员与雇主满意度最大为目标的双目标优化模型;针对考虑服务技能约束的家政服务人员与雇主双边匹配问题,给出了技能约束稳定匹配的定义,并证明了技能约束稳定匹配的存在性,构建了考虑匹配稳定性和满意性的双目标优化模型,证明了模型的约束条件能够保证获得技能约束稳定匹配。与已有方法相比,本书提出的稳定匹配方法弥补以往家政服务行业中家政服务人员与雇主匹配仅仅考虑一方偏好或满意度的不足,更弥补了以往未考虑家政服务人员和雇主匹配稳定性的问题。

(5) 从稳定性视角提出了解决大规模一对多双边匹配问题的方法

针对具有偏好序信息的大规模一对多双边匹配问题,设计了降低双边主体规模的偏好列表简化规则,考虑匹配稳定性的约束下,构建了以每方序值之和最小为目标的双目标优化模型,与已有方法相比,本书提出的方法不仅考虑了匹配的稳定性,而且考虑了匹配双方的满意性,降低了匹配双方之间的利益冲突,增强了匹配的鲁棒性,同时本书提出的简化规则降低了一对多双边匹配问题的求解规模,提高了求解效率。

8.3 本书研究的局限

本书的研究工作存在以下主要局限:

(1) 在问题提炼方面,本书仅研究了基于多指标评价信息的公平稳定双边匹配问题、基于序区间偏好信息的稳定双边匹配问题、基于偏好序信息的家政服务人员与雇主稳定双边匹配问题、考虑服务技能约束的家政服务人员与雇主稳定双边匹配问题、基于互惠偏好信息的稳定双边匹配问题、基于偏好序信息的大规模一对多稳定双边匹配问题等双边匹配问题,而未对多对多双边匹配问题、具有模糊信息的双边匹配问题、具有扰动信息的双边匹配问题、动态双边匹配问题等进行提炼。

(2) 在决策方法方面,仅仅针对本书重点关注的五类双边匹配问题给出了决策方法,未对具有模糊信息的双边匹配方法、具有扰动信息的双边匹配方法、动态双边匹配方法等进行研究。此外,本书只对度量双边匹配方案优劣的公平性、稳定性和满意性等匹配目标进行了分析,而未对双边匹配方法的防操纵性进行研究。本书的研究工作仅仅是对双边匹配问题研究的探索和尝试,期待更多的学者对这一领域进行深入研究。

(3) 在方法应用方面,在针对双边匹配方法给出的说明性例子中,没有进行实际数据的采集、分析和应用。此外,本书没有针对双边匹配问题的决策方法开发决策支持系统也是研究的局限之一。

8.4 未来研究工作展望

本书对双边匹配问题进行了初步的研究,而关于双边匹配问题是一个具有广阔探索空间的前沿性研究课题,需要在理论、方法和应用层面进行进一步研究:

(1) 针对本书关注的双边匹配问题进行更深入的分析。在本书给出的双边匹配方法中只考虑了双边匹配的公平性、满意性和稳定性,可以进一步研究对双边主体而言是防操纵性的双边匹配算法。此外,还可以针对本书所提出双边匹配优化模型设计更有效的求解算法,提高模型的求解效率。

(2) 对双边匹配问题进行更全面的分析。由于现实双边匹配问题的复杂性往往需要考虑的因素比较多,可以进一步考虑多对多的双边匹配问题、具有模糊信息的双边匹配问题、具有扰动信息的双边匹配问题、动态双边匹配问题等,针对这些双边匹配问题给出相应的个体理性匹配、稳定阻塞对、稳定匹配等定义、构建相应的双边匹配优化模型或设计多项式时间算法,并给出有针对性的决策方法。

(3) 考虑开发双边匹配决策支持系统。由于现实双边匹配问题规模往往比较大,手工构建和求解优化模型是不现实的,将本书提出的优化模型和算法嵌入决策支持系统,以增强本书所提方法的实用性和可操作性。

参 考 文 献

[1] McVitie D G, Wilson L B. The stable marriage problem [J]. Communications of the ACM, 1971, 14(7): 486-490.

[2] Roth A E. Common and conflicting interests in two-sided matching markets [J]. European Economic Review, 1985, 27(1): 75-96.

[3] Gusfield D, Irving R W. The stable marriage problem: structure and algorithms [M]. Cambridge, MIT press, 1989.

[4] Hitsch G J, Hortacsu A, Ariely D, et al. Matching and sorting in online dating [J]. The American Economic Review, 2010, 100(1): 130-163.

[5] Lauver K J, Kristof-Brown A. Distinguishing between employees' perceptions of person-job and person-organization fit [J]. Journal of Vocational Behavior, 2001, 59(3): 454-470.

[6] Meyer J P, Hecht T D, Gill H, et al. Person-organization (culture) fit and employee commitment under conditions of organizational change: A longitudinal study [J]. Journal of Vocational Behavior, 2010, 76(3): 458-473.

[7] Hajidimitriou Y A, Georgiou A C. A goal programming model for partner selection decisions in international joint ventures [J]. European Journal of Operational Research, 2002, 138(3): 649-662.

[8] Drigas A, Kouremenos S, Vrettos S, et al. An expert system for job matching of the unemployed [J]. Expert Systems with Applications, 2004, 26(2): 217-224.

[9] Golec A, Kahya E. A fuzzy model for competency-based employee evaluation and selection [J]. Computers & Industrial Engineering, 2007, 52(1): 143-161.

[10] 吴斌珍, 钟笑寒. 高考志愿填报机制与大学招生质量: 一个基于择校机制理论的经验研究[J]. 经济学(季刊), 2012, 11(2): 765-804.

[11] 聂海峰.高考录取机制的博弈分析[J].经济学(季刊),2007,(6)3:899-916.

[12] 李坤明.基于双边匹配理论的中国高考录取机制研究[D].广州:华南理工大学,2010.

[13] 王晓莉.家政从业人员职业化内涵、现状及对策分析[J].人才资源开发,2019,26(14):47-49.

[14] 李艳梅.我国家政服务业的现状分析与规范化建设[J].社会科学家,2008,23(7):107-110.

[15] 杨燕艳.家政服务的群体智能匹配技术研究[D].上海:复旦大学,2008.

[16] 孔德财,姜艳萍,纪楠.家政服务人员与雇主的双边匹配模型[J].东北大学学报(自然科学版),2015,36(11):1668-1672.

[17] 李伯虎,张霖,王时龙,等.云制造——面向服务的网络化制造新模式[J].计算机集成制造系统,2010,16(1):1-7,16.

[18] TAO F,CHENG Y,XU L,et al. CCIoT-CMfg: cloud computing and internet of things-based cloud manufacturing service system[J]. IEEE Transactions on Industrial Informatics,2014,10(2):1435-1442.

[19] 李慧芳,童训,宋长刚.制造云服务智能搜索与匹配方法[J].计算机集成制造系统,2012,18(7):1485-1493.

[20] Huang X,Du B,Sun L,et al. Service requirement conflict resolution based on ant colony optimization in group-enterprises-oriented cloud manufacturing [J]. The International Journal of Advanced Manufacturing Technology,2016,84(1):183-196.

[21] 程颖,戚庆林,陶飞.新一代信息技术驱动的制造服务管理:研究现状与展望[J].中国机械工程,2018,29(18):2177-2188.

[22] He W,Xu L. A state-of-the-art survey of cloud manufacturing [J]. International Journal of Computer Integrated Manufacturing,2014,28(3):239-250.

[23] Sim K M,Chan R. A brokering protocol for agent-based e-commerce [J]. IEEE Transactions on Systems, Man, and Cybernetics, Part C: Applications and Reviews,2000,30(4):474-484.

[24] Ragone A, Straccia U, Di Noia T, et al. Fuzzy matchmaking in e-marketplaces of peer entities using Datalog [J]. Fuzzy Sets and Systems, 2009, 160(2): 251-268.

[25] Jiang Z Z, Ip W H, Lau H C W, et al. Multi-objective optimization matching for one-shot multi-attribute exchanges with quantity discounts in E-brokerage [J]. Expert Systems with Applications, 2011, 38(4): 4169-4180.

[26] Placek M, Buyya R. Storage exchange: a global trading platform for storage services [J]. Lecture Notes in Computer Science, 2006, 4128: 425-436.

[27] Schnizler B, Nuemann D, Veit D, et al. Trading grid services a multi-attribute combinational approach [J]. European Journal of Operational Research, 2008, 187(3): 943-961.

[28] Ryu Y U. Hierarchical constraint satisfaction of multilateral trade matching in commodity auction markets [J]. Annals of Operations Research, 1997, 71: 317-334.

[29] 蒋忠中, 袁媛, 樊治平. 电子中介中具有数量折扣的多属性商品交易匹配问题研究[J]. 中国管理科学, 2010, 18(6): 122-130.

[30] Sun H, Ong S. Bidding heterogeneity, signaling effect and its implications on house seller's pricing strategy [J]. The Journal of Real Estate Finance and Economics, 2014, 49(4): 568-597.

[31] 王传会, 公维凤, 方志耕. 二手房投资者与开发商讨价还价博弈模型研究[J]. 中国管理科学, 2012(S1): 242-246.

[32] Chen R L, Ahmadbeygi S, Cohn A, et al. Solving truckload procurement auctions over an exponential number of bundles [J]. Transportation Science, 2009, 43(4): 493-510.

[33] Kang N, Han S. Agent-based e-marketplace system for more fair and efficient transaction [J]. Decision support systems, 2003, 34(2): 157-165.

[34] 贾艳丽, 杨晓蕾, 刘明. 基于客户绿色偏好的无车承运人平台车货匹配研究[J]. 交通运输工程与信息学报, 2019, 17(4): 141-148.

[35] Hong H, Hong K, Lee C U, et al. A design of internet-based safety guaran-

tee global integrated logistics management system framework [J]. Journal of the Korea Society of Computer and Information, 2013, 18(5):103-111.

[36] Krajewska M A, Kopfer H. Collaborating freight forwarding enterprises [J]. OR Spectrum, 2006, 28(3):301-317.

[37] Mes M R, Der Heijden M C, Schuur P, et al. Interaction between intelligent agent strategies for real-time transportation planning [J]. Central European Journal of Operations Research, 2013, 21(2):337-358.

[38] Gale D, Shapley L S. College admissions and the stability of marriage [J]. The American Mathematical Monthly, 1962, 69(1):9-15.

[39] Roth A E. The economics of matching: Stability and incentives [J]. Mathematics of Operations Research, 1982, 7(4):617-628.

[40] Roth A E. The evolution of the labor market for medical interns and residents: a case study in game theory [J]. The Journal of Political Economy, 1984, 92(6):991-1016.

[41] Roth A E. Stability and polarization of interests in job matching [J]. Econometrica: Journal of the Econometric Society, 1984, 52(1):47-57.

[42] Roth A E. On the allocation of residents to rural hospitals: a general property of two-sided matching markets [J]. Econometrica: Journal of the Econometric Society, 1986, 54(2):425-427.

[43] Roth A E. New physicians: a natural experiment in market organization [J]. Science, 1990, 250(4987):1524-1528.

[44] Roth A E. A natural experiment in the organization of entry-level labor markets: regional markets for new physicians and surgeons in the United Kingdom [J]. The American Economic Review, 1991, 81(3):415-440.

[45] Roth A E, Rothblum U G, Vande Vate J H. Stable matchings, optimal assignments, and linear programming [J]. Mathematics of operations research, 1993, 18(4):803-828.

[46] Roth A E. What have we learned from market design? [J]. The Economic Journal, 2008, 118(527):285-310.

[47] Roth A E, Xing X. Jumping the gun: Imperfections and institutions related to the timing of market transactions [J]. The American Economic Review, 1994, 84(4): 992-1044.

[48] Roth A E, Peranson E. The redesign of the matching market for American physicians: Some engineering aspects of economic design [R]. Cambridge, National Bureau of Economic Research, 1999.

[49] Roth A E, Sonmez T, Unver M U. Kidney exchange [R]. Cambridge, National Bureau of Economic Research, 2003.

[50] Roth A E, Sönmez T, Ünver M U. Pairwise kidney exchange [J]. Journal of Economic Theory, 2005, 125(2): 151-188.

[51] Roth A E, Sönmez T, Ünver M U. A kidney exchange clearinghouse in New England [J]. American Economic Review, 2005, 195(2): 376-380.

[52] Roth A E. Deferred acceptance algorithms: History, theory, practice, and open questions [J]. International Journal of Game Theory, 2008, 36(3-4): 537-569.

[53] Committee N P. Alvin E. Roth and Lloyd S. Shapley: Stable allocations and the practice of market design [J]. Nobel Prize in Economics documents, 2013, 60(4), 3-34.

[54] 孔德财, 姜艳萍, 梁海明. 考虑双边主体公平性的稳定匹配决策方法[J]. 系统管理学报, 2015(3): 96-103.

[55] 张振华, 汪定伟. 电子中介在旧房市场中的交易模型研究 [J]. 系统仿真学报, 2006, 20(2): 492-495, 499.

[56] 贾璐, 樊治平, 沈凯, 徐宝福. 知识服务中的供需双边匹配模型 [J]. 东北大学学报(自然科学版), 2011, 32(2): 297-301.

[57] 陈希, 樊治平, 韩菁. 考虑关联性指标的双边匹配决策方法 [J]. 运筹与管理, 2012, 21(6): 94-99.

[58] 陈希, 樊治平. 考虑满意度交互的IT服务外包匹配决策方法 [J]. 工业工程与管理, 2012, 17(2): 90-96, 122.

[59] Rawls J. A theory of justice [M]. Cambridge: Harvard University Press,

MA,1971.

[60] Millhiser W P,Coen C A,Solow D. Understanding the role of worker interdependence in team selection [J]. Organization Science,2011,22(3): 772-787.

[61] André M,Baldoquín M G,Acuña S T. Formal model for assigning human resources to teams in software projects [J]. Information and Software Technology,2011,53(3):259-275.

[62] Chen Y L,Cheng L C,Chuang C N. A group recommendation system with consideration of interactions among group members [J]. Expert systems with applications,2008,34(3):2082-2090.

[63] Fitzpatrick E L,Askin R G. Forming effective worker teams with multifunctional skill requirements [J]. Computers & Industrial Engineering, 2005,48(3):593-608.

[64] Sengupta A,Pal T K. On comparing interval numbers [J]. European Journal of Operational Research,2000,127(1):28-43.

[65] Moore R,Lodwick W. Interval analysis and fuzzy set theory [J]. Fuzzy sets and systems,2003,135(1):5-9.

[66] Fan Z P,Liu Y. An approach to solve group-decision-making problems with ordinal interval numbers [J]. IEEE Transactions on Systems, Man, and Cybernetics,Part B (Cybernetics),2010,40(5):1413-1423.

[67] Kiselgof S. Matchings with interval order preferences:efficiency vs strategy-proofness [J]. Procedia Computer Science,2014,31:807-813.

[68] 乐琦,樊治平.具有不确定偏好序信息的双边匹配决策问题研究 [J].运筹与管理,2012,21(1):57-63.

[69] 乐琦,张磊,张莉莉.不确定偏好序信息下考虑主体心理行为的双边匹配决策方法 [J].运筹与管理,2015,24(2):113-120.

[70] Pycia M. Stability and preference alignment in matching and coalition formation [J]. Econometrica,2012,80(1):323-362.

[71] Echenique F,Yenmez M B. A solution to matching with preferences over

colleagues [J]. Games and Economic Behavior,2007,59(1):46-71.

[72] Liu J,Chiu D M. Reciprocating preferences stablize matching:college admissions revisited [J]. arXiv preprint arXiv:1011.1135,2010.

[73] McVitie D G, Wilson L B. Stable marriage assignment for unequal sets [J]. BIT Numerical Mathematics,1970,10(3):295-309.

[74] Knuth D E. Mariages stables et leurs relations avec d'autres problèmes combinatoires: introduction à l'analyse mathématique des algorithmes [M]. Montréal:Presses de l'Université de Montréal,1976.

[75] Roth A E, Sotomayor M A O. Two-sided matching:A study in game-theoretic modeling and analysis [M]. Cambridge:Cambridge University Press,1992.

[76] Manlove D F, Irving R W, Iwama K, et al. Hard variants of stable marriage [J]. Theoretical Computer Science,2002,276(1):261-279.

[77] Halldórsson M, Iwama K, Miyazaki S, et al. Randomized approximation of the stable marriage problem [C]//International Computing and Combinatorics Conference. Springer,Berlin,Heidelberg,2003:339-350.

[78] Halldórsson M M, Iwama K, Miyazaki S, et al. Randomized approximation of the stable marriage problem [J]. Theoretical Computer Science,2004,325(3):439-465.

[79] Halldórsson M M, Iwama K, Miyazaki S, et al. Improved approximation results for the stable marriage problem [J]. ACM Transactions on Algorithms,2007,3(3):30.

[80] Irving R W, Manlove D F. Approximation algorithms for hard variants of the stable marriage and hospitals/residents problems [J]. Journal of Combinatorial Optimization,2008,16(3):279-292.

[81] Király Z. Better and simpler approximation algorithms for the stable marriage problem [M]//Algorithms-ESA 2008. Springer BerlinHeidelberg,2008:623-634.

[82] Király Z. Better and simpler approximation algorithms for the stable mar-

riage problem [J]. Algorithmica,2011,60(1):3-20.

[83] Mcdermid E. A 3/2-approximation algorithm for general stable marriage [M]//Automata, Languages and Programming. Springer BerlinHeidelberg,2009:689-700.

[84] Paluch K. Faster and simpler approximation of stable matchings [J]. Algorithms,2014,7(2):189-202.

[85] Irving R W, Manlove D F, O'Malley G. Stable marriage with ties and bounded length preference lists [J]. Journal of Discrete Algorithms,2009, 7(2):213-219.

[86] Iwama K, Miyazaki S, Yanagisawa H. A 25/17-approximation algorithm for the stable marriage problem with one-sided ties [J]. Algorithmica, 2014,68(3):758-775.

[87] Matsui T. Algorithmic aspects of equilibria of stable marriage model with complete preference lists [M]//Operations Research Proceedings 2010. Springer BerlinHeidelberg,2011:47-52.

[88] Joshi K,Kumar S. Matchmaking using fuzzy analytical hierarchy process, compatibility measure and stable matching for online matrimony in India [J]. Journal of Multi-Criteria Decision Analysis,2012,19(1/2):57-66.

[89] Munera D,Diaz D,Abreu S,et al. Solving hard stable matching problems via local search and cooperative parallelization [C]//Twenty-Ninth AAAI Conference on Artificial Intelligence. 2015:1212-1218.

[90] Shrivastava A,Rangan C P. Stable marriage problem with ties and incomplete bounded length preference list under social stability [J]. arXiv preprint arXiv:1601.03523,2016.

[91] Domanic N O, Lam C K, Plaxton C G. Group strategyproof pareto-Stable marriage with indifferences via the generalized assignment game [C]//International Symposium on Algorithmic Game Theory. Springer, Cham, 2017:280-291.

[92] 王烨,李雨生. 稳定匹配问题中的纳什均衡 [J]. 同济大学学报(自然科学

版),2013,41(1):155-158.

[93] 段歆玮,詹文杰.基数满意值下的双边匹配模型在婚配问题中的应用[C]//中国优选法统筹法与经济数学研究会计算机模拟分会.第十五届全国计算机模拟与信息技术学术会议论文集.中国优选法统筹法与经济数学研究会计算机模拟分会:管理学报杂志社编辑部,2015:49-59.

[94] 吴威让,陈金阳,姜囡.不完全偏好下的稳定婚配问题[J].数学杂志,2016,36(3):566-572.

[95] Roth A E, Xing X. Turnaround time and bottlenecks in market clearing: Decentralized matching in the market for clinical psychologists [J]. Journal of Political Economy,1997,105(2):284-329.

[96] 郑健雄.罗斯的市场设计理论及实践[J].管理学刊,2012,25(6):46-50.

[97] Mullin F J. A proposal for supplementing the Cooperative Plan for appointment of interns [J]. Academic Medicine,1950,25(6):437-442.

[98] Mullin F J, Stalnaker J M. The matching plan for internship appointment [J]. Academic Medicine,1951,26(5):341-345.

[99] Mullin F J, Stalnaker J M. The matching plan for internship placement: a report of the first years' experience [J]. Academic Medicine,1952,27(3):193-200.

[100] Roth A E. The origins, history, and design of the resident match [J]. JAMA,2003,289(7):909-912.

[101] 李宝良,郭其友.稳定配置与市场设计:合作博弈理论的扩展与应用—2012年度诺贝尔经济学奖得主夏普利和罗思主要经济理论贡献述评[J].外国经济与管理,2012,34(11):1-10.

[102] 周建锋,杨晓兰.稳定市场匹配理论及其市场设计实践—2012年诺贝尔经济学奖获得者研究贡献综述[J].浙江社会科学,2012,28(11):148-154,160.

[103] Roth A E, Vande Vate J H. Random paths to stability in two-sided matching [J]. Econometrica,1990,58(6):1475-1480.

[104] Irving R W, Manlove D F, Scott S. The hospitals/residents problem with

ties [M]//Algorithm Theory-SWAT 2000. Springer Berlin Heidelberg, 2000:259-271.

[105] Hamada K,Iwama K,Miyazaki S. The hospitals/residents problem with quota lower bounds [M]//Algorithms-ESA 2011. Springer Berlin Heidelberg,2011:180-191.

[106] Hamada K,Iwama K,Miyazaki S. The Hospitals/Residents problem with lower quotas [J]. Algorithmica,2016,74(1):440-465.

[107] Sönmez T. Manipulation via capacities in two-sided matching markets [J]. Journal of Economic theory,1997,77(1):197-204.

[108] Gent I P,Prosser P,Smith B,et al. SAT encodings of the stable marriage problem with ties and incomplete lists [J]. SAT,2002:133-140.

[109] Konishi H,Unver U. Games of capacity manipulation in hospital-intern markets [R]. Boston:Boston College Department of Economics,2002.

[110] Konishi H,Ünver M U. Games of capacity manipulation in hospital-intern markets [J]. Social Choice and Welfare,2006,27(1):3-24.

[111] Kojima F. Mixed strategies in games of capacity manipulation in hospital-intern markets [J]. Social Choice and Welfare,2006,27(1):25-28.

[112] Marx D,Schlotter I. Stable assignment with couples:Parameterized complexity and local search [J]. Discrete Optimization,2011,8(1):25-40.

[113] McBride I. Complexity results and integer programming models for hospitals/residents problem variants [D]. Glasgow:University of Glasgow,2015.

[114] Manlove D F,McBride I,Trimble J. "Almost-stable" matchings in the Hospitals/Residents problem with Couples [J]. Constraints,2017,22(1):50-72.

[115] Delorme M,García S,Gondzio J,et al. Mathematical models for stable matching problems with ties and incomplete lists [J]. European Journal of Operational Research,2019,277:426-441.

[116] Dubins L E,Freedman D A. Machiavelli and the Gale-Shapley algorithm

[J]. The American Mathematical Monthly,1981,88(7):485-494.

[117] Roth A E. The college admissions problem is not equivalent to the marriage problem [J]. Journal of Economic Theory,1985,36(2):277-288.

[118] Sotomayor M A O. The strategy structure of the college admissions stable mechanisms [R]. Mimeo,Universidade de S? o Paulo,1998.

[119] Balinski M,Sönmez T. A tale of two mechanisms:student placement [J]. Journal of Economic Theory,1999,84(1):73-94.

[120] Chen Y,Sönmez T. School choice:an experimental study [J]. Journal of Economic Theory,2006,127(1):202-231.

[121] Chen Y,Kesten O. From boston to chinese parallel to deferred acceptance:theory and experiments on a family of school choice mechanisms [R]. WZB Discussion Paper,2013.

[122] Zhu M. College Admissions in China:A Mechanism Design Perspective [R]. Groupe d′Analyse et de Théorie Economique Lyon St-? tienne, Université de Lyon,2013.

[123] Hatfield J W,Milgrom P R. Matching with contracts [J]. American Economic Review,2005,95(4):913-935.

[124] Abdulkadiroğlu A. College admissions with affirmative action [J]. International Journal of Game Theory,2005,33(4):535-549.

[125] Bo S,Liu J,Shiu J L,et al. Admission mechanisms and the mismatch between colleges and students:Evidence from a large administrative dataset from China [J]. Economics of Education Review,2019,68(1):27-37.

[126] Lien J W,Zheng J,Zhong X. Ex-ante fairness in the Boston and serial dictatorship mechanisms under pre-exam and post-exam preference submission [J]. Games and Economic Behavior,2017,101:98-120.

[127] 李凤. 高考志愿填报与录取机制研究 [D]. 成都:西南财经大学,2010.

[128] 李凤,甘犁,杨小玲. 高考志愿填报时间和录取机制研究 [J]. 教育研究, 2010,31(10):53-59.

[129] 魏立佳. 弱偏好序下的最优单边匹配算法设计 [J]. 系统工程理论与实践,

2011,31(9):1687-1695.

[130] 聂海峰,张琥."平行志愿"录取机制研究[J].制度经济学研究,2009, 7(2):22-44.

[131] 朱琳.双边匹配理论在高考录取制度中的实验研究[D].广州:华南理工大学,2010.

[132] 冯科,聂海峰.高考录取机制的帕累托效率分析[J].经济科学,2007, 29(3):53-65.

[133] 秦放鸣,焦音学.双边匹配理论下我国研究生调剂体系的最优性研究[J].学术论坛,2016,39(8):166-172.

[134] Korkmaz Í, Gökçen H, C Çetinyokuş T. An analytic hierarchy process and two-sided matching based decision support system for military personnel assignment [J]. Information Sciences, 2008, 178(14):2915-2927.

[135] Altay A, Kayakutlu G, Ilker Topcu Y. Win-win match using a genetic algorithm [J]. Applied Mathematical Modelling, 2010, 34(10):2749-2762.

[136] Wang M, Li H. A research on two-sided matching algorithm between new hired knowledge staff and position requirements [C]//2011 2nd International Conference on Artificial Intelligence, Management Science and Electronic Commerce (AIMSEC). Dengleng, 2011:55-58.

[137] Du J, Liu D, Zhang M. Research on the optimal configuration of human resource in construction enterprise based on two-side matching [C]// 2013 Ninth International Conference on Computational Intelligence and Security, Leshan, 2013:846-850.

[138] Morrill T. An alternative characterization of the deferred acceptance algorithm [J]. International Journal of Game Theory, 2013, 42(1):19-28.

[139] Hatanaka M, Matsubara S. Designing a Two-Sided Matching Protocol under Asymmetric Information [M]//Principles of Practice in Multi-Agent Systems. Springer Berlin Heidelberg, 2009:308-321.

[140] Lin H T. A job placement intervention using fuzzy approach for two-way choice [J]. Expert Systems with Applications, 2009, 36(2):2543-2553.

[141] Huang D K, Chiu H N, Yeh R H, et al. A fuzzy multi-criteria decision making approach for solving a bi-objective personnel assignment problem [J]. Computers & Industrial Engineering, 2009, 56(1):1-10.

[142] Malinowski J, Keim T, Wendt O, et al. Matching people and jobs: A bilateral recommendation approach [C]//Proceedings of the 39th Annual Hawaii International Conference on System Sciences (HICSS'06), Kauia, HI, USA, 2006, pp. 137c-137c.

[143] Tomás A P. Weak stable matchings with tenants and ties [J]. Proceedings of CSCLP, 2006, 27(4):255-264.

[144] Gharote M, Patil R, Lodha S. Scatter search for trainees to software project requirements stable allocation [J]. Journal of Heuristics, 2017, 23(4):257-283.

[145] Mongell S, Roth A E. Sorority rush as a two-sided matching mechanism [J]. The American Economic Review, 1991, 81(3):441-464.

[146] Niederle M, Roth A E. Unraveling reduces mobility in a labor market: Gastroenterology with and without a centralized match [J]. Journal of Political Economy, 2003, 111(6):1342-1352.

[147] Coles P, Cawley J, Levine P B, et al. The job market for new economists: A market design perspective [J]. The Journal of Economic Perspectives, 2010, 24(4):187-206.

[148] Barron G, Várdy F. The internal job market of the IMF's Economist Program [J]. IMF Staff Papers, 2005, 52(3):410-429.

[149] Boon B H, Sierksma G. Team formation: Matching quality supply and quality demand [J]. European Journal of Operational Research, 2003, 148(2):277-292.

[150] 王塑,李西平,王新,等. 基于双边匹配理论的人员-岗位适配性研究 [J]. 人力资源管理, 2013, 6(12):343-347.

[151] 汪定伟. 电子中介的多目标交易匹配问题及其优化方法 [J]. 信息系统学报, 2007, 1(1):102-109.

[152] 张振华,迟红娟,邵举平,等.电子就业中介中的匹配研究[J].计算机工程与应用,2006,30:205-207.

[153] 陈希,樊治平.考虑多种形式信息的求职者和岗位双边匹配研究[J].运筹与管理,2009,18(6):103-109.

[154] 陈希,樊治平.组织中员工与岗位匹配的两阶段测评与选择方法[J].东北大学学报(自然科学版),2009,30(9):1337-1340.

[155] 袁珍珍,卢少华.BP神经网络在人岗匹配度测算中的应用[J].武汉理工大学学报(信息与管理工程版),2010,32(3):515-518.

[156] 尚彬彬.考虑胜任力和满意度的员工与岗位匹配问题研究[D].沈阳:东北大学,2008.

[157] 杨倩,郑惠,张志昌.基于不确定偏好序信息的人岗匹配决策模型与计算[J].西安建筑科技大学学报(自然科学版),2014,46(4):609-614.

[158] 曹乐,王虎,刘飞,等.装配线多技能作业人员优化配置模型[J].重庆大学学报,2010,33(12):21-26.

[159] 赵希男,温馨,贾建锋.组织中人岗匹配的测算模型及应用[J].工业工程与管理,2008,13(2):112-117.

[160] 向冰,刘文君.硕士研究生与导师的双向选择的最优匹配[J].未来与发展,2016,40(4):91-9

[161] 张裕稳,吴洁,李鹏,等.创新能力视角下基于双边匹配的产学研合作伙伴选择[J].江苏科技大学学报(自然科学版),2015,29(5):488-495.

[162] 袁铎宁,姜艳萍.岗位存在占有申请者条件下人岗双边匹配模型[J].控制与决策,2019,34(5):1069-1076.

[163] 姜艳萍,袁铎宁.岗位存在占有者条件下人岗双边匹配I-ES算法[J].系统工程理论与实践,2018,38(5):1193-1202.

[164] 刘坤.高校本科学位论文指导的双边匹配模型[J].乐山师范学院学报,2017,32(4):108-112.

[165] 刘鹏飞,贺霞旭,何克晶.基于多目标优化的科研项目人力资源配置研究[J].计算机应用与软件,2017,34(5):217-222,321.

[166] 刘勇.基于灰色关联分析的高校课程与教学人员公平匹配问题研究[J].数

学的实践与认识,2018,48(13):59-67.

[167] 刘成文,彭安华,文西芹.基于前景理论和双边匹配决策的合作伙伴初选决策[J].数学的实践与认识,2018,48(5):63-71.

[168] 杨琴,陈金铭,刘桔,等.基于双边匹配决策的应急救助人员任务分配[J].中国安全科学学报,2019,29(1):180-186.

[169] 孙雪源,金英伟.基于双边匹配理论的企业团队优化模型研究[J].科技与管理,2018,20(5):83-89.

[170] 王塑,李西平,王新,等.基于双边匹配理论的人员-岗位适配性研究[J].人力资源管理,2013(12):343-347.

[171] 李剑,陈万明,赵焕焕,等.农民工城镇就业匹配决策问题研究[J].数学的实践与认识,2017,47(23):77-86.

[172] 陈圣群,王应明.高校课程与教学人员的匹配决策方法[J].福州大学学报(自然科学版),2013,41(6):986-989.

[173] 金英伟,孙雪源.平行班教学模式下的教师团队组建研究——基于双边匹配决策方法[J].东北大学学报(社会科学版),2017,19(6):587-594,624.

[174] 朱丽娜.双边匹配决策模型在基层央行行员招录中的应用[J].吉林金融研究,2016,9(6):75-78.

[175] Jung J J, Jo G S. Brokerage between buyer and seller agents using constraint satisfaction problem models [J]. Decision Support Systems, 2000, 28(4):293-304.

[176] Fink E, Gong J, Johnson J. Exchange market for complex commodities: search for optimal matches [J]. Journal of Experimental & Theoretical Artificial Intelligence, 2007, 19(2):91-117.

[177] 毛凤华.基于聚类分析的二手房推荐研究——以北京市为例[J].科技创业月刊,2018,31(5):149-153.

[178] 阮连法,张跃威,张鑫.基于特征价格与SVM的二手房价格评估[J].技术经济与管理研究,2008(5):75-78.

[179] Joshi M, Boley H. Compromise matching in P2P e-marketplaces: concept, algorithm and use case [J]. Multi-disciplinary Trends in Artificial Intelli-

gence,2011:384 394.

[180] Kameshwaran S,Narahari Y. Trade determination in multi-attribute exchanges [C]// IEEE International Conference on E-Commerce, 2003. CEC 2003.,Newport Beach,CA,USA,2003:173-180.

[181] 李圆圆.基于BP神经网络的北京市二手房交易价格预测研究[D].北京：首都经济贸易大学,2018.

[182] 汪瑞,李登峰.二手房交易讨价还价博弈模型[J].系统工程学报,2017,32(5):588-595.

[183] 刘国达.贺州市二手房交易价格评估系统的设计与实现[D].成都:电子科技大学,2018.

[184] 黄明宇,夏典.合肥市二手房价多元线性回归预测模型[J].合作经济与科技,2019,26(9):80-82.

[185] 朱俊.二手房数据分析系统的设计与实现[D].成都:西南交通大学,2017.

[186] 魏迪.城市二手房交易数据可视化系统研究与实现[D].天津:天津大学,2018.

[187] 张熙.二手房交易平台系统的设计与实现[D].天津:天津大学,2016.

[188] 武空军.济南市二手房交易管理系统的设计与实现[D].成都:电子科技大学,2012.

[189] 李林涛,高峥.二手房交易管理信息系统的设计和实现[J].科技信息,2011,18(19):504 505.

[190] 周旻娇,张汗灵.二手房交易及资金监管系统设计与应用研究[J].科学技术与工程,2010,10(5):1188-1192.

[191] 姜宇.二手房交易市场网上交易系统开发研究[D].南京:南京理工大学,2010.

[192] 王晓静.基于移动应用的房产中介管理系统的设计与实现[D].济南:山东大学,2016.

[193] 周洁.房产中介决策分析系统的设计与实现[D].石家庄:河北科技大学,2018.

[194] 张金龙.基于Web的房产中介管理系统[D].成都:电子科技大学,2014.

[195] 樊治平,陈希.电子中介中基于公理设计的多属性交易匹配研究[J].管理科学,2009,22(3):83-88.

[196] 郭文艳,孙英华,周超,等.传感资源云共享的动态定价策略[J].计算机应用与软件,2017,34(04):125-130,134.

[197] 曹龙,赵杭生,鲍丽娜,等.分层认知无线电网络中基于稳定匹配的资源分配算法[J].电子与信息学报,2016,38(10):2605-2611.

[198] 李湘洋,赵杭生,曹龙.混合共享认知无线网络信道分配算法[J].计算机工程与应用,2016,52(6):80-85.

[199] 路应金,邓玉琴,王静.基于Gale-Shapley的医疗供应链资源双边匹配模型研究[J/OL].实验科学与技术:1-6[2019-05-09].http://kns.cnki.net/kcms/detail/51.1653.N.20180119.1451.014.html.

[200] 任磊,任明仑.基于竞争与协同效应的复杂制造任务一对多双边匹配模型[J].计算机集成制造系统,2018,24(5):1110-1123.

[201] 杨续昌,陈友玲,兰桂花,等.基于聚类分析和双边匹配的产品开发任务分配方法[J].计算机集成制造系统,2017,23(4):717-725.

[202] 张河昌,王斌,陈玲,等.基于稳定匹配的多回合迭代D2D资源分配方案[J].南京邮电大学学报(自然科学版),2016,36(6):8-14.

[203] 冯晓峰,高新波,宗汝.基于稳定匹配的认知无线网络协作物理层安全机制[J].电子学报,2018,46(5):1095-1100.

[204] 任磊,任明仑.基于学习与协同效应的云制造任务动态双边匹模型[J].中国管理科学,2018,26(7):63-70.

[205] 陈友玲,左丽丹,牛禹霏,等.基于知识相似度的产品开发任务分配方法[J].计算机应用,2019,39(2):323-329.

[206] 谭博,许雪琦,刘雁皎,等.考虑双方满意匹配的房屋租赁决策研究[J].生产力研究,2016(6):113-115,124.

[207] 赵道致,李锐.考虑主体心理预期的云制造资源双边匹配机制[J].控制与决策,2017,32(5):871-878.

[208] 程丽军,王艳.面向云端融合的任务-资源双边匹配决策模型[J].系统仿真学报,2018,30(11):4348-4358.

[209] 刘潇,马辉民,张金隆,等.一种基于多属性双边匹配的公共住房分配方法[J].中国房地产,2015,22(9):48-61.

[210] 赵道致,丁琳.云制造平台资源双边匹配机制及稳定性[J].系统工程,2017,35(2):109-115.

[211] 吴威让,陈金阳,翁亚兰.弱偏好序下带容量房屋匹配混合模型的机制设计[J].运筹学学报,2015,19(2):111-126.

[212] 徐俊,周行羽,陆佳炜,等.兼顾成本效益的服务供需双方稳定匹配[J].计算机工程与设计,2018,39(5):1365-1371.

[213] 吴文建,陶宇,曾令鹤.新电改下电力服务市场双边匹配机制研究[J].中国市场,2017,24(34):79-80.

[214] 陈希,王娟.智能平台下考虑主体心理行为的医疗服务供需匹配方法[J].运筹与管理,2018,27(10):125-132.

[215] 罗建强,李伟鹏,赵艳萍.制造企业服务衍生的产品-服务匹配机制[J].系统工程,2017,35(3):137-144.

[216] 熊新生,何琨,赵勇.弱偏好序下存在租客的房屋匹配问题机制设计[J].中国科学:信息科学,2014,44(09):1140-1155.

[217] 徐鹏,方旭明,向征,等.异构网络选择的一种新博弈模型[J].电讯技术,2011,51(2):26-33.

[218] 游庆根,王冉,马辉民,等.云环境下基于双边匹配的虚拟机部署决策方法[J].计算机应用研究,2015,32(10):3134-3137.

[219] 张瑞,胡静,夏玮玮.基于匹配博弈的车辆异构网络选择算法[J].电信科学,2015,31(9):58-66.

[220] 施超,谢在鹏,柳晗,等.基于稳定匹配的容器部署策略的优化[J].计算机科学,2018,45(4):131-136.

[221] 李雄一,熊励,孙文灿,等.数据交易市场双边匹配模型与决策方法研究[J].科技进步与对策,2018,35(19):23-30.

[222] 张慧中.基于云平台的乳制品资源双边匹配模型[J].市场周刊(理论研究),2018,17(4):25-27.

[223] 党兴华,贾卫峰.GS匹配算法在企业技术创新网络结构形成中的应用[J].

系统工程,2009,27(4):31-36.

[224] 张明远,李登峰.基于后悔理论的 IT 软件外包双边匹配决策方法[J].科技管理研究,2017,37(24):207-214.

[225] 刘贻新,胡仁杰,张光宇,等.基于技术生态位结构特征的企业技术战略动态匹配[J].科技管理研究,2016,36(11):127-130,138.

[226] 杨庆,张再生,尤欣赏.基于区间直觉模糊集的科技成果转化匹配决策模型[J].统计与决策,2018,34(9):37-41.

[227] 宿慧爽,刘瑞琦,马蔷,等.基于双边匹配的技术竞争情报最优服务决策研究[J].图书情报工作,2018,62(10):70-75.

[228] 李华,张千慧,王方.技术供需主体的混合型多指标双边匹配决策方法[J].科技进步与对策,2016,33(7):121-127.

[229] 郑小雪,李登峰,王莹,等.跨境电商供应链中的知识服务供需匹配模型研究[J].现代情报,2016,36(11):43-49,54.

[230] 车晓静,吴洁,毛健,等.中小企业知识产权托管双边匹配的模糊多目标决策方法[J].江苏科技大学学报(自然科学版),2017,31(3):356-361,380.

[231] Chen X,Li Z,Fan Z P,et al. Matching demanders and suppliers in knowledge service:A method based on fuzzy axiomatic design [J]. Information Sciences,2016,100(346/347):130-145.

[232] 陈希,樊治平,李玉花.IT 服务供需双边匹配的模糊多目标决策方法 [J].管理学报,2011,8(7):1097-1101.

[233] 陈希,樊治平,李玉花.技术知识供需双边匹配的两阶段决策分析方法[J].工业工程与管理,2010,15(6):90-94.

[234] 廖丽平,刘绘珍,张光宇.高新技术企业与技术战略双边匹配研究 [J].科技进步与对策,2013,30(5):101-105.

[235] 彭新育,王桂敏.BT 模式中政府项目法人与投资方的双边匹配模型研究[J].市场研究,2013,30(9):48-50.

[236] 任志涛,雷瑞波,高素侠.PPP 项目公私部门双边匹配决策模型研究——基于满意度最大化[J].地方财政研究,2017,14(6):106-112.

[237] 陈希,樊治平.基于公理设计的风险投资商与风险企业双边匹配[J].系统

工程,2010,28(6):9-16.

[238] 丁斅,盛昭瀚,刘慧敏.基于模糊综合分析和 Gale-Shaplev 理论的重大工程二阶段招投标机制研究[J].中国管理科学,2017,25(2):147-154.

[239] 沈体雁,齐子翔,王彦博.京津冀产业区际有序转移的市场设计——基于双边匹配算法[J].经济学家,2016,28(4):42-52.

[240] 汪兰林,李登峰.具有异质信息的风险投资商与投资企业双边匹配方法研究[J].数学的实践与认识,2018,48(7):43-55.

[241] 万树平,李登峰.具有不同类型信息的风险投资商与投资企业多指标双边匹配决策方法[J].中国管理科学,2014,22(2):40-47.

[242] 郑君君,张平,胡晓诗,等.基于图论的股权多属性拍卖双边匹配及仿真[J].武汉理工大学学报(信息与管理工程版),2013,35(1):106-110.

[243] 曹国华,胡义.风险投资家和创业者的双边匹配模型研究[J].科技进步与对策,2009,26(5):28-31.

[244] 张米尔,王德鲁.产业转型中项目机会研究的匹配矩阵方法[J].数量经济技术经济研究,2003,30(9):138-142.

[245] Chen J, Song K. Two-sided matching in the loan market [J]. International Journal of Industrial Organization,2013,31(2):145-152.

[246] Janssen M, Verbraeck A. Evaluating the information architecture of an electronic intermediary [J]. Journal of Organizational Computing and Electronic Commerce,2005,15(1):35-60.

[247] Janssen M, Verbraeck A. Comparing the strengths and weaknesses of Internet-based matching mechanisms for the transport market [J]. Transportation Research Part E Logistics & Transportation Review,2008,44(3):475-490.

[248] Nandiraju S, Regan A. Freight transportation electronic marketplaces: a survey of the industry and exploration of important research issues [J]. University of California Transportation Center,2008,2(2):91-97.

[249] Wang Y, Nascimento J M D, Powell W. Dynamic bidding for advance commitments in truckload brokerage markets [J]. arXiv preprint arXiv:

1802.08976,2018.

[250] Lee W J, Lee S J, Lim H Y, et al. A design and implementation of mobile logistics information aystem [J]. Applied Mechanics & Materials, 2012,17(7):139-146.

[251] Bădică C, Leon F, Bădică A. Freight transportation broker agent based on constraint logic programming [J]. Evolving Systems,2018,9(2):1-20.

[252] Luncean L, Bădică C, Bădică A. Agent-based system for brokering of logistics services-initial report [C]//Asian Conference on Intelligent Information and Database Systems,Springer,Cham,2014:485-494.

[253] Luncean L, Becheru A. Communication and interaction in a multi-agent system devised for transport brokering [C]//Proceedings of the 2015 Balkan Conference on Informatics:Advances in ICT,2015:51-58.

[254] Luncean L, Mocanu A, Becheru A P. Automated negotiation framework for the transport logistics service [C]//2016 18th International Symposium on Symbolic and Numeric Algorithms for Scientific Computing (SYNASC),Timisoara,2016:387-394.

[255] 覃文庆,吴洁明.一种新的车货源信息获取方法:物流信息实时智能配对平台[J].物流技术,2010,29(Z1):190-192,220.

[256] 陈动福."互联网+"背景下提高车货匹配效率途径研究[J].物流科技, 2018,41(8):25-27.

[257] 陆慧娟,安春霖,程倬,等.基于SaaS和CSCW的车货匹配系统研究与应用[J].华中科技大学学报(自然科学版),2012,40(S1):324-327.

[258] Silver J L. Optimization tools for the freight brokerage industry [D]. Cambridge:Massachusetts Institute of Technology,2003.

[259] Kim H K, Chung W J, Hwang H, et al. A distributed dispatching method for brokerage of truckload freights [J]. International Journal of Production Economics,2005,98(2):150-161.

[260] Zhang Y, Wang Y. Optimization of truck load matching based on grey clustering [C]// 2009 International Conference on Information Engineer-

ing and Computer Science, Wuhan, 2009:1-4.

[261] Gifford T L. Operations research applications in truckload freight transportation networks [J]. Wiley Encyclopedia of Operations Research and Management Science,2000:1-12.

[262] Leon F, Bădică C. An optimization web service for a freight brokering system [J]. Service Science,2017,9(4):324-337.

[263] Bădică A, Bădică C, Leon F, et al. Optimization of freight transportation brokerage using agents and constraints [C]//International Conference on Engineering Applications of Neural Networks, Springer, Cham,2017:451-464.

[264] 顾佳婧. 基于语义网技术的车货匹配系统[D]. 北京:清华大学,2013.

[265] 熊宜强. 物流公共信息平台车货匹配排序及诚信激励机制研究[D]. 北京:清华大学,2015.

[266] 胡觉亮,邴聪,韩曙光. 基于 TS 算法的公路干线货运平台车货匹配研究[J]. 浙江理工大学学报(社会科学版),2018,40(5):478-486.

[267] 余以胜,刘鑫艳. 基于改进 Balance 算法的车货匹配研究[J]. 武汉理工大学学报,2016,38(10):47-54.

[268] 郭静妮. 基于模糊群决策方法的车货供需匹配研究[J]. 交通运输工程与信息学报,2017,15(4):141-146.

[269] 朱江洪,王睿,李延来. 基于不确定语言关联性信息的车货双边匹配决策方法[J]. 系统科学学报,2018,26(1):86-91.

[270] 牟向伟,陈燕,高书娟,等. 基于改进量子进化算法的车货供需匹配方法研究[J]. 中国管理科学,2016,24(12):166-176.

[271] Peng Z, Shan W, Guan F, et al. Stable vessel-cargo matching in dry bulk shipping market with price game mechanism [J]. Transportation Research Part E: Logistics and Transportation Review,2016,95(11):76-94.

[272] 孙有才,孙卓,林国顺,等. 基于双边匹配优化模型的电厂煤炭采购及船舶运输调度[J]. 物流科技,2015,38(9):32-35.

[273] 贺政纲,杨晓蕾,贾艳丽. 基于无车承运的多式联运流线网络匹配研究[J].

交通运输系统工程与信息,2018,18(6):236-242.

[274] 胡运权. 运筹学教程[M]. 北京:清华大学出版社,2012.

[275] 徐俊明. 图论及其应用[M]. 合肥:中国科学技术大学出版社,2010.

[276] Aldershof B,Carducci O M. Stable marriage and genetic algorithms:a fertile union [J]. Journal of Heuristics,1999,5(1):29-46.

[277] Yuan Y,Wang L. A neural network approach to solve the stable matching problem [J]. European Journal of Operational Research,1996,93(2):331-345.

[278] Manlove D F,O'Malley G,Prosser P,et al. A constraint programming approach to the hospitals/residents problem [M]//Integration of AI and OR Techniques in Constraint Programming for Combinatorial Optimization Problems. Springer BerlinHeidelberg,2007:155-170.

[279] Gent I P,Irving R W,Manlove D F,et al. A constraint programming approach to the stable marriage problem [C]//Principles and Practice of Constraint Programming—CP 2001. Springer BerlinHeidelberg, 2001:225-239.

[280] Manlove D F,O'Malley G. Modelling and solving the stable marriage problem using constraint programming [C]// Fifth Workshop on Modelling and Solving Problems with Constraints,Edinburgh,Scotland,2005:10-17.

[281] Bistarelli S,Foley S,O'Sullivan B,et al. From marriages to coalitions:A soft csp approach [M]//Recent Advances in Constraints. Springer Berlin-Heidelberg,2008:1-15.

[282] Gelain M,Pini M S,Rossi F,et al. Local search for stable marriage problems with ties and incomplete lists [M]//PRICAI 2010:Trends in Artificial Intelligence. Springer BerlinHeidelberg,2010:64-75.

[283] Eirinakis P,Magos D,Mourtos I,et al. Hyperarc consistency for the atable admissions problem [C]// Proceedings of the 19th IEEE International Conference on Tools with Artificial Intelligence. IEEE Computer

Socicty,2007:239-242.

[284] Eirinakis P, Magos D, Mourtos I, et al. Finding all stable pairs and solutions to the many-to-many stable matching problem [J]. INFORMS Journal on Computing, 2012, 24(2):245-259.

[285] Unsworth C. A specialised constraint approach for stable matching problems [D]. Glasgow: University of Glasgow, 2008.

[286] Unsworth C, Prosser P. An n-ary constraint for the stable marriage problem [J]. arXiv preprint arXiv:1308.0183, 2013.

[287] 张振华,贾淑娟,曲衍国,等.基于稳定匹配的电子中介匹配研究[J].控制与决策,2008,23(4):388-391.

[288] 刘永强,常青,熊华钢.改进蚁群算法求解多属性双边稳定匹配问题[J].信息与电子工程,2011,9(4):510-514.

[289] 边红,于海征.基于大学招生问题的稳定广义匹配算法[C].中国通信学会.Proceedings of 2011 Asia-Pacific Youth Conference on Communication (2011APYCC) Vol.1.中国通信学会:中国通信学会青年工作委员会,2011:437-440.

[290] 梁海明,姜艳萍.二手房组合交易匹配决策方法[J].系统工程理论与实践,2015,35(2):358-367.

[291] 李建荣.多对一稳定匹配的格结构[J].应用数学学报,2015,38(4):641-649.

[292] 熊化峰,孙英华,李建波,等.共享经济背景下多属性双边匹配问题求解[J/OL].计算机工程与应用:1-10[2019-05-09].http://kns.cnki.net/kcms/detail/11.2127.TP.20190308.1455.034.html.

[293] 张登兵.基于序数效用的匹配决策问题与Gale-Shapley算法[J].统计与决策,2017,33(14):90-92.

[294] 陈晔,武茜,徐海燕.基于图模型的供需匹配决策研究[J].科技管理研究,2018,38(5):218-226.

[295] Zhang Z, Guo C H. A hybrid multiple attributes two-sided matching decision making method with incomplete weight information [M]. Brain In-

formatics. Springer Berlin Heidelberg,2011:272-283.

[296] Yang Y,Shen B,Gao W,et al. A surgical scheduling method considering surgeons' preferences [J]. Journal of Combinatorial Optimization,2015, 30(4):1016-1026.

[297] Yue Q. A method for the two-sided matching with scores[C]// 2012 9th International Conference on Fuzzy Systems and Knowledge Discovery,Sichuan,2012:10-13.

[298] 张振华,汪定伟.电子中介中的多属性匹配研究[J].计算机工程与应用, 2005,42(4):9-11,194.

[299] 王中兴,黄帅.一种电子商务中买卖双方交易匹配的决策方法[J].大众科技,2014,16(5):18-22.

[300] 乐琦,樊治平.一种具有序值信息的双边匹配决策方法[J].系统工程学报,2012,27(2):185-192.

[301] 樊治平,乐琦.基于完全偏好序信息的严格双边匹配方法[J].管理科学学报,2014,17(1):21-34.

[302] 李铭洋,樊治平,刘洋.一种基于偏好序信息的双边匹配方法[J].运筹与管理,2012,21(4):112-118.

[303] 乐琦,樊治平.基于不完全序值信息的双边匹配决策方法[J].管理科学学报,2015,18(2):23-35.

[304] 陈圣群,王应明,施海柳.基于序数偏差融合度的动态匹配决策方法[J].运筹与管理,2014,23(1):59-65.

[305] 王中兴,黄帅,刘芳.基于优化模型的双边匹配决策方法[J].数学的实践与认识,2014,44(24):177-183.

[306] 吴凤平,朱玮,程铁军.互联网金融背景下风险投资双边匹配选择问题研究[J].科技进步与对策,2016,33(4):25-30.

[307] 陈睿,赵志刚,张雁茹,等.基于改进粒子群蚁群算法的多目标双边匹配问题[J].计算机工程与设计,2017,38(1):220-225.

[308] 刘绘珍,廖丽平.基于遗传算法的企业订单双边匹配调度研究[J].郑州航空工业管理学院学报,2015,33(1):57-62.

[309] Ergin H I. Efficient resource allocation on the basis of priorities [J]. Econometrica,2002,70(6):2489-2497.

[310] Abdulkadiroglu A,S nmezT. School choice:A mechanism design approach [J]. The American Economic Review,2003,93(3):729-747.

[311] Klaus B,Klijn F. Fair and efficient student placement with couples [J]. International Journal of GameTheory,2007,36(2):177-207.

[312] Xiao L ,Huimin M . A two-sided matching decision model based on uncertain preference sequences [J]. Mathematical Problems in Engineering, 2015,2015(3):1-10.

[313] Brams S,Marc K. Two-sided matchings:an algorithm for ensuring they are minimax and pareto-optimal [R]. University Library of Munich,Germany,2013.

[314] Wu B,Zhong X. Matching mechanisms and matching quality:Evidence from a top university in china [J]. Games and Economic Behavior,2014, 84(C):196-215.

[315] Lien J W ,Zheng J ,Zhong X . Preference submission timing in school choice matching:testing fairness and efficiency in the laboratory [J]. Experimental Economics,2015,19(1):1-35.

[316] 魏立佳.中国高考录取与博士生录取的机制设计 [J].经济学(季刊), 2010,9(1):349-362.

[317] 马明明.高考志愿填报和录取机制的研究 [D].北京:清华大学,2012.

[318] 菅利荣,赵焕焕.灰色双边公平匹配决策模型[J].科技管理研究,2017,37 (22):208-215.

[319] 刘勇,熊晓旋,全冰婷.基于灰色关联分析的双边公平匹配决策模型及应用 [J].管理学报,2017,14(1):86-92.

[320] 赵焕焕,菅利荣,刘勇.双边公平匹配决策方法及其应用[J].统计与决策, 2018,34(4):49-52.

[321] Irving R W,Leather P,Gusfield D. An efficient algorithm for the "optimal" stable marriage [J]. Journal of the ACM,1987,34(3):532-543.

[322] Ramachandran T, Velusamy K, Selvakumar T. Best optimal stable matching [J]. Applied Mathematical Sciences, 2011, 5(75): 3743-3751.

[323] Gharote M, Patil R, Lodha S, et al. Assignment of trainees to software project requirements: A stable matching based approach [J]. Computers & Industrial Engineering, 2015, 87: 228-237.

[324] 樊治平, 李铭洋, 乐琦. 考虑稳定匹配条件的双边满意匹配决策方法 [J]. 中国管理科学, 2014, 22(4): 112-118.

[325] 李铭洋, 樊治平, 乐琦. 考虑稳定匹配条件的一对多双边匹配决策方法 [J]. 系统工程学报, 2013, 28(4): 454-463.

[326] 梁海明, 姜艳萍. 一种基于弱偏好序信息的双边匹配决策方法 [J]. 系统工程学报, 2014, 29(2): 153-159.

[327] 林杨, 王应明. 考虑直觉模糊偏好关系的双边稳定匹配及应用 [J]. 控制与决策, 2015, 30(12): 2212-2218.

[328] 梁海明, 姜艳萍, 孔德财. 考虑偏好序的多满意稳定导向双边匹配决策方法 [J]. 系统工程理论与实践, 2015, 35(6): 1535-1546.

[329] 李铭洋, 樊治平. 考虑双方主体心理行为的稳定双边匹配方法 [J]. 系统工程理论实践, 2014, 34(10): 2591-2599.

[330] 赵晓冬, 臧誉琪, 王晓倩. 基于对偶犹豫模糊偏好信息的双边稳定匹配决策方法[J]. 数学的实践与认识, 2018, 48(5): 34-43.

[331] 单晓红, 王非, 何喜军, 等. 基于稳定双边匹配的供应链产销合作研究[J]. 计算机工程与应用, 2016, 52(23): 260-265, 270.

[332] 张笛, 孙涛, 陈晔, 等. 基于语言偏好信息的稳定双边匹配决策方法[J]. 运筹与管理, 2019, 28(2): 60-66.

[333] 李铭洋, 李博, 曹萍萍, 等. 考虑匹配稳定性的多属性双边匹配决策方法 [J]. 系统工程, 2017, 35(11): 153-158.

[334] 梁海明, 李聪聪. 考虑认可差异和认可容忍的多稳定双边匹配决策方法 [J]. 系统工程理论与实践, 2016, 36(8): 2035-2046.

[335] Kato A. Complexity of the sex-equal stable marriage problem [J]. Japan Journal of Industrial and Applied Mathematics, 1993, 10(1): 1-19.

[336] Iwama K, Manlove D, Miyazaki S, et al. Stable marriage with incomplete lists and ties [C]// Automata, Languages and Programming. ICALP 1999. Lecture Notes in Computer Science, vol 1644. Springer, Berlin, Heidelberg 1999, 443-452.

[337] Yanagisawa H. Approximation algorithms for stable marriage problems [D]. Kyoto: Kyoto University, 2007.

[338] Iwama K, Miyazaki S, Yamauchi N. A (2-clogN/N): Approximation algorithm for the stable marriage problem [J]. Algorithmica, 2008, 51(3): 342-356.

[339] Iwama K, Miyazaki S, Yanagisawa H. Approximation algorithms for the sex-equal stable marriage problem [J]. ACM Transactions on Algorithms, 2010, 7(1): 1-17.

[340] Vien N A, Chung T C. Multiobjective fitness functions for stable marriage problem using genetic algrithm [C]//2006 SICE-ICASE International Joint Conference, Busan, 2006: 5500-5503

[341] Kimbrough S O, Kuo A. On heuristics for two-sided matching: Revisiting the stable marriage problem as a multiobjective problem [C]// In Proceedings of the 12th annual conference on Genetic and evolutionary computation (GECCO '10). Association for Computing Machinery, New York, NY, USA, 1283-1290.

[342] Nakamura M, Onaga K, Kyan S, et al. Genetic algorithm for sex-fair stable marriage problem [C]// Proceedings of ISCAS'95 - International Symposium on Circuits and Systems, Seattle, WA, USA, 1995: 509-512.

[343] Klaus B, Klijn F. Median stable matching for college admissions [J]. International Journal of Game Theory, 2006, 34(1): 1-11.

[344] Romero-Medina A. Sex-equal'stable matchings [J]. Theory and Decision, 2001, 50(3): 197-212.

[345] Romero-Medina A. Equitable selection in bilateral matching markets [J]. Theory and Decision, 2005, 58(3): 305-324.

[346] Klaus B, Klijn F. Procedurally fair and stable matching [J]. Economic Theory, 2006, 27(2):431-447.

[347] Iwama K, Miyazaki S, Yanagisawa H. Approximation algorithms for the sex-equal stable marriage problem [M]//Algorithms and Data Structures. Springer BerlinHeidelberg, 2007:201-213.

[348] Xu H, Li B. Egalitarian stable matching for VM migration in cloud computing [C]// 2011 IEEE Conference on Computer Communications Workshops (INFOCOM WKSHPS), Shanghai, 2011:631-636.

[349] Giannakopoulos I, Karras P, Tsoumakos D, et al. An equitable solution to the stable marriage problem [C]//2015 IEEE 27th International Conference on Tools with Artificial Intelligence (ICTAI), Vietrisul Mare, 2015: 989-996.

[350] De Clercq S, Schockaert S, De Cock M, et al. Solving stable matching problems using answer set programming [J]. Theory and Practice of Logic Programming, 2016, 16(3):247-268.

[351] Viet H H, Lee S G, Chung T C. A bidirectional local search for the stable marriage problem [C]//2016 International Conference on Advanced Computing and Applications (ACOMP), Can Tho, 2016:18-24.

[352] 李建勋,王婉琳,张永进,等. 多边匹配决策模型及其帕累托有效解[J]. 计算机工程与应用, 2017, 53(19):157-163.

[353] Klaus B, Klijn F, Massó J. Some things couples always wanted to know about stable matchings (but were afraid to ask) [J]. Review of Economic Design, 2007, 11(3):175-184.

[354] Ronn E. NP-complete stable matching problems [J]. Journal of Algorithms, 1990, 11(2):285-304

[355] Kojima F, Pathak PA. Roth A E. Matching with couples: Stability and incentives in large markets [R]. National Bureau of Economic Research, 2010.

[356] Aldershof B, Carducci O M. Stable matchings with couples [J]. Discrete

Applied Mathematics,1996,68(1):203-207.

[357] Haas C, Kimbrough S O, Caton S, et al. Preference-based resource allocation:using heuristics to solve two-sided matching problems with indifferences[C]// Gecon,Lncs. Springer,Cham,2013.

[358] Klaus B,Klijn F. Stable matchings and preferences of couples[J]. Journal of Economic Theory,2005,121(1):75-106.

[359] Biró P,Fleiner T,Irving R W. Matching couples with Scarf's algorithm [J]. Annals of Mathematics and Artificial Intelligence,2016,77(3/4):303-316.

[360] Dutta B,Massó J. Stability of matchings when individuals have preferences over colleagues[J]. Journal of Economic Theory,1997,75(2):464-475.

[361] 李建荣. F-字典偏好与稳定匹配[J]. 南方经济,2012,30(5):54-60.

[362] Revilla P. Many-to-one matching when colleagues matter[J]. Documentos de trabajo (Centro de Estudios Andaluces),2004,1(85):1.

[363] Pycia M. Many-to-one matching with complementarities and peer effects [J]. Working paper,2007.

[364] Kominers S. Matching with preferences over colleagues solves classical matching[J]. Games and Economic Behavior,2010,68(2):773-780.

[365] Bodine Baron E,Lee C,Chong A,et al. Peer effects and stability in matching markets[M].//Algorithmic Game Theory,Springer Berlin Heidelberg,2011:117-129.

[366] Brânzei S,Michalak T P,Rahwan T,et al. Matching games with additive externalities[J]. arXiv preprint arXiv:1207.3682,2012.

[367] Ma J. Job matching and coalition formation with utility or disutility of co-workers[J]. Games and Economic Behavior,2001,34(1):83-103.

[368] 陈圣群,王应明,郑晶,等. 考虑同群效应的志愿者与应急任务匹配方法 [J]. 中国安全科学学报,2015,25(11):156-162

[369] 孙朝苑,董战英. 不完全偏好序下考虑同事偏好的项目-员工匹配决策研究

[J]. 电子科技大学学报(社科版),2017,19(6):93-100.

[370] Herrera F, López E, Mendana C, et al. Solving an assignment-selection problem with verbal information and using genetic algorithms [J]. European Journal of Operational Research,1999,119(2):326-337.

[371] Gale D. The two-sided matching problem:origin, development and current issues [J]. International Game Theory Review,2001,3(2/3):237-252.

[372] Abdulkadiroglu A, Sönmez T. Matching markets: Theory and practice [J]. Advances in Economics and Econometrics,2013,49(1):3-47.

[373] Konishi H, Ünver M U. Credible group stability in many-to-many matching problems [J]. Journal of Economic Theory,2006,129(1):57-80.

[374] Hamidouche K, Saad W, Debbah M. Many-to-many matching games for proactive social-caching in wireless small cell networks [C]// 2014 12th International Symposium on Modeling and Optimization in Mobile, Ad Hoc, and Wireless Networks (WiOpt), Hammamet,2014:569-574.

[375] McDermid E, Irving R W. Sex-equal stable matchings:Complexity and exact algorithms [J]. Algorithmica,2014,68(3):545-570.

[376] Gelain M, Pini M S, Rossi F, et al. Local search approaches in stable matching problems [J]. Algorithms,2013,6(4):591-617.

[377] Gale D, Sotomayor M. Some remarks on the stable matching problem [J]. Discrete Applied Mathematics,1985,11(3):223-232.

[378] Vohra R V. Stable matchings and linear programming [J]. Current Science (Bangalore),2012,103(9):1051-1055.

[379] Oliver I M, Smith D J, Holland J R C. A study of permutation crossover operators on the traveling salesman problem [C]//Proceedings of the Second International Conference on Genetic Algorithms on Genetic algorithms and their application. Mahwah, NJ, USA. 1987:224-230.

[380] SORENSEN, M. How smart Is smart money? a two-sided matching model of venture capital [J]. Journal of Finance,2007,62(6):2725-2762.

[381] Irving R W. Stable marriage and indifference [J]. Discrete Applied Math-

ematics,1994,48(3):261-272.

[382] Chakraborty A, Citanna A, Ostrovsky M. Two-sided matching with interdependent values [J]. Journal of Economic Theory, 2010, 145(1):85-105.

[383] Zeleny M. Multiple Criteria Decision Making [M]. New York: McGraw-Hill, 1982.

[384] 杨生文,于海洋. 2019年国家级家政服务政策盘点[J]. 家庭服务,2020, 6(2):10-12.

[385] Chade H, Lewis G, Smith L. Student portfolios and the college admissions problem [J]. Review of Economic Studies, 2014, 81(3):971-1002.

[386] 段歆玮,詹文杰,杨洁. 多属性双边匹配模型及其应用研究[J]. 管理学报, 2016,13(6):899-905.

[387] Zimmermann H J. Fuzzy mathematical programming [J]. Computers & Operations Research, 1983, 10(4):291?298.

[388] Zhang W, Reimann M. A simple augmented constraint method for multiobjective mathematical integer programming problems [J]. European Journal of Operational Research, 2014, 234(1):15-24.

[389] Yu H, Solvang W D. An improved multi-objective programming with augmented ε-constraint method for hazardous waste location-routing problems [J]. International Journal of Environmental Research and Public Health, 2016, 13(6):548.

[390] Jorswieck E A. Stable matchings for resource allocation in wireless networks [C]//2011 17th International Conference on Digital Signal Processing (DSP), Corfu, 2011:1-8.

[391] Sethuraman J, Teo C P, Qian L. Many-to-one stable matching: Geometry and fairness [J]. Mathematics of Operations Research, 2006, 31(3): 581-596.

[392] Biró P, Manlove D F, McBride I. The hospitals/residents problem with couples: Complexity and integer programming models [C]//International Symposium on Experimental Algorithms. Springer International Publish-

ing,2014:10-21.
- [393] Zimmermann H J. Fuzzy programming and linear programming with several objective functions [J]. Fuzzy Sets and Systems,1978,1(1):45-55.
- [394] Knuth, D E. Marriages stables [M]. Les Presses de l' UniversitB de Montreal,Montreal,Quebec,Canada,1976.